사물
괴담

사물
괴담

세계에서 가장 악명 높은
저주받은 물건들에 얽힌
기묘하고 오싹한 실제 이야기

J.W.오커 지음

김문주 옮김

미래타임즈

◆ 일러두기

1. 인명, 지명 등 외국어 표기는 국립국어원의 외래어 표기법을 따랐으며, 몇몇 경우는
   관용 표현을 사용했다.

2. 옮긴이 주는 각주로 표기했다.

3. 책명, 신문·잡지명은 겹화살괄호(《 》), 영화 제목을 비롯한 작품명이나 단편 글 등은
   홑화살괄호(〈 〉)로 표기했다.

이 모험을
시작할 수 있게 해 준
리베카 질런홀(Rebecca Gyllenhaal)에게
이 책을 바칩니다.

차례

이 책을 훔치려거든,
네가 꼭 그래야 한다면,
네 목을 조심해.
저 높이 대롱대롱 매달릴 수 있거든.
그러고 나면
검은 까마귀 떼가 모여들 테지.
네 눈알을 찾아서 뽑아 먹을 거야.
"악, 악, 악!"
네 입에서 비명이 튀어나올 때
기억하렴.
넌 이 고통을 당할만했단다.

저주받은 물건의
비밀에 대하여

이 얘기를 굳이 하고 싶지 않지만, 겉보기에 무해한 물건이 당신의 인생을 망쳐 버릴 수도 있다. 우리는 이 물건을 소위 저주받았다고 한다. 저주받은 물건은 화병일 수도, 의자일수도, 그림이나 인형일 수도 있다. 집 주변에, 다락과 지하실에 널려 있는 모든 것이 저주받은 물건일 수 있다. 저주받은물건은 박물관에서 얇은 유리창으로 일반 대중과 떨어진 상태로 보관될 수도 있고, 평범한 동상이나 바위인 척하며 야외공간에 자리할 수도 있다. 저주는 무엇에든 깃들 수 있지만,사람들은 때늦은 뒤에야 그 사실을 깨닫곤 한다. 당신을 도와줄 이 책이 있어 얼마나 다행인지.

그렇다면 저주받은 물건이란 무엇일까? 전해지는 이야기

에 따르면, 저주받은 물건이란 '그 주인 또는 물건을 만진 사람에게 불운이나 피해, 또는 죽음을 가져다주는 생명 없는 물체'다. 물건이 저주받는 이유는 강력하고 신령스러운 지식을 가진 사람이 마법을 걸었기 때문이다. 또는 엄청난 비극이 벌어진 자리에 존재하는 바람에, 배터리처럼 어둠의 에너지를 흡수해 다른 불행이 퍼져나가는 동력을 제공하는 것일 수도 있다. 처음부터 사악하게 만들어져서는 '메이드 인 차이나' 스티커를 달고 나갈 수도 있고, 이 모든 것이 그저 우리의 머릿속에 있는 이야기일 수도 있다.

저주받은 물건을 반드시 믿어야만 그 물건에 홀딱 마음을 빼앗기는 것은 아니다. 저주받은 물건의 초자연적 정의는 '스스로 이야기를, 더 구체적으로는 비극을 그러모으는 물건'이다. 물건은 직접적으로 사람들과 연결되어 있다. 사람들은 물건을 만들고, 물건과 함께 살고, 물건을 사용하고 사랑하며, 가끔은 물건과 함께 사장(四葬)되기도 한다. 그리고 사람들은 비극의 한가운데서 이러한 물건을 계속 찾아낸다. 저주받은 물건은 다른 사물과 비교할 때, 더 많은 비극의 고요한 목격자일 뿐이다. 이 물건은 그 비극적인 이야기를 기억하는 장치가 되고, 다시 이야기를 꺼낼 기회가 된다.

내 말을 오해하지 않기 바란다. 물건 안에는 마법도 담겨 있다. 이 세상 수백만 개의 참나무 의자 가운데, 단순하게 생긴 참나무 의자 하나가 수많은 불행과 죽음의 이야기로 이어질 수 있다(153쪽에 등장하는 버스비의 스툽체어를 보자). 저주받은 물건이 특정 문화에서 비극적 스토리텔링의 기제로 작동할 수 있다는 것이 이 책의 핵심 주장이지만, 설명하기 다소 까다롭고, 불길한 힘에 관한 신념을 살펴보며 우리가 즐거움을 얻을 수 없다는 의미는 아니다.

이 책에서 수정 해골과 소름 끼치는 인형들, 아주 작은 바위 얼굴과 고대 무기 등을 살펴보려 한다. 또한 애나벨 인형(212쪽)과 호프 다이아몬드(20쪽)처럼 유명한 물건뿐 아니라 잘 알려지지 않은 물건도 다룰 예정이다. 아버지의 뿔을 지닌 꼬마 매니의 이야기를 들어본 적 있는가?(166쪽) 아마도 들어 본 적 없으리라. 나는 당신을 위해 몇몇은 직접 찾아가 보는 위험을 무릅썼고, 심지어 그중 하나를 내 집에 들이기까지 했다. 이제 저주받은 물건이라는 비즈니스의 세계로 깊숙이 파고들어 가 보려고 한다. 이 구역은 '저주받은'이라는 말이 마케팅 용어로 특권을 누리면서, 저주받은 물건들이 박물관에 수집되고 전시되며, 심지어는 이베이에서 팔리기까지 하는 곳이다. 당신은 기술과 디지털의 산물조차 저주받을 수 있다는 것을 알게 될 것이다.

본격적으로 글을 시작하기 전에 먼저 몇 가지 용어를 정의 내리겠다. '저주받다(curesd)'는 가끔 '귀신 들리다(haunted)'나 '홀리다(possessed)'와 동의어처럼 쓰이지만, 이 세 표현의 특성은 뚜렷이 다르다.

이 책을 쓴 목적에 따라 생각해 보면, 그 차이점은 영적 존재를 품었는지에 달려 있다. 저주받은 물건에는 영이 없다. 이 물건은 일부러, 또는 우연히 그 물건에 저주를 내린 누군가에 의해 불운의 존재가 된 것이다. 반대로, 귀신 들린 물건은 그 물건에 직접적으로 영지(靈智)가 깃들어 있고, 홀린 물건은 본질적으로 악령의 실체가 살고 있는 물건을 의미한다(혹자는 엄밀히 말하면 물건은 홀릴 수가 없고, 오직 사람만이 악령에 홀린다고 한다…. 다행이다!). 귀신 들린 물건이나 홀린 물건이 여러 사람에게 불운을 안겨 준다면 실질적으로 저주받은 물건과 같은 역할을 한다고 볼 수 있지만, 이 물건들이 그저 으스스한 기운만 가진 것이라면 저주받은 게 아니다.

예를 들어, 펜실베이니아주 앨투너의 베이커 맨션 역사박물관에 있는 애나 베이커(Anna Baker)의 웨딩드레스라든지, 루이지애나주 세인트 프랜시스빌의 머틀스 플랜테이션 저택의 귀신 들린 거울을 생각해 보자. 두 물건은 저주받은 물건에 관한 글에 자주 등장한다. 그러나 애나 베이커의 웨딩드레스 이야기는 대부분 혼자서 돌아다니는 드레스와 여기저기서 불쑥 나타나는 드레스 주인의 망령을 다루며, 머틀스 플랜테이션 저택의 귀신 들린 거울에는 소름 끼치는 모습이 비치고, 가끔은 유령의 손자국 얼룩이 찍힌다고 한다. 두 물건 모두 지옥만큼이나 무시무시하지만 저주받은 물건이 그래야 하듯, 잇따른 불운을 가져오지는 않는다.

이 책의 목적상 상세한 저주의 일화가 없는 저주받은 물건은 제외했다. 예를 들어, 플로리다주 세인트어거스틴의 빌라 조라이다 박물관에는 한때 미라의 발을 감싸고 있던 고양이 털로만 짠 이집트산 깔개가 전시되어 있다(그 미라 역시 전시 중이다). 어떤 사람들은 이를

현존하는 가장 오래된 담요라고 단정 짓는다. 또 다른 이들은 이 깔개가 저주받았기 때문에 밟은 사람은 누구나 죽게 된다고 믿는다(바로 이 믿음이 깔개가 현재 벽에 걸려 있는 이유다). 그러나 앞의 세 문장이 저주받은 이야기의 전부다. 매력적인 물건이지만 서사적인 이야기를 끌어내기 쉽지 않다.

물건 외의 것들도 저주받을 수 있다. 사람도 저주받을 수 있고, 장소도 저주받을 수 있다. 그러나 이 여정의 목적을 달성하기 위해서 저주받은 물건들에만 관심을 가지려 한다. 나는 '무심코 벼룩시장이나 골동품 가게에서 그 물건을 사서 집에 들일 수 있는가?'라든지 '박물관에서 그 물건과 스쳤다가 영원히 저주받을 수 있는가?'라는 무시무시한 행동 원칙을 따라가 봤다. 바로 그 내용이 몇 가지 눈길을 끄는 예외와 함께 이 책에 담겼다.

그러니까 조심하자. 이국적인 동네의 땅속 깊숙이 파묻혀 있던 오래된 관에서 훔쳐 낸 고대 유물만이 당신의 삶을 영원히 망쳐 버리는 게 아니기 때문이다. 당신의 책상 위에 놓인, 어머니가 동네 창고 세일에서 사다 준 '난 월요일이 싫어' 커피잔이 저주받은 물건일 수도 있다.

1장

유리창 너머의 저주

전 세계적으로, 저주받은 물건은 시민의 안전에는 아랑곳하지 않고, 위엄 있는 박물관이나 주요 역사기관에 뻔뻔스럽게도 공개적으로 전시되어 있다. 이 물건 중에는 보석, 장신구, 장례 물품, 고대 무기, 심지어 인간의 유해까지 포함되는데, 이 모든 것이 방문객에게서 고작 유리 한 장으로 가로막혀 있다. 박물관에 방문하는 것은 호기심은 넘치지만, 자기보호 본능이 다소 약한 사람들이 저주받은 물건을 직접 볼 수 있는 가장 쉬운 방법이다. 그러나 주의가 필요하다. 저주받은 물건이 전시대에 갇혀 있을지라도 당신의 안전을 보장할 수 없기 때문이다.

호프 다이아몬드

원산지
인도, 콜러 광산

추정가치
2억 ~ 3억 5,000달러

유명한 소유주
**루이 14세, 루이 16세,
헨리 필립 호프(Henry Philip Hope),
피에르 카르티에, 에벌린 월시 매클레인**

현재 위치
**미국 워싱턴디시의 스미스소니언
자연사박물관**

이 물건은 인도에 있는 어느 거대한 힌두교 우상의 눈에서 떼어낸 것이다. 이 물건은 프랑스 왕실을 끝장내고, 미국 신흥 귀족의 구성원들을 파멸시켰다. 이 물건을 소유하거나 몸에 지닌 사람들은 개에 물려 몸이 갈기갈기 찢기거나, 총에 맞거나, 참수당하거나, 절벽에서 떠밀려 죽거나, 굶어 죽거나, 침몰하는 배에 타고 물에 빠져 죽었다. 이 물건은 자살과 정신이상과 자녀의 죽음을 가져왔고, 로드 설링(Rod Serling)[*]을 죽였다. 제임스 캐머런(James Cameron)의 영화 〈타이태닉〉에 등장하는 목걸이인 '대양의 심장' 이야기를 꾸며내는 데 영감을 주기도 했다.

---

[*] 미국의 각본가로 영화 〈혹성탈출〉과 〈환상특급〉을 쓴 것으로 유명하다.

이 물건은 바로 저주받은 보석, 호프 다이아몬드다.

45.52캐럿에 달하는 호프 다이아몬드는 세상에서 가장 큰 블루 다이아몬드다. 호프 다이아몬드는 저주받은 물건계의 전형적인 이상이다. 이국적인 원산지와 몇 세기에 걸친 역사를 지녔으면서도 주머니에 쏙 들어갈 만큼 작다. 훔치기에도, 잃어버리기에도, 사라져 버리기에도 알맞은 크기다. 왕의 알현실과 개인 전용기 같은 고상한 분위기 속에서 돈으로 사고팔고 거래하다 도난당할 만큼 귀중하기도 하다. 많은 이가 보석을 소유해 왔고, 그동안 쌓인 보석의 이력은 때론 값비싼 폭탄돌리기 게임을 해 온 것처럼 해석되기도 한다. 그 비극들은 아주 많이 닮았고, 시간상으로 얽혀 있다.

이 장 첫 문단에서 언급된 일반적으로 널리 퍼진 주장은 〈타이태닉〉을 제외하고는 증명할 수 없다. 하지만 그건 중요하지 않다. 어떻게 저주받은 보석이 되었는지를 포함해 호프 다이아몬드의 진짜 이야기는 매혹 그 자체기 때문이다.

호프 다이아몬드의 이야기는 지구 표면을 기점으로 160킬로미터쯤 내려간 곳에서 약 10억 년 전에 시작되었다. 태초의 힘은 탄소를 수정 덩어리 안으로 밀어 넣었다. 당대에는 흔히 벌어지는 일이었다. 그러나 이 경우에는 뭔가 희귀한 일이 벌어졌다. 붕소라는 원소가 수정의 구조 안으로 녹아들어, 보석의 색상을 깊고 푸른 바다색으로 바꾸어 놓은 것이다. 마침내 화산 활동은 언젠가 '인도'라고 불릴 땅의 표면 가까이 이 돌을 밀어 올렸고, 몇백 년 전 인도의 전설

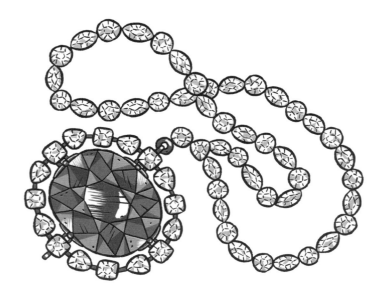

적 광산 회사가 그 보석을 땅에서 끄집어냈다. 인도는 한때 지구상에서 유일한 다이아몬드 산지로 간주되었다. 17세기 중반에 모험심 넘치는 프랑스 상인 장 밥티스트 타베르니에(Jean Baptiste Tavernier)는 인도로 여섯 차례나 기나긴 여행을 떠났다. 그 여행에서 타베르니에는 쿨러 광산에서 캐낸 112캐럿 크기의 하트 모양 다이아몬드 원석을 손에 넣었다. 이 원석은 '타베르니에 바이올렛(Tavernier Violet, 당시보라색은 파란색과 동의어로 쓰였다)'라고 불리게 되었다. 전설과는 달리 그는 신상의 눈을 몰래 훔친 것이 아니라(물론 인도의 사원에서 보석으로 눈이 장식된 신상들을 수없이 구경하긴 했다), 정상적인 유통경로를 통해 사들였다.

타베르니에는 이 보석을 천 개 이상의 다이아몬드와 함께 프랑스의 왕 루이 14세에게 팔았다. 그 커다랗고 파란 보석은 누가 봐도 특별했기에, 루이 14세에게 넘긴 전체 다이아몬드 가격의 25퍼센트를 차지했다. 타베르니에는 혹자가 말하듯 개 이빨로 갈기갈기 찢겨 죽은 것이 아니라, 모험으로 가득 찬 삶에서 벗어나 스위스 제네바 근처의 레만 호숫가에서 휴식을 취했고, 훗날 은퇴를 번복하기는 했지만 80대가 될 때까지 편안히 여생을 보냈다.

루이 14세 역시 장수했다. 왕의 감시하에 미래의 호프 다이아몬드는 깎이고 다듬어져서 더 화려하고 멋스러운 67캐럿의 크기로 바뀌었다. 그때부터 이 다이아몬드는 '프렌치 블루(French Blue)'라고 불렸고, 프랑스 왕관 보석에서 중요한 자리를 차지했다.

그 장신구들은 루이 16세가 왕위에 오를 때까지 별 탈 없이 전승되었지만, 루이 16세는 프랑스혁명 당시 왕위에 있었고, 이 혁명으로 루이 16세와 그의 아내 마리 앙투아네트(Marie Antoinette)는 처형당했다. 마리 앙투아네트가 이 보석을 단 한 번도 착용하지 않은 것이 거의 확실한데도, 호프 다이아몬드는 그녀를 죽음으로 몰고 갔다고 비난받는다. 마리 앙투아네트는 다이아몬드를 사랑했지만, 프렌치 블루는 남편을 위한 것이었다. 프렌치 블루는 루이 16세 체제를 상징하는 휘장에 박혀 있었고, 그 세월 동안 과학 실험을 하느라 단 한 번 떼어졌을 뿐이다. 프랑스 왕실은 혁명 이후 해체되었고, 1792년 프렌치 블루는 도난당해 역사 속으로… 잠시 사라졌다.

어떤 학자들은 프렌치 블루가 독일 브라운슈바이크 공국의 카를 페르디난트(Charles Ferdinand)에게 프랑스를 침략하지 말아 달라는 의미의 뇌물로 바쳐졌다고 믿는다. 당시 유럽의 많은 나라가 프랑스혁명이 자국까지 영향을 미칠까 봐 두려워했고, 잠재적 갈등을 잠재우기 위해 군사를 대비했다. 수많은 사건이 일어난 뒤, 이 다이아몬드는 20년 후 다시 등장했다. 이번에 등장한 곳은 영국이었고, 소유자는 다니엘 엘리아슨(Daniel Eliasson)이라는 보석상이었다. 프렌치 블루는 호두 한 알 정도의 크기인 44캐럿으로 다시 다듬어졌는데, 아마도 프렌치 블루를 프랑스 왕관 보석으로 만들고자 한 나폴레옹에게서 감추려는 노력이었을 것이다.

한동안 프렌치 블루는 영국 국왕 조지 4세가 소유했지만, 1839년 '호프'라는 이름의 부유한 런던 은행 가문의 손에 들어갔고, 그렇게 호프 다이아몬드라는 이름이 생겨났다. 마치 미국의 보석회사 케이 주얼리스의 마케팅 부서에서 곧장 나온 듯 보이는 이름이다.

토마스 호프(Thomas Hope)는 호프 다이아몬드를 집안으로 끌어들였고, 그가 죽은 뒤에 이 보석은 상속자들과 분쟁을 일으키며 여기저기를 떠돌았다. 호프 가문에서 보석상에게로 넘어간 다이아몬드는 터키의 술탄을 대리하는 하비브라는 군인에게 팔렸는데, 그는 금전적인 어려움에 시달리다가 또 다른 보석상에게 다이아몬드를 팔았다. 1920년 파리에서 피에르 카르티에(Pierre Cartier)는 깔끔하게 손톱 손질을 마친 손으로 호프 다이아몬드를 거머쥐었다.

저주에 관한 한 어쩌면 우리는 카르티에에게 감사해야 한다.

이 시기에 남아프리카에서 대규모 다이아몬드 광산들이 발견되면서 다이아몬드는 이제 거부들의 전유물에서 벗어났다. 몇십 년이 지나지 않아 일반인도 약혼녀를 위해 다이아몬드 반지를 사야 한다는 생각을 갖게 되었고, 이 전통은 오늘날까지 계속되고 있다. 왜냐하면, 당신도 아시다시피 "다이아몬드는 영원히(Diamonds are forever)"* 니까. 다이아몬드는 대세가 되고 있었다.

카르티에는 블루 다이아몬드를 미국의 새로운 부유층에게 팔고자 했다. 그는 시장에서 차별성을 갖고, 더 높은 가격으로 물건을 팔려면 이야기가 필요하다는 점을 알았다. 그는 가격 면에서든 저주 면에서든 다이아몬드의 가치를 올렸다. 어려운 일은 아니었다. 금세 몇몇 가짜 신문 기사가 만들어져 회자되기 시작했고, 저주받은 보석이라는 아이디어는 윌리엄 콜린스(William Collins)의 《월장석》과 아서 코난 도일(Arthur Conan Doyle) 경의 《네 사람의 서명》 같은 인기 소설 덕에 널리 알려졌다. 카르티에는 또한 호프 다이아몬드 주변에 열여섯 개의 작은 화이트 다이아몬드를 두르고 멋들어지게 꾸며서, 오늘날 우리가 알고 있는 모양을 만들었다. 이 저주받은 보석에 대한 카르티에의 이야기는 워싱턴디시에 사는 에벌린 월시 매클레인(Evalyn Walsh McLean)과 그녀의 남편 네드의 마음을 사로잡았다. 매클레인

---

* 영화 007시리즈 중 한 편의 제목이자, 다이아몬드 회사 드비어스의 슬로건을 빗댄 말.

> "호프 다이아몬드를 왕관 모양의 에이그레트와
> 함께 머리에 장식하기도 했고, 목걸이처럼 착용했으며,
> 심지어 자기 개에게 달아주기도 했다."

부부는 18만 달러, 오늘날 가치로 따지면 약 450만 달러에 호프 다이아몬드를 사들였다.

에벌린은 호프 다이아몬드를 소유한 수십 년 동안, 수없이 많은 파티에 이 장신구를 하고 갔다. 왕관 모양의 에이그레트(aigret)*와 함께 머리에 장식하기도 했고, 목걸이처럼 착용했으며, 심지어 자기 개에게 달아주기도 했다. 사제에게 다이아몬드를 축복하는 기도를 받았고, 찰스 린드버그(Charles Lindbergh)의 아들이 유괴되었을 때** 그 몸값을 대주느라 임시로 전당포에 맡기기도 했으며, 호프 다이아몬드의 저주에 관해 자유롭고 유쾌하게 수다를 떨곤 했다. 에벌린의 아홉 살 난 아들이 차에 치여 숨졌을 때, 《뉴욕타임스》는 비극을 보도하는 과정에서 그 보석을 언급하지 않을 수 없었다. 네드와 에벌린은 결국 이혼했다. 네드는 요양원에서 삶을 마감했고, 부부의 또 다른 자녀는 자살했다. 다시 말해, 저주받은 보석을 대담하게 소유했

---

* 모자나 투구 등에 달린 희고 긴 백로의 깃털 장식.
** 세계 최초로 대서양 무착륙 횡단에 성공한 비행사의 20개월 된 아들이 유괴되어 살해당한 사건.

던 사람들의 삶이 어떻게 끝나 버리는지 당신이 생각하는 바 그대로, 이들의 삶은 끝이 났다.

1947년 에벌린의 죽음 이후 미국의 보석상 해리 윈스턴(Harry Winston)은 백만 달러(현재 가치로는 약 115만 달러)에 호프 다이아몬드와 에벌린이 남긴 보석들을 사들였다. 그는 호프 다이아몬드를 가지고 북미 전역을 돌아다녔고, 마침내 1958년에 엄청난 세금 감면과 함께 미국판 '왕실' 보석 컬렉션에 발동을 걸겠다는 꿈을 안고, 스미스소니언 자연사박물관에 이를 기증했다. 오늘날까지 호프 다이아몬드는 그곳에 머물고 있다. 지구의 맨틀에서 미국의 수도까지 길고 지난한 여정이었다.

호프 다이아몬드는 스미스소니언 박물관의 자넷 애넌버그 후커 홀에 있는 '지질학 보석 광물관'에 전시되어 있다. 관람객들이 고작 몇 센티미터 떨어진 곳에 서서 구경할 수 있도록 홀 한가운데에 빙빙 돌아가는 전시대 안에 놓여 위세를 떨치고 있다. 많은 사람이 스미스소니언 박물관 소장품 중 호프 다이아몬드가 가장 중요하고 유명하다고 믿고 있으니, 박물관으로서는 저주받은 물건이라기보다 행운의 상징이다. 어떤 사람들은 이 보석이 미국의 국보에 포함되어 나라 전체를 저주하고 있다고 생각한다.

호프 다이아몬드는 문제의 직접적인 원인이라기보다는 뜻하지 않은 결과처럼 보인다. 즉 한 번이라도 호프 다이아몬드를 소유했던 사람들이 모두 죽었다는 사실을 부정할 수는 없다. 어쨌든 호프 다이아몬드를 소유하기 위해서는 허세 넘치는 보석 나부랭이에 투자할 정도로 어마어마한 부자여야 한다. 막대한 부는 저마다의 문제점을 가지고 있기 마련이다. 그 문제점이 정치에서 생겨나는 것인지, 과소비에서 생겨나는 것인지는 상관없다. 실제로 에벌린 월시는 1936년에 쓴 회고록 《벼락부자가 된 아버지(Father struck in Rich)》에서 블루 다이아몬드를 구입한 후 겪은 골치 아픈 일에 대해 "자제심 부족한 손들이 노력 없이 부를 차지함으로써 초래된 당연한 결과"라고 묘사했다. 어쩌면 자기 남편을 빗대어 한 말이었을 것이다.

고유의 이름이 붙을 정도로 희귀하거나 커다란 보석이라면 고유의 저주가 딸려오는 것도 무리는 아니다. 이는 탐욕에 맞서는 잠재의식적인 훈계 또는 초특급 '금수저'에 맞서는 판타지적 응징일 수도 있다. 아마도 수많은 이야기를 보석 탓으로 돌리고 그러한 이야기들을 다시 각색하면서, 그만한 보석을 절대로 사지 못할 우리 같은 사람들에게 공동소유권이 생기는 셈이다.

그러한 논리에 따라, 이 이야기를 쓴 덕에 나는 호프 다이아몬드를 소유하게 된다. 바라건대, 내가 그 저주를 떨쳐 버릴 수 있었으면 좋겠다.

냉동인간 외치

발견된 곳	사망원인
이탈리아 외츠탈 알프스 산맥	**살인**
발견된 해	현재 위치
1991년	**이탈리아 볼차노의 남티롤 고고학 박물관**
나이	사상자
5,300세	**일곱 명**

냉동인간 외치(Ötzi)는 마치 동화처럼 발견되었다. 5,300년 묵은 송장은 어찌나 보존이 잘 되었는지, 발견한 사람들이 이 남자의 타투를 보고 패션감각을 논할 정도였다. 이 남자의 친척들이 천 년 전 원자로 사라지지만 않았더라면, 쉽고 확실하게 그의 시체를 알아볼 수 있었을 것이다.

〈원시 틴에이저〉*에서처럼 사람들이 오스트리아와 이탈리아의 국경을 이루는 외츠탈 알프스의 빙하 속 꽁꽁 얼어붙은 외치를 발견했을 때, 그가 현대 시대를 살았던 불운한 산악인이라고 생각했다.

＊ 캘리포니아의 한 고등학생이 집 마당에 수영장을 만들다가 냉동상태의 원시인을 발견해 벌어지는 소동을 다룬 1992년도 할리우드 영화. 원제는 〈엔시노 맨(Encino Man)〉

알프스의 눈 덮인 비탈에서 냉동 상태의 사람, 역사, 시간을 보리라고는 전혀 상상 못 했던 것이다.

1991년 9월 19일 해발 3,200미터 부근에서 등산하던 한 쌍의 독일인 관광객이 외치를 발견했다. 그를 꺼낸 뒤 과학자와 고고학자, 인류학자들은 자신들의 발견에 경이로움을 느꼈다…. 그리고 오늘날

까지도 여전히 경이로워하며 새로운 사실을 발견하고 있다.

외치가 얼음 덩어리에서 현대사회로 끌려 나온 이후, 과학자들은 그의 유전자 배열구조를 밝히고, 친척들을 추적했으며, 위장의 내용물을 분석하고, 질병명을 진단했다(외치는 라임병, 기생충 감염, 담석증이 있었지만, 그 외 건강 상태는 양호했다). 또한 나이를 추정하고(대략 마흔다섯쯤), 지멘스가 개발한 모든 영상진단 기법으로 시체를 촬영하면서 사망 원인을 규명했다. 뒤에서 날아와 어깨에 꽂힌 화살과 두개골의 외상으로 비추어 봤을 때, 살인이었다. 외치는 온전한 입음새로 발견되었는데, 모자와 옷과 신발을 비롯해 모든 장신구가 보존되어 있었다. 화살과 도끼, 단검과 배낭, 그 외에 청동기 시대 남자가 필요로 했을 모든 물건도 함께 발굴되었다.

오늘날, 냉동인간은 비싼 신발을 만들 때 쓸법한 품질의 금갈색 가죽으로 감싼 해골처럼 보인다. 그의 발목은 겹쳐져 있고, 팔은 오른쪽으로 각을 이루며 죽 뻗어 있어서 마치 플로스 댄스(Floss dance)*를 추다 말고 막 얼어붙은 것처럼 보였다.

외치는 그저 저주받았을 수도 있다. 인류학과 고고학을 비롯한 수십여 개의 학문에서 그의 발견이 행운이었던 만큼, 그를 발견하고 연구하는 데 관여한 많은 사람에게 그는 불행을 가져오기도 했다.

불운은 외치를 발견한 독일 관광객 중 한 명인 헬무트 지몬(Helmut

---

* 두 팔을 몸 앞뒤로 나란히 흔드는 춤으로 마치 치실로 이를 관리하는 것처럼 보여서 붙은 이름.

Simon)이 등산을 하다가 눈보라에 휩쓸려 사망한 2004년부터 시작되었는데, 얼음 위로 튀어나온 역사적인 송장의 갈색 덩어리를 처음 보았던 그 지역 근처였다. 마치 산이 외치의 자리를 대신 채우려는 듯했다. 지몬의 장례식이 치러지고 한 시간 후, 지몬을 찾기 위한 구조대를 이끌 정도로 정정했던 디터 바르네케(Dieter Warnecke)가 심장마비로 사망했다. 당시 마흔다섯으로, 냉동인간이 목숨을 잃었을 때와 같은 나이였다. 다음 해에 외치를 분석한 첫 전문가 중 한 사람이었던 콘라드 스핀들러(Konrad Spindler)라는 고고학자가 쉰다섯의 나이에 다발성 경화증에 따른 합병증으로 사망했다. 스핀들러는 냉동인간을 조사한 지 얼마 되지 않아 병을 진단받았다. 그다음 차례는 외치의 법의조사관이었던 레이너 헨(Rainer Henn)으로, 자연적으로 만들어진 미라에 관한 강의를 하러 가던 중에 자동차 사고를 당해 예순넷의 나이로 세상을 떠났다. 이어 외치의 최초 복원에 참여했던 등산가 쿠르트 프리츠(Kurt Fritz)가 쉰둘의 나이에 눈사태로 목숨을 잃었다. 레이너 홀츠(Rainer Holz)는 외치 살상부의 다음 순번이었다. 그는 얼음에서 외치를 발굴하는 과정을 기록했던 영화제작자였다. 사망한 나이는 48세였고, 사망 원인은 뇌종양이었다.

마지막 희생자는 (적어도 지금까지는) 톰 로이(Tom Loy)다. 분자생물학자인 그는 냉동인간 외치의 옷과 도구에서 네 가지 다른 혈액형을 식별한 것으로 유명한데, 그 덕에 외치 이야기는 고독한 사냥 사고가 아닌 치명적인 충돌에 따른 사망으로 바뀌었다. 로이는 2005년 10월

예순셋의 나이로 사망했다. 일부 정보통에 따르면, 냉동인간을 처음 부검한 직후 혈액병을 진단받았고, 끝내 혈액병 합병증으로 사망했다. 사망할 즈음 로이는 외치에 관한 책을 쓰고 있었다. 이렇듯 1년 안에 일곱 명이 죽었는데, 상당히 심각한 사상자 수다.

저주를 받았든 아니든 간에 (외치가 발견된 산을 공동소유하고 있는) 오스트리아와 이탈리아 모두 외치를 소유하길 바랐고, 한동안 그를 두고 싸웠다. 결국 외치는 이탈리아에 속하는 산에서 발견된 것으로 판명되었다. 이제 당신이 저주를 시험해 보고 싶다면 이탈리아로 향하면 된다. 외치는 1998년 이래 볼차노의 남티롤 고고학 박물관에서 스타로 군림하고 있다.

나는 분명 '스타'라는 의미로 말한 것이다. 박물관은 단 하나의 얼음 미라를 위해 놀랍게도 세 개의 층을 할당했다. 심지어 실리콘과 합성수지, 인모 등으로 제작해 할리우드 특수효과 수준으로 복원한 외치를 만날 수 있는데, 이는 수천 년 전 외치가 살아 있던 시절에 그의 모습을 보여 준다.

그렇게 외치는 현재 이 지구상에서 그 누구보다 오래 살아가면서 차가운 방에 머물며 창문을 통해 바라볼 수 있게 되었다.

마오리 타옹아

원산지	번역
뉴질랜드	마오리족의 소중한 보물

예시	현재 위치
무기와 가면을 포함한 전통 공예품, 묘지, 천연자원	뉴질랜드 전역과 뉴질랜드 웰링턴의 테 파파 통아레와 국립박물관 안

귀신에 홀린 부족의 무기와 작은 인간들에 홀린 여성들을 서로 섞는다면 무엇을 얻게 될까? 아마도 저주이리라. 당연히 홍보에는 재앙이 된다. 적어도 2010년 10월 뉴질랜드 웰링턴에 있는 어느 박물관에서 깨달은 바로는 그렇다.

테 파파 통아레와 박물관(줄여서 '테 파파'라고 부르자)은 뉴질랜드의 국립박물관이다. 박물관 이름의 절반을 차지하는 '테 파파 통아레와'는 마오리어로 '보물 보관함'이란 뜻이다. 토종 마오리족의 역사를 포함해 뉴질랜드 역사 전반에 중요한 예술적·문화적 가공품을 어마어마하게 모아 둔 곳이기 때문이다.

어느 시월, 운명의 날에 박물관은 비공개로 보관된 일부 마오리 타옹아(Māori Taonga)의 순회 전시를 계획했다. 보통 이러한 유형의 행사에는 일반적인 조건이 딸려 오는데, 전시물을 만지지 말 것, 편안한 신발을 신을 것, 사진을 찍을 때 플래시를 사용하지 말 것 등이다. 그러나 테 파파에는 '임신한 여성'과 '생리 중인 여성'은 그 기간이 끝날 때까지 이 여정에 참여할 수 없다는 규정이 명시되어 있었다.

사람들은 이 규정에 분노했다.

박물관 측은 타옹아 중 다수는 토착민들에게서 빌려 온 것이며, 박물관은 이러한 문화의 원칙을 존중해야만 한다고 설명하면서 대중의 반발에 맞섰다.

사람들은 더욱 분노했다.

박물관은 일부 타옹아가 전쟁터에서 사람들을 죽인 무기고, 생리 중이거나 임신한 여성이 이러한 무기에 접촉하게 되면 저주를 불러일으킬 것이라고 설명했다. 그리고 박물관 보험으로는 그 부분을 보상할 수 없을 거라고 첨언했다.

사람들은 점점 더 분노했다. 어떤 이들은 격노하는 수준에 이르렀다.

박물관의 설명은 이해 가능했다. 많은 문화와 종교에는 가임기 여성이 할 수 있는 일과 없는 일을 규제하는 가지각색의 엄격한 규정이 있다. 구약성서는 생리에 대한 엄격한 계율을 가졌다. 코란도 마찬가지다. 불교와 힌두교를 비롯해 모든 교(敎)는 이 주제에 대해 저마다 할 말이 있고, 대부분은 생리가 역겨운 것이라는 생각에 맞닿아 있다. 임신한 여성과 생리하는 여성의 무기 접촉을 금기시하는 마오리족의 전통은 아마도 그보다 더 복잡할 수도 있다. 아니, 아닐 수도 있고.

마오리족과 다른 폴리네시안 민족들은 '타푸(tapu)'라는 개념을 지지한다. '금기'라는 뜻의 영어 단어 '터부(Taboo)'는 18세기 영국의 탐험가 제임스 쿡(James Cook) 선장이 이곳에서부터 들여온 말이다. 타푸는 '반드시 피해야 하는 신성한 뭔가'를 의미하며, 타푸를 어기는 것은 거의 '저주를 받겠다'는 뜻으로 간주되는데, 신은 당신에게 사악한 기운을 직접적으로 보내거나 더는 수호하지 않음으로써 당신이 온갖 자연적이고 초자연적인 불행을 겪게 만들 것이다. 그리고 분명 누구도 당신과 어울리고 싶어 하지 않으리라.

타푸는 무엇이든 될 수 있다. 호수, 숲, 집, 도구, 무기, 사람, 사람의 다리까지. 타푸를 어겨서 위배자를 악에 물들지 않게 하려면 무슨 타푸든 피해야만 한다. 예를 들어, 당신의 왼손이 타푸라면 그 손으로는 음식을 먹어서는 안 된다. 노아(noa)라고 부르는 반대편의 힘은 일종의 축복 같으면서도 축복은 아닌 그런 존재인데, 노아로 타푸에 대응할 수 있다.

그런데도 타푸는 본질적으로 나쁜 것은 아니다. 타푸는 가끔 땅이 수원(水源)이나 묘지로 잘못 쓰이지 않도록 보호하기 위해 강력하게 내세워졌다. 그렇게 할 때 사람과 사물들은 보호받는 지위로 격상될 수 있었다. 그러나 타푸를 어기는 것은 나쁘다. 정말로 나쁘다. 타푸가 된 모든 물건은 적절하게 대우받지 못하면, 저주받은 물건이 될 잠재력을 지닌다.

테 파파에 전시된 마오리 타옹아의 대다수가 전투에서 사람을 죽였던 무기였다. 마오리족 문화에서 토아(toa), 즉 전사가 전쟁터에서 사망하면 그 영혼은 전사를 파멸시킨 도구 안으로 들어간다. 기본적으로 테 파파에는 창고에 보관해둔 홀린 물건들이 한 아름 있었다. 그리고 마오리족 문화에서 죽음과 연계된 여러 도구처럼 이 물건들도 타푸다.

임신했거나 생리하는 여성들 역시 타푸다. 예를 들어, 임신한 여성은 집에서 출산해서는 안 된다. 그러한 행위가 집을 타푸로 만들 수 있기 때문이다. 따라서 특정한 목적을 위해 세워진, 또는 특별히 설계된 장소에서 출산해야 한다.

타푸가 된 물건이 지닌 또 다른 특징은 이 물건들이 가까이 있거나 붙어 있으면 서로를 더럽힐 수 있다는 것이다. 이런 일이 벌어진다면 저주는 속박에서 풀려나 흔한 저주들, 즉 죽음, 재해, 불운 등을 야기한다. 따라서 타푸가 된 투창을 타푸가 된 여성과 아주 가까운 곳에 놓아두는 일은 박물관이나 이 물건들을 잘 보관해 달라고 맡긴 사람들에게 나쁜 소식이 될 것이다.

박물관은 이러한 신념을 옹호했다. 하지만 대중의 반발이 곤혹스러운 수준까지 도달하자, 박물관의 고위급은 그 규정은 단지 '권고'일 뿐 '금지'는 아니라고 해명했다. 한 여성이 저주를 봉인 해제 하는 위험을 군이 무릅쓰고 싶다면 얼마든지 그래도 된다는 의미였다. 어느 임신한 여성이나 생리 중인 여성이 이러한 권고를 무시한 사례가 있는지는 확실치 않다. 이 규정이 철회되면서 그 시점까지 사건들의 정황을 열심히 기록해 온 서사는 끝이 나 버렸다. 따라서 우리는 어떤 타푸들이 겹쳤는지 알지 못한다.

하지만 그다음 해에 박물관에 무슨 일이 벌어졌는지는 확실히 알 수 있다. 2015년 테 파파는 전시 중인 여러 물건이 관람객들의 손길 때문에 훼손되었다는 것을 발견했다. 2016년 소방용 스프링클러가 고장 나서 소중한 유물들이 손상되었다. 그해 후반에 테 파파는 지진의 영향으로 흔들렸고, 시설과 소장품 모두 파손되었다. 2018년에 직원들은 박물관의 인상적인 고래 뼈 컬렉션이 해로운 곰팡이에 오염되었다는 것을 발견했다.

물론 내 생각에, 아마 이런 사건들은 아무 박물관에서나 벌어질 수 있는 고난과 진통이었을 것이다. 하지만 누가 알겠는가? 당신의 수집품 중 대다수가 타푸 같은 장치로부터 분리할 수 없을 때, 이를 어길 위험성은 항상 존재하는 법이다.

투탕카멘의 무덤

위치
이집트 룩소르 왕가의 계곡

중요성
유명한 소년 파라오가 묻힌 곳

발견연도
1992년

나이
3,300세

발굴품 수
5,000점 이상

투트 왕의 무덤이 이집트의 사막 모래를 넘어 현대사회까지 고대의 저주를 퍼뜨릴 때, 그 저주는 성서에 나오는 전염병이나 죽음의 미라, 아니면 자연재해의 모습으로 등장한 것이 아니었다. 저주는… 면도날 사고의 모습으로 나타났다.

투탕카멘은 기원전 1300년대 초반 제18왕조의 파라오였다. 아마도 투탕카멘의 가장 흥미로운 이력은 그가 왕위에 올랐을 때 고작 아홉 살이었다는 사실이다. 두 번째로 흥미로운 이력은 역사의 수수께끼로 남아 버린, 아무도 알 수 없는 원인으로 투탕카멘이 사망하면서 통치가 끝났다는 것이다. 그러나 괜찮다. 우리에겐 그의 미라가 있으니까.

1922년 도굴이 횡횡하던 왕가의 계곡에서 놀랍게도 온전하게 남은 어느 무덤이 있었다. 이 무덤에서 잘 보존된 투탕카멘의 시신이 모래로 뒤덮인 고대의 잠에서 깨어났다. '투트 왕'이라는 별명으로 매우 유명한 이 미라는 서구세계에서 고대 이집트를 다시 한번 주목하게 만들었다.

투탕카멘의 무덤은 영국의 고고학자 하워드 카터(Howard Carter)가 발견했지만, 그러기까지는 시간이 조금 필요했다. 그는 1917년부터 1922년까지 소년 왕을 찾기 위해 모래밭 이곳저곳을 탐색하고 다녔다. 1922년 11월, 제5대 카나본 백작이자 그의 후원자인 조지 허버트(George Herbert)의 후원이 끝나기 전 마지막 시기에 이집트인 대원 가운데 한 명이 바위에 걸려 넘어졌는데, 이것이 모래 위에 묻혀 있던 열여섯 개 계단의 첫 번째 단임이 밝혀졌다. 계단 맨 아래쪽에서 출입문을 발굴한 뒤 카터는 충성스럽게도 모든 것을 다시 파묻도록 명령했다. 백작에게 연락한 그는 이렇게 말했다. "제가 소년의 무덤을 발견했습니다. 함께 파헤쳐 열어 보지 않으시렵니까." (바꿔 쓰자면 그렇다.)

그달 말에 카터와 카나본 백작은 정말로 함께 무덤을 파헤쳤고, 묘의 문으로 향하는 길을 깨끗이 치우는 과정에서 투트 왕의 상징뿐 아니라, 아마도 묘지 도굴꾼들이 낸 듯한 구멍도 발견했다. 포기하지 않고 며칠 동안 파헤친 끝에 마침내 카터의 촛불이 문에 난 구멍을 통해 고고학적인 유물로 가득 찬 곁방을 밝혔다…. 아니 유물의 대다수가 금으로 만들어졌으니 진짜 보물이라고 하자. 흥분에 휩싸인 발굴단은 또 다른 문을 발견했다. 이번에는 봉인이 손상되지 않은 문이었다.

봉인된 문과 그 문 뒤에 분명히 존재할 죽은 소년 왕의 몸을 향해 가면서, 그 과정에서 발견한 유물들을 목록으로 정리하는 느리고 꾸준한 작업이 이어졌다. 작업은 약 7주간 계속되었다. 그러는 동안 전 세계 언론은 이 발견을 대서특필했고, 발굴지는 기록을 위해 근처 빈 무덤으로 보물을 옮기는 모습을 지켜보려는 관광객들로 붐볐다. 이내 곁방이 정리되자 무덤은 한 철 동안 폐쇄되었다. 왕의 미라가 아직도 무덤에 누워 있는지 알기 위해 조금 더 기다려야만 했다.

그러나 카나본 백작은 그 결과를 결코 알 수 없게 되었다. 이집트 남부의 아스완에 머물던 그는 모기에 물렸고, 면도하다가 모기 물린 자리에 상처를 내고 말았다. 카나본 백작은 패혈증에 걸려 곧바로 사망했다. 그의 죽음은 저주설에 불을 지폈고, 이 이야기는 상당히 인기를 얻었다. 이보다 앞서 발견된 저주받은 이집트 장례 물품 덕에, 이런 유형의 이야기 뼈대가 마련되었을 뿐 아니라(소위 '불운의 미라'로, 53쪽을 참고하자), 카나본 백작이 발굴에 관한 독점취재권을 런던의 《타임스》에 판매한 탓에 다른 언론들은 관광객들과 함께 통제선 바깥에서 기다려야만 했다. 그러나 카나본의 죽음으로 굳이 무덤에 접근할 필요가 없었다. 그 대신 완전히 새로운 각도에서 투트 왕 이야기를 다룰 수 있었는데, 바로 파라오의 저주였다.

투트 왕의 이야기는 아서 코난 도일 경 같은 작가들 덕에 더욱 발전했다. 도일 경은 4대 원소라고 불리는 자연의 정령들이 인도하는 대로 무덤은 자신을 휘저어 놓은 카나본에게 복수했을 것이라고 단정했다. 또 다른 작가 마리 코렐리(Marie Corelli)는 왕실의 무덤에는 이를 더럽히는 자들을 위한 비밀의 독약이 있다고 설명하는 희귀한 이집트어 책이 있다고 증언했다. 사람들은 출처가 의심스러운 사건들을 연대표에 추가하기도 했다. 예를 들어, 파라오의 상징인 코브라가 카나본이 무덤을 열던 날 그가 기르던 카나리아를 잡아먹었고, 그가 사망한 날에는 반려견 역시 울부짖다가 죽어 버렸다고 했다. 또는 저주가 쓰인 점토판이 무덤에서 발견되었는데, 일꾼들이 그것을 보고 도망갈까 봐 카터와 카나본이 없애 버렸다고도 했다. 그리고 투트의 시신을 감싼 포목을 풀었더니, 카나본을 죽음에 이르게 한 면도날 상처와 똑같은 자리에 상처가 있었다는 소문도 들렸다.

> 아버지가 남긴 유서는 이렇게 시작된다.
> "더는 공포를 견딜 수 없다."

한편, 카터는 계속 발굴 작업을 진행했다. 그는 1923년 초 묘실에 도달해서 투트 왕의 시신과 함께 황금으로 된 관과 투트의 상징적인 황금가면을 포함한 5,000점 이상의 물품을 발견했다. 이집트 고고학에 새로운 활기를 불어넣은 발견에 그늘을 드리운 것은 발굴과 관련된 사람들이 카나본의 뒤를 이어 죽어 나갔다는 사실이다. 죽은 이들의 명단은 마치 짐 캐럴(Jim Carroll)의 노래 〈죽은 사람들(People who died)〉 가사처럼 들렸다. [*]

카나본의 다음 차례는 철도 왕 조지 제이 굴드(George Jay Gould)였는데, 그는 갓 열린 무덤을 방문한 직후에 폐렴으로 사망했다. 이집트 귀족 알리 카멜 파흐미 베이(Ali Kamel Fahmy Bey) 역시 초기에 무덤을 방문한 자로 같은 해 아내가 쏜 총에 맞아 죽었다. 역시나 1923년에 카나본의 이복형인 오브리 허버트(Aubrey Herbert)가 세상을 떠났는데, 패혈증이었다는 소문이 돌았다. 1924년에는 투트 왕의 석관을 엑스레이로 촬영한 방사선과 의사인 아치볼드 더글러스 레이드(Archibald Douglas Reid)는 알 수 없는 병에 걸려 죽었고, 수단의 총독이자 가장 먼저 무덤을 방문한 사람 가운데 한 명인 리 스택(Lee Stack)경은 카이로에서 암살당했다. 1926년 프랑스의 이집트학자 조르주 베네디트(Georges Bénédite)는 무덤 바깥에서 넘어지는 바람에 비명횡사하고 말았다. 카터의 대원인 아서 메이스(Arthur Mace)는 현장에서 20년을 보낸 후, 건강이 악화되어 고통받았고 이집트에서 은퇴해야만 했다. 그는 1928년 죽었는데, 소문에 따르면 비소중독이 사망 원인이었다고 한다.

---

[*] 짐 캐럴 밴드의 이 노래는 죽은 사람의 이름과 죽음의 원인을 나열한 가사로 이루어져 있다.

1929년으로 넘어가 보자. 카나본의 또 다른 이복형제인 머빈 허버트(Mervyn Herbert)가 폐렴으로 목숨을 잃었다. 같은 해, 카나본과 카터를 위해 여러 일을 해 주었던 리처드 베텔(Richard Bethell) 대장이 의심스러운 정황 속에서 침대에서 죽은 채 발견되었다. 몇 달 후 그의 아버지는 7층 아파트 창문으로 뛰어내려 자살했다. 아버지가 남긴 유서는 이렇게 시작된다. "더는 공포를 견딜 수 없다."

이 사람들은 모두 투트 왕의 발견과 연관되어 있고, 모두 7년 내에 사망했다. 그러나 대학살은 여기서 멈추지 않았다. 투트 왕의 저주를 받은 것으로 여겨지는 목록은 몇십 년에 걸쳐 기하급수적으로 늘어났다. 무덤을 방문한 사람, 무덤에 대해 글을 쓴 사람, 무덤에서 유물을 이송한 사람이나 그 일을 한 사람과 관련 있는 사람들은 부고 기사에 쓰인 '저주'라는 단어로 보답받았다.

그러나 하워드 카터는 어떠한가? 이 사나이가 아니었다면 투트 왕은 여전히 이중으로 매장된 채 남아 있지 않았을까. 그는 무덤 문을 연 후에도 이십 년을 더 살다가 런던에서 예순네 살에 호지킨병으로 사망했다. 그의 묘비에는 투트 왕의 무덤에서 발견된 성배인 '투트 왕의 소원 컵(Wishing Cup of King Tut)'에서 따온 글귀가 새겨졌다. "테베를 사랑하는 그대여, 그대의 영혼이 살아 있길. 북풍이 불어오는 곳을 바라보며 앉아 두 눈에 행복을 가득 담은 채 수백만 년을 보내길."

투탕카멘 무덤의 저주는 타당한 이야기였기 때문에 확장될 수 있었다. 당신이 고대의 죽은 자를 모독하고 죽음과 불멸에 집착하는 문화에서 사후세계와 연결된 보물들을 싹쓸이했을 때 무슨 일이 벌어질 거라고 예상하는가? 세계의 역사에서 저주받은 물건이 있다면, 바로 이집트 왕실의 무덤일 것이다.

투트는 누구나 볼 수 있게 무덤 안에 전시되어 있고, 무덤에서 발견된 다양한 보물들은 카이로 이집트 미술관에 전시되어 있을 뿐 아니라, 온 세계에 저주를 떨치기 위해 세계 곳곳의 박물관을 순회하고 있다.

이 책을 쓰는 현재, 이집트는 카이로에서 거의 10여 년 동안 공사의 중단과 재개를 반복하던 새로운 이집트 박물관의 마무리 작업을 하고 있다. 이 박물관은 세계에서 가장 큰 박물관 중 하나라는 점을 내세우면서, 대규모 전시를 통해 투트 왕의 몸을 포함해 이 소년 왕의 무덤에서 가져온 오천 점 이상의 유물을 다시 한 자리로 모을 예정이다.

만약 이 세상에 저주를 무릅쓸만한 가치 있는 일이 존재한다면, 그건 바로 이 박물관을 방문하는 것이리라.

저주는 영원히

호프 다이아몬드 외에 저주받은 보석으로는 코이누르 다이아몬드, 흑태자 루비, 리전트 다이아몬드, 옐로 다이아몬드 상시, 델리 퍼플 사파이어, 스타 오브 인디아 사파이어, 블랙 오르로프 다이아몬드 등이 있다. 보석의 종류는 다양하지만, 얽힌 이야기들은 비슷하다.

이 보석들은 풍요로운 보석의 땅 인도에서 탄생해 성스러운 신상의 눈을 장식하다가 뽑혀 나왔고, 유럽 제국주의 또는 중상주의로 인해 서구세계로 진출해 왕실의 뾰족뾰족한 왕관을 꾸미게 되었다. 일부는 자본주의의 왕과 왕비가 사들인 덕에 미국으로 갔다. 일부는 개인적인 취향을 만족시키기 위해 보석 연마기로 깎아내면서, 아니면 보석 연마 기술이 발전하면서 그 크기가 줄어들었다. 결국 대부분 박물관에 자리 잡았다. 한때 지구의 맨틀 아래 잡혀 있었던 것처럼 유리 속에 갇혀 버린 것이다.

당신은 코이누르 다이아몬드와 흑태자 루비를 다른 영국 왕실 보석들과 함께 런던 타워에서 볼 수 있다. 리전트와 상시 다이아몬드는 루브르박물관에 있다. 둘 다 마리 앙투아네트가 목걸이를 걸 수 있는 부위를 잃기 전 착용했다. 엄밀히 말하면, 자수정에 속하는 델리 퍼플 사파이어는 런던 자연사박물관에 있다. 스타 오브 인디아 사파이어는 뉴욕 자연사박물관에 있는데, 1964년 도난당했지만 석달 후 발견되어 다시 제자리로 돌아왔다. 블랙 오르로프는 현재 개인이 소장하고 있다.

무라마사의 도검

원산지
일본 쿠와나

나이
~ 500세

만든 사람
센고 무라마사

현재 위치
박물관 및 일본 전역의 개인 소장

저주받은 무기는 다른 저주받은 물건에 비해 큰 강점이 있다. 저주의 희생자를 해치려고 (이를테면, 버스나 암이나 빙하처럼) 다른 뭔가를 기다리기보다는 남들이 하기 싫어하는 저주의 행위를 직접 행할 수 있기 때문이다. 그리고 과학으로 설명할 수 없는 현상을 회의적으로 생각하는 사람들조차도, 저주가 아닌 무기 때문에 비참한 최후를 맞이한 이들이 몹시도 운이 없었다는 사실에는 이의를 제기할 수 없기 때문이다.

아마도 판타지 소설이나 비디오 게임에 등장하는 사례를 제외하고, 저주받은 무기 중에서 가장 유명한 사례는 센고 무라마사의 도검일 것이다. 무라마사의 이야기는 전설 속에 꽁꽁 싸여 있어, 어느 부분이 진짜고 어느 부분이 교훈인지 알아차리기 어려울 정도다.

무라마사는 16세기 일본에서 유명한 칼 만드는 장인이었다. 일본은 칼을 중히 여기는데, 특히 무라마사는 이 치명적인 무기 제조 기술을 한 단계 더 끌어올렸다. 그가 만든 칼날은 더 우수했고, 몸체는 더 강했으며, 칼끝은 더 날카로웠다. 그 칼은 무엇보다 위험하고, 너무나 치명적으로 보여서 사람들은 일본 무사들 칼집에 꽂혀 있는 여느 칼처럼 단순히 달구고 두드리고 접고 갈아 만든 물건이라고 믿지 못할 정도였다. 더 나은 설명, 그러니까 불가사의한 설명이 필요했다.

그래서 무라마사가 광기와 분노를 금속 칼날에 바로 쏟아부은 폭력적인 미치광이라는 소문이 돌았다. 그가 초인적으로 날카로운 물건을 만들기 위해 어둠의 세력과 악마 같은 약속을 했다는 소문도 있었다. 무슨 일이 벌어지든 무라마사가 벼려 낸 카타나*와 와키자시**는 피를 부른다고 했다. 일단 칼을 뽑아 든다면 그 칼날이 피 칠갑으로 빛나고 번들거릴 때까지는 칼집으로 되돌아가지 못하고, 칼의 주인은 폭력의 허랑한 광인이 되어 버린다고도 했다. 전사가 그 칼로 갈라 버릴 사람을 찾지 못해 피에 굶주린 칼날을 만족시키지 못한다면 무사 자신을 찔러 버리고 말 것이었다. 기본적으로, 무라마사의 도검은 희생자와 그 칼을 휘두르는 자 모두에게 치명적이었다. 칼의 양 끝 모두 생명을 노리고 있었다.

---

* かたな, 외날의 큰 칼.
** わきざし, 허리에 차는 호신용 칼.

한때 무라마사가 자신의 칼 가운데 하나를 일본에서 가장 유명한 칼 장인인 마사무네의 칼과 겨루어본 적이 있다고 한다. 두 남자 모두 빠르게 흘러가는 시내에 칼을 찔러 넣었다. 마사무네의 칼날은 물의 흐름을 따라 떠내려오는 나뭇잎들을 모조리 반으로 갈랐지만, 물고기는 살려주었다. 반면에 무라마사의 칼날은 풀과 물고기 모두를 가르며, 대상을 가리지 않고 폭력을 자행한다는 것을 입증했다. 이 이야기가 역사적인 사건이라기보다는 우화처럼 느껴지는가? 그렇대도 괜찮다. 진짜 우화기 때문이다. 마사무네는 무라마사보다 몇 백 년 전에 살았던 사람이다.

그런데도 일본 대중의 상상 속에 무라마사의 도검이 저주받은 물건으로 자리 잡게 된 것은 또 다른 이야기 때문이다. 이 이야기에 따르면, 쇼군 도쿠가와 이에야스는 무라마사의 도검이 자기 가문에 저주를 내린다고 믿어 칼의 생산과 사용을 금지했다. 이에야스는 17세기 초에 시작되어 족히 250년은 일본을 지배해 온 세습적인 군부독재 정권인 도쿠가와 막부의 시조였다. 무라마사가 정확히 언제부터 칼을 만들었는지 알 수 없지만, 우리는 그의 칼날이 17세기 일본 전역에 존재했음을 분명 알고 있다. 실제로 칼의 명장은 기술을 제자들에게 전수했고, 오직 칼 만들기에 전념하는 학교를 세웠다. 이 학교는 2세기 동안 유지되었고, 세월을 뛰어넘는 광기 어린 도공(刀工)으로서 죽음과도 같은 그의 영향력이 널리 뻗어 나갔다.

그렇다면 왜 이에야스는 이 미치광이 장인의 칼날이 저주받았다고 믿었을까? 왜냐하면 그의 가족 가운데 상당한 수가 그 칼에 죽임을 당했기 때문이다. 이에야스의 할아버지는 부하가 휘두른 칼에 반으로 잘렸고, 이에야스의 아버지 역시 (마찬가지로 부하가 휘둘렀을) 칼에 목숨을 잃었다. 또한 세대를 잇는 불운에 발맞춰 이에야스의 아들은 의례적인 자살 행위인 할복자살로 목숨을 끊었다. 이에야스는 어린 시절 무라마사의 도검에 상처를 입기도 했다. 전해져오는 이야기에 따르면, 이에야스는 무라마사의 도검을 금지했고, 그 칼을 가지고 있다 발각되는 사람을 사형에 처했다. 나가사키의 판관 타카나카 우메는 스물네 자루의 무라마사 도검을 소장하고 있다가 발각되어 할복자살해야 했다는 전설도 있다.

그러나 이에야스는 무라마사 도검의 진가를 내심 인정한 것 같다. 그는 무라마사가 만든 도검을 사용했고, 무사들에게도 이 칼을 지급했다. 이에야스가 무라마사 도검들에 둘러싸여 있었다는 점에서, 그는 이 칼로 수많은 사람이 희생되었음을 알고 있었다고 볼 수 있다. 그러나 이에야스 가문의 저주에 대한 괴담과 무라마사 도검을 악이나 악령으로 보는 참고문헌들은 이 끔찍한 살인 도구를… 훨씬 더 끔찍하게 끊임없이 둔갑시켰다.

이에야스가 무라마사 도검을 금지한 이야기는 사실이 아닐지 몰라도 분명 의미가 있었다. 몇 세기가 흐르면서 저주의 이야기는 무라마사 도검이 막부 체제에 대항해 저주받았다는 정치적 우화로 변질되었다. 반(反)도쿠가와 세력들은 이러한 신념을 널리 퍼트리면서,

자신들이 몰아내려고 호시탐탐 노리는 막부 체제에 저항하는 상징으로 쓰기 위해 무라마사 도검을 적극적으로 찾아다녔다. 보아하니 이 상징은 효과가 있었다. 이에야스가 세운 도쿠가와 막부는 일본의 마지막 막부가 되었으니까.

오천 년 이상이 흐른 지금, 무라마사의 도검은 여전히 존재하고 여전히 치명적으로 보인다. 대다수는 개인 소장품으로, 일부는 도쿄 국립박물관과 도쿄 일본 도검박물관을 비롯한 여러 박물관에서 전시되고 있다. 칼들은 이따금 전시차 전 세계를 순회한다. 2017년 일본의 아베 신조 수상은 무라마사 단검을 러시아의 푸틴 대통령에게 선물했다.

무라마사 도검은 뚜렷한 특징을 지녔지만, 오늘날 진짜를 구분하기 쉽지 않다. 진짜 무라마사 도검에는 누구나 알아볼 수 있는 물결무늬('하몬hamon'이라 부른다)가 칼날 양면에 똑같이 새겨져 있다. 또한 칼날이 박혀 있는 칼자루('탕tang')는 '물고기 배' 모양으로 독특하게 꾸며져 있다. 그러나 반 쇼군 세력의 수요가 높아 수많은 가짜 칼이 만들어졌다. 게다가 진짜 무라마사 도검들조차 이에야스가 도검을 금지한 시기에 그 존재를 감추기 위해 모양을 바꾸기도 했다.

어떤 칼이 진짜 무라마사의 제품인지 알 수 있는 최선의 방법은 당연하지만 그 칼을 뽑아 과연 피를 부르는지 살펴보는 것이다.

불운의 미라

위치
영국, 런던의 대영박물관

용도
아멘라 신 무녀의 관 뚜껑

원산지
이집트, 데이르 엘 바하리

발견연도
1868년

나이
3,300세

우리는 빙하 때문에 타이태닉호가 침몰한 것을 안다. 오스트리아 프란츠 페르디난트(Franz Ferdinand) 대공의 암살이 제1차 세계대전을 도발했다는 것도 안다. 그러나 두 사건 모두가 단 하나의 저주받은 물건으로 일어난 것이라면? 저주받은 물건 때문에 인류 역사에 끔찍한 해시태그를 남기게 되었다면? 그것이 이집트 무덤에서 약탈한 물건이었다면? 투탕카멘의 무덤보다 몇십 년 먼저 발견되었고, 오늘날까지 그 유명한 소년 왕의 무덤을 둘러싸고 있는 괴담의 틀을 실제로 제공했다면(39쪽을 보자)?

저주받은 미라는 구전설화에서 흔히 등장한다. 예를 들어, 네스민의 미라를 사들인 영국 고객은 코끼리에 밟혀 사망하고 만다. 또는

53

크헨티카 이크헤크히(Khentika Ikhekhi)라는 고관은 자기 무덤을 더럽히는 자가 있다면 되살아나 목 졸라 죽여 버리겠다며 경고하기도 했다. 그러나 이번 절의 주제인 저주를 내놓은 미라는 그 어떤 저주받은 미라보다 기이하다. 왜냐하면 진짜 미라가 아니기 때문이다. 이것은… 뚜껑이다. 이 뚜껑은 미라화된 무녀의 관을 덮고 있던 뚜껑이기는 하지만, 어쨌든 뚜껑이다. '미라판(mummy board)'은 전문용어고, 이 미라판의 이름은 '불운의 미라(unlucky mummy)'다. 정말로 진지하게 하는 말이다. 이것이 바로 대영박물관 카탈로그에 등장하는 정확한 이름이니까.

불운의 미라는 약 153센티미터 길이에, 한때 자신이 덮고 있던 여

성과 같은 모양으로 색칠되었다. 어깨까지 내려오는 검은 머리카락이 그림으로 그려져 있고, 팔은 교차되어 있으며, 두 손은 마치 나비 모양을 만들 듯 납작하게 펼쳐져 있다. 또한 온몸은 다채로운 무늬로 덮여 있고, 사람과 신과 곤충과 동물 그림이 반복된다. 그녀는 악의를 띤 것 같지는 않고, 죽음의 운명을 쥐고서도 어느 정도 평화로워 보인다. 불운의 미라는 약 삼 천년 전, 이집트 제21왕조 시기에 살았던 아멘-라(Amen-Ra) 무녀의 모습을 하고 있다. 그러나 이 판이 가리고 있던 죽음의 무녀 미라는 아주 오래전에 역사 속으로 사라져 버렸다.

거대한 유람선과 세계대전을 포함하지 않더라도, 어린이 그림책 제목 같은 이름을 가진 이 고대 이집트 가공품은 수없이 많은 영국 국민에게 죽음과 질병을 안겨 주었다. 그 시작은 1868년 이집트 데르 엘 바하리로 여행을 떠난 도중에 이 물건을 습득한 네 명의 옥스퍼드 졸업생들이었다. 두 명은 여행 중 사망했고, 토머스 더글러스 머레이(Thomas Douglass Murray)는 카이로에서 메추라기 사냥을 하던 도중 실수로 자신에게 총을 쏴서 결국 팔을 절단했다. 아서 휠러(Arthur Wheeler)는 네 명 중 유일하게 다치지 않고 영국으로 돌아갔다…. 재산을 두 번이나 잃기 전까지는 말이다. 휠러는 미라판의 유일한 소유주가 되었다. 미라판이 영국에 도착했을 때, 한 사진작가는 미라의 사진을 찍고 난 후 죽었고, 미라판을 나른 짐꾼이 죽었으며, 상형문자 해석가가 그 비밀을 풀어 보려 시도한 후 스스로를 향해 총을 쏘고 말았다.

이러한 주장은 외팔이 머레이에게서 흘러나왔을 가능성이 크다. 머레이는 1860년대 이집트를 자주 방문했고, 유령 이야기를 파이프 담배 연기 속에 풀어 놓는다는 심령론자 단체인 '고스트 클럽'의 회원이기도 했다. 그는 여러 장소에서 동료 회원들에게 저주받은 관뚜껑 이야기를 들려주었고, 결국 이 이야기는 커다랗고 굵은 글씨체로 신문의 헤드라인을 장식했다. 머레이는 70세까지 살았고, 과학으로는 설명할 수 없는 이야기를 들려주며 페키니즈 품종의 개를 서구에 소개하는 데 일조했다.

결국 불운의 미라는 영국에서 고대 이집트 유물이 머물기에 가장 적절하고 명망 있는 장소인 대영박물관에 도착했다. 일단 이곳에 자리를 잡게 되자, 미라의 피비린내 나는 역사는 세간의 주목을 받으며 사람들의 입에 오르내렸다. 버트램 플레처 로빈슨(Bertram Fletcher Robinson)이라는 기자가 1904년 이 나무와 회반죽으로 만들고 색을 칠한 이 판데기를 '죽음의 무녀'라 칭하며 기사를 써서 《데일리 익스프레스》 일면을 장식한 이후로 더욱 그랬다.

불운의 미라는 계속 죽음을 불러왔다. 한동안 영국에서는 누가 죽든 간에, 살아남은 이들은 그 사람이 대영박물관을 방문한 탓에 죽은 것 아니냐며 의문을 가졌다. 그러한 루머는 점차 널리 퍼져 영국 어느 곳에서든 불행한 일이 벌어지면, 그 원인은 불운의 미라에게서 찾아야 한다는 생각이 만연했다. 이를테면, 영국 남부의 사우샘프턴에서 그 불운한 승객들을 태운 타이태닉호의 항해가 그랬다.

비밀리에 미라를 태우고 수송한 타이태닉호에 관한 몇 가지 이야기가 있다. 불운의 미라가 등장하는 이야기에서는, 대영박물관이 저주 때문에 너무 많은 직원과 방문객을 잃은 데 질려 이를 미국의 박물관이나 부유한 수집가에게 팔아 운송하는 과정에서 타이태닉호에 실려 있었다고 한다. 어쨌든 불운의 미라는 타이태닉호의 침몰에도 살아남을 정도로 운이 좋았다. 저주받은 물건은 1912년 미국에 도착했고, 곧장 큰 혼란을 일으키고 나서 2년 뒤 원래의 발송자에게로 돌아갔다. 미라를 돌려보낸 배는 RMS 엠프레스 오브 아일랜드(Empress of Ireland) 호였는데, 이 배 역시 퀘벡 세인트로렌스 강에서 SS 스토스타드 호와 충돌해 천 명 이상의 사상자를 냈다.

그러나 세 척 배의 익사자가 아무리 많다 해도 제1차 세계대전의 희생자 수에는 비할 바가 못 된다. 불운의 미라는 캐나다 강물에서 건져져서 다시 한 번 복원된 후, 이번에는 한 독일인에게 팔렸고, 독일인은 미라를 독일의 마지막 황제인 카이저 빌헬름 2세(Kaiser Wilhelm II)에게 선물했다. 그러고 나서 온 세계를 휩쓴 전쟁이 발발했다. 불운의 미라가 영국에 오기 전까지 지구의 역사상 절대 벌어진 적 없는 일이었다.

그러나 전 세계를 떠도는 이 이야기는 그 어느 것도 진짜가 아니다. 불운의 미라가 선박 화물칸에, 바다와 강바닥에, 그리고 독일에 있어야 할 기간 내내 이 저주받은 물건은 대영박물관 유리 칸막이 뒤로 뽀송뽀송하게 보관되어 있었다. 미라가 영국 땅을 떠난 것은 단지 몇 차례뿐으로, 1990년 이후 미라를 둘러싼 흉흉한 소문에 전혀 개의치 않는 몇몇 국가가 이 미라가 등장하는 전시회를 열기도 했다.

오늘날 불운의 미라는 대영박물관의 여러 이집트 보물 사이에 전시되어 있다. 이 보물들 덕에 대영박물관의 이집트 유물 소장품들은 세계 최고의 컬렉션 가운데 하나로 꼽힌다. 불운의 미라는 여러 온전한 미라 관과 실제 미라와 그 외에 훨씬 더 저주의 기운이 강해 보이는 으스스한 유물들 사이에 둘러싸여 있다.

아, 심지어 불운의 미라를 쉽게 지나쳐 버릴 수도 있다. 당신은 전시관 전체를 돌아다니다가 시선을 사로잡거나 기록할 만한 모든 것을 사진으로 남길 수 있지만… 그러다가 어마어마한 컬렉션의 다른 모든 미라판에 에워싸인 그녀를 완전히 지나쳐 버릴 수도 있다.

어느 쪽이든 괜찮다. 다행히 불운의 미라 역시 당신을 지나쳐 버릴 것이란 의미가 될 테니까.

실비아누스의 반지

원산지	나이
영국 햄프셔주 실체스터	1,700세
발견연도	현재 위치
1785년	영국 셔본 세인트존스, 더 바인

당신이 영국에 사는 농부라면, 쟁기로 밭을 갈다가 박물관에 들어갈 물건을 우연히 찾게 되는 일에 익숙할 것이다. 아니면 중세시대에 모험을 떠났던 기사가 떨어뜨린 버클을 발견한다든지. 아니면 어둡고 신비한 드루이드* 의식에 쓰인 작은 켈틱 칼일 수도 있다. 어쨌든 당신은 천 년에 걸친 풍요로운 역사를 가진 작은 땅 위에 작물을 심는 중이니까.

1785년 햄프셔 실체스터의 밭에서 일하던 농부는 금반지 하나를 발견했고, 이 반지는 저주받은 반지로 밝혀졌다. 즉 저주받은 '절대 금반지' 영감을 준 저주받은 금반지였다.

---

* druid, 켈트의 땅에서 신의 의사를 전하는 존재로 정치와 입법, 종교, 의술, 점, 시가, 마술을 행한 자들.

이 유물은 반지 중앙에 여신 아프로디테가 움푹 새겨진 커다란 인장 반지였다. 반지는 닳아 빠진 커다란 나사처럼 절묘한 열 개의 면으로 되어 있었는데, 바깥쪽에는 라틴어로 'SENICIANE VIVAS IIN DE'라는 글자가 새겨져 있었다. 따라서 이 반지를 밀랍 위에 꾹 누르면 왼쪽부터 오른쪽으로 "세니시아누스는 신의 품 안에서 평안하라"라는 글을 읽을 수 있다. 글자를 새겨 넣던 사람이 급히 서두른 듯 철자가 틀리긴 했지만, 그 사람은 저주에서 도망치고 있었다.

유물은 영국 농부의 생활에 도움을 주었다. 금으로 만들어진데다 4세기까지 거슬러 올라가는 연식 덕에, 반지는 어느 정도 금전적인 가치를 지녔고 역사적인 흥미도 끌었다. 그렇게 한동안 세월이 흘렀

다. 다시 한 번 말하지만, 영국은 땅속에 묻힌 유물이 풍부한 나라다. 농부는 반지를 슈트 가문에 팔았다. 부유하고 정계에 발이 넓었던 슈트 가문은 16세기 '바인'이라고 불린 햄프셔에 살았다. 이 반지는 슈트 가의 어마어마한 골동품 소장 목록에 추가되었고, 다음 세기에 농부의 밭으로부터 대략 130킬로미터 떨어진 곳에서 또 다른 유물이 발굴되지 않았더라면 그대로 잊혔을 수도 있다.

글로스터셔에는 노덴스 신에게 바치는 로마 신전의 잔해가 있다. 노덴스는 치유, 사냥, 바다를 관장하는 신이다(고대의 신들은 대부분 멀티태스킹의 달인들이었다). 잔해가 있는 땅은 공식적으로 리드니 캠프라고 하지만, 로마인들이 떠난 뒤 그 지역에 살았다고 여겨지는 초자연적인 존재들을 기리는 의미에서 '난쟁이의 언덕'이라고도 부른다.

19세기 폐허 속에서 발견된 것은 저주가 쓰인 작고 얇은 납판이었다. 유럽 전역에서 저주가 쓰인 돌판이나 납판, 즉 저주판('데피시오네스defixiones'라고 부른다)이 수천 개 발견되었는데, 예를 들어 키프로스에서 발견된 17세기 저주판은 "사랑을 나눌 때 네 성기는 고통스러우리라"라는 메시지를 담고 있다. 그리고 미라가 된 저주의 희생자 위로 뱀으로 된 머리카락이 꿈틀대는 악마의 모습이 등장하는 포르켈루스 저주판도 있다. 저주판은 아주 재미있는 물건이다.

난쟁이의 언덕에서 발견된 저주판에는 다음과 같은 저주가 새겨져 있었다.

노덴스 신을 위해.
실비아누스는 반지를 잃어버렸고
그 반지가 지닌 가치의 반을 노덴스에게 바쳤지.
세니시아누스라는 이름이 붙은 자들이여.
노덴스 신전으로 돌아오기 전까지는
건강을 누리지 못하리라.

그렇다. 세니시아누스라는 이름이 새겨진 반지가, 반지를 잃어 버린 세니시아누스라는 남자에게 저주를 내리는 평평한 판으로부터 130킬로미터 떨어진 곳에서 발견되었다. 그리고 그 시절 세니시아누스라는 이름은 존 스미스처럼 흔한 이름이 아니었다.

1888년 반지가 발견된 뒤 1세기가 흘렀고, 바인 땅의 후계자인 샬로너 윌리엄 슈트(Chaloner William Chute)가 《햄프셔 바인의 역사(A History of the in Hampshire)》라는 저서에서 납판과 가문의 소장품인 반지의 관계에 대해 썼다. 그는 세니시아누스가 실비아누스와 노덴스의 신전을 방문했을 때, 그에게 반지를 훔쳤을 것이라 가정했다. 순례자들이 밤새 머물면서 치유의 물에 몸을 담그는 동안 도난은 빈번히 일어났다. 지금으로 치면 체육관에서 누군가가 당신의 사물함에서 핸드폰을 훔쳐 내는 일이 고대 로마에서 벌어진 것이다.

그러나 반지가 실비아누스에게 속한 것이라면, 왜 세니시아누스의 이름이 새겨져 있었을까? 아마도 신에게 헌정된 사원에 머무는 동안 누군가를 저주하는 일이 얼마나 쉬운지 깨달은 세니시아누스가 일종의 부적처럼 자기 이름을 재빨리 새겨 넣었으리라. 작업을 급히 서두른 탓에 철자가 틀렸을 수도 있다. 반지가 원래는 세니시아누스의 것이었고, 내기에 져서 실비아누스에게 내주어야 했지만, 어쨌든 가지고 있었을 수도 있다. 실비아누스의 저주판이 효력을 발휘했는지 여부는 우리가 영원히 알 수 없는 이야기가 되었다⋯. 누군가가 또 다른 유물을 파내어 1700년 된 드라마의 미스터리를 한 겹 더 벗겨줄 때까지는 그랬다.

하지만 이야기는 거기에서 끝나지 않았다. 사실 이야기는 더욱 이상하게 꼬였는데, 판타지 소설 팬인 누군가와 관련이 있다. 1929년 모티머 휠러(Mortimer Wheeler) 경이라는 고고학자는 난쟁이의 언덕을 샅샅이 파헤치면서 반지와 납판에 대해 조사했고, 의도치 않게 또 다른 이야기에 영감을 주었다. 20세기 문학에서 가장 유명한 작품이 되어 버린 이야기였다.

휠러는 저주에 언급된 노덴스라는 이름의 어원을 조사하고자 했는데, 그러려면 도움이 필요했다. 그는 고대영어 전문가이자 명문 옥스퍼드대학교의 존경 받는 교수인 존 로널드 루엘 톨킨(John Ronald Reuel Tolkien)에게 연락했다. 그 유명한 톨킨이었다.

만남이 이루어지고 얼마 지나지 않아 톨킨은 하나의 장르를 결정지은 판타지 소설 《호빗》을 출간했다. 《호빗》은 난쟁이들이 만들고, 저주에 씌어 버린 각인 반지에 관한 이야기다. 반지를 잃었다가 되찾는 일이 벌어지고, 반지를 발견한 자는 옛 반지 주인에게 쫓기는

데, 옛 주인은 도둑의 이름을 알고 있다. 도둑의 이름은 배긴스였다.

실비아누스의 반지가 이 유명한 몽상가에게 영감을 안겨 주었다는 증거도 없고, 실체스터 들판에서 발견된 반지가 폐허가 된 고대 로마의 신전에서 발견된 저주판에 언급된 것과 똑같은 반지라는 빈틈없는 증거도 없다. 그러나 가장 희한한 상황과 겉보기에 우연 같은 관련성이 가끔은 진짜 이야기로 밝혀질 때도 있다. 어느 쪽이든 증거가 없는 상황에서는 그냥 믿어 버리는 게 더 재미있지 않을까?

당신은 직접 그 반지를 보러 갈 수 있다. 더 바인은 누구나 갈 수 있는 사적지로, 이 반지가 전시실 하나를 통째로 차지하고 있다. '반지의 방(Ring Room)'에는 번쩍이는 실비아누스의 반지가 저주판의 복제본과 함께 전시되어 있다. 진짜 데피시오는 리드니 캠프의 박물관에서 만나볼 수 있다.

물론 반지와 가짜 저주판 옆에는 톨킨의 《호빗》 초판이 전시되어 있다.

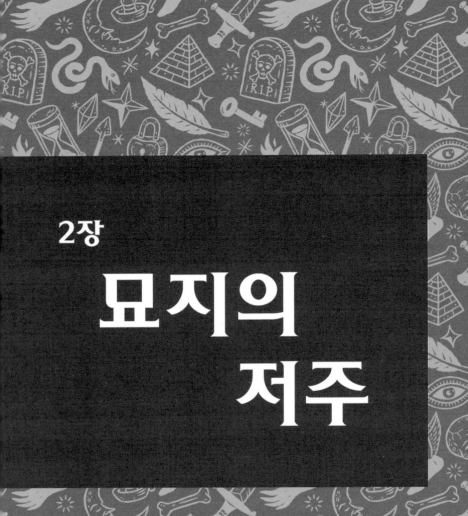

2장

묘지의
저주

모든 묘소와 묘지는 으스스하다. 가끔은 이런 곳들도 저주받는다. 죽은 자들을 경건하게 추모하는 의미를 담은 물건이 산 자들을 겨냥한 해악과 불운, 심지어 죽음의 매개체로 너무나 자주 변신한다. 죽은 자는 질투 넘치고 복수심 가득하다. 2장에서 당신은 사람을 죽이는 묘비와 귀신 들린 조각상, 독재자를 부르는 무덤을 살펴볼 것이다. 심지어 윌리엄 셰익스피어도 등장한다. 당신은 묘지를 지나면서 휘파람을 불어야 할 완전히 새로운 이유를 갖게 될 것이다.

블랙 애기

원산지
메릴랜드 파익스빌의 드루이드 리지
공동묘지

현재 위치
미국 워싱턴디시, 하워드 T.
마키 연방법원 건물

설치연도
1925년

조각가
에드워드 포시

묘석 주인
펠릭스 아그누스 장군

공동묘지에 드루이드 리지(Druid Ridge) 같은 이름이 있다면, 그곳에는 소름 끼치는 묘석이 한두 개 세워져 있을 것이다. 그리고 메릴랜드 파익스빌에 있는 드루이드 리지 공동묘지에는 아주 특별한 묘석이 있다. 아니, 정확히는 있었다. 오늘날 그 기분 좋은 구불구불한 길을 걷다 보면 밑동에 '아그누스'라고 새겨진, 흡사 의자처럼 생긴 받침대와 마주치게 된다.

이는 기묘한 과거와 더 기묘한 현재를 지닌 저주받은 장례 조각상인 블랙 애기(Black Aggie)의 버려진 왕좌다. 블랙 애기는 동판으로 덮인 약 183센티미터의 조각상이다. 바위 위에 앉아 있는 그녀는 두 눈을 감고 한쪽 손으로는 턱을 괴고 있다. 블랙 애기를 한마디로 표

현하자면, 으스스하다. 그리고 그녀를 둘러싼 전설들은 훨씬 더 으스스하다.

사람들은 애기의 눈이 밤에는 빨간색으로 빛나며, 그 눈을 보았다가는 장님이 된다고 한다. 임신부가 애기의 그늘을 통과해 걸었다가는 유산한다고도 한다. 혹자는 밤이 되면 공동묘지의 영혼들이 그녀 근처로 모인다고 한다. 애기의 무릎에 앉았다가는 죽음을 맞이하게 되고, 그녀 곁에서 밤을 새워도 그렇다고 한다.

블랙 애기에 관해 전해지는 가장 구체적인 이야기에 따르면, 애기의 한쪽 팔은 1962년 사라졌다가 어느 동네 박판공의 차에서 발견되었다고 한다. 이 남자는 어느 날 밤 조각상이 스스로 팔을 떼어 자기에게 건네주었다고 주장했다. 터무니없는 이야기지만 한밤중에 이 조각상 곁에 오 분만 서 있으면 그 말을 저절로 믿게 될 수도 있다.

이 조각상이 저주받은 데는 타당한 이유가 있다. 블랙 애기는 추모 작품인 애덤스 추모비(Adams Memorial)의 승인받지 못한 모조품으로, 스스로 목숨을 끊은 한 여성을 추모하기 위해 만들어졌다.

두 명의 미국 대통령을 낸 명문가인 애덤스 가문의 헨리 애덤스(Henry Adams)는 1885년 12월의 어느 날 집으로 돌아왔다가 10년 이상 함께 한 아내 마리안 '클로버' 애덤스(Marian 'Clover' Adams)가 바닥에 쓰러진 채 죽어 있는 것을 발견했다. 아내는 평소 사진 현상 시 사용하던 약품인 청산가리를 먹었고, 누구도 왜 그녀가 자살했는지 이유를 알지 못했다. 유서가 있었을지라도 남편이 없애 버렸을 것이다.

애덤은 아일랜드에서 태어난 유명한 미국의 조각가 아우구스투스 세인트 고든스(Augustus Saint-Gaudens)를 고용해 워싱턴시의 록 크릭 공동묘지에 있는 아내의 (결국은 자신의) 무덤 위를 덮게 될 추모 예술작품을 만들어 달라고 부탁했다. 조각상에는 이름이 없었지만, 그 조각상을 본 사람들은 '비탄'이라는 이름으로 불렀고, 추모 예술 장르에서 애도와 상실을 가장 심오하게 표현한 작품 중 하나로 꼽혔다. 작품은 즉시 유명해졌고, 록 크릭 공동묘지는 관광명소가 되었다. 그리고 1907년 세인트 고든스가 사망하기 직전에 모조품이 만들어졌다.

조각품을 베낀 사람은 유명조각가 에드워드 포시(Edward Pausch)로, 프랑스 출신의 남북전쟁 참전용사이자 볼티모어의 신문 발행인인 펠릭스 아그누스(Felix Agnus) 장군을 위해 애덤스 추모비의 복제품을 만들어 낸 것이다. 아그누스는 애덤스 추모비가 세워진 장소에서 약 56킬로미터 떨어진 곳인 메릴랜드 드루이드 리지 공동묘지의 가족 묘소에 그 조각상을 자랑스레 세웠다. 세인트 고든스의 미망인 아우구스타(Augusta)는 남편의 작품을 허락받지 않고 베낀 데 분노했고, 법적으로 고소하겠다고 협박했다. 그러나 아그누스는 조각상을 치우지 않겠다고 했다.

1925년 아그누스는 밀조된 조각상 아래에 묻혔다. 그러나 블랙 애기는 영감을 주었던 원작품처럼 널리 이름을 알린 예술품이 되는 대신, 그 별명대로 애덤스 추모비의 어두운 그림자가 되었다. 이를테면, 하이드 박사 대 지킬이라 할 수 있었다. 블랙 애기는 메릴랜드에서 가장 유명한 저주받은 물건 가운데 하나가 되었다.

드루이드 리지 공동묘지는 곤란한 처지에 놓였다. 1967년 공동묘지는 사람들의 이목과 끔찍한 이야기, 한밤중에 조각상 앞에서 담력을 시험해 보려고 무단 침입하는 이들 때문에 블랙 애기를 치워 버렸다. 아그누스 가족은 이를 스미스소니언 박물관에 기증했지만, 큐레이터들은 모조품을 전시하지 않았다. 블랙 애기는 지하실에 아무렇게나 처박혀 누구도 그 붉은 눈을 바라보거나 죽음의 그림자 아래를 지나갈 수 없게 되었다. 삼 년 후 박물관은 원래의 애덤스 추모비에서 나온 공식 주물을 기증받았고, 이를 적절히 영예로운 위치에 두었으며, 그렇게 오늘날에 이르렀다. 애덤스 추모비의 공식 주물이 화랑에서 위세를 떨치는 동안, 불법 복제품인 블랙 애기는 박물관 창고의 지하세계에서 썩고 있었다. 1987년 미국 조달청(General Services Agency, GSA)은 블랙 애기가 정원의 수호상이 되리라 생각해서 조각상을 달라고 요청했다.

GSA는 블랙 애기를 NW 매디슨 플레이스 717번가의 라파예트 광장에 있는 하워드 T. 마키 연방대법원 건물 마당에 세웠다. 근무 시간에 맞춰 이 건물을 방문한다면, 백 년도 넘은 오래된 조각상 바로 옆까지 걸어가 볼 수 있다. 수없이 많은 볼티모어의 십 대 청소년들과 대학생들이 그에 대한 이야기를 나누고 밤에 몰래 찾아가며 어린 시절을 보낸 바로 그 조각상이다. 한마디만 하자면, 비록 블랙 애기가 불확실한 과거를 지닌 허가 받지 못한 복제품일지라도 놀라운 조각품이다. 눈에서 빨간빛이 발사되지 않을지라도 말이다.

흥미롭게도 법원 건물은 백악관에서 멀지 않은 곳에 있다. 조각상에서도 백악관이 보이고, 그로부터 열두 걸음만 걸어 나오면 곧바로 보이는 위치다. 이는 또 다른 장소도 가깝다는 의미다. 아주 아주 중요한 장소다. 이 저주받은 조각상을 탄생시킨 요상한 일련의 사건들이 시작된 장소다.

블랙 애기가 자리한 곳에서 약 150미터 떨어진 곳은 예전에 클로버 애덤스가 자살한 집이 있던 곳이다. 이 건물을 허물은 자리에 헤이 애덤스 호텔이 들어섰고, 여전히 그 자리에서 영업하고 있다. 그리고 혹자는 이 호텔에 클로버의 망령이 출몰한다고 한다.

비에르케토르프 룬스톤

돌의 종류 **멘히르**[*]	높이 **약 4미터 26센티미터**
룬 문자의 종류 **스칸디나비아 조상언어**	현위치 **스웨덴 블레킹에**
나이 **1,500세**	추측 기능 **무덤, 세노타프**^{**}**, 성지, 국경석**

스웨덴의 비에르케토르프 룬스톤(Björketorp Runestone)은 세상에서 가장 큰 룬스톤^{***} 가운데 하나다. 고대의 돌 옆면에 고대 언어로 새겨진 고대의 저주로 미뤄 판단하건대, 그 누구도 함부로 대할 수 없는 물건이다. 이를테면, 바이킹처럼 말이다.

북유럽 국가들은 저마다의 저주받은 룬스톤을 가지고 있다. 예를 들어 덴마크의 글래벤드로프(Glavendrup) 스톤은 이 돌을 무시하는 자는 누구나 사악한 마법사(라고 쓰고 '왕따'라고 읽는다)로 만들어

---

* menhir, 선사시대에 자연석이나 다듬은 돌을 수직으로 세운 거석.
** cenotaph, 그리스어로 '빈 무덤'을 뜻하며 기념비를 나타냄.
*** 룬 문자가 새겨진 돌.

버릴 것이라고 위협한다. 마찬가지로 덴마크에 있는 트리게벨데(Tryggevælde) 룬스톤과 스웨덴의 살레비(Saleby) 룬스톤은 비슷한 저주를 지녔다. 그러나 이러한 돌에 새겨진 저주는 비에르케토르프 룬스톤에 깊숙이 박힌 극적인 저주와 비교하면 우아한 경고에 지나지 않는다.

비에르케토르프 룬스톤은 스웨덴의 남동쪽, 발트해 연안의 블레킹에라는 지방에서 받침대 없이 우뚝 선 커다란 돌인 멘히르가 빽빽하게 들어선 숲속 묘지에 자리하고 있다. 이 장소의 연대는 철기시대까지 거슬러 올라가고, 가끔은 6~7세기경으로 추측되기도 한다. 어떤 멘히르는 둥근 모양을 이루며 서 있다. 이러한 원형 중 하나가 세 개의 커다란 돌로 만들어졌는데(따라서 엄밀히는 삼각형 배열이다), 그 돌 중 하나가 비에르케토르프 룬스톤이다. 누구든 비에르케토르프 룬스톤을 알아볼 수 있는데, 바이킹 시대보다 앞선 스칸디나비아 조상언어로 쓰였기 때문이다(스칸디나비아 조상언어는 바이킹의 언어인 고대 스칸디나비아어로 진화했다).

이 룬스톤은 약 4미터 26센티미터로 거의 돌로 된 나무라 할 수 있는데, 길고 가는 목과 동글납작한 밑동이 마치 커다랗게 우뚝 선 더블베이스 모양이다. 뒤편에 각진 고대 문자로 쓰인 짧은 구절이 비바람 때문에 거의 안 보일 정도로 마모되었지만, 정기적으로 빨간 페인트를 덧칠하는 성실한 보존 활동 덕에 읽을 수는 있다. "예언컨대, 죽어서도 영원히 벌이 계속되리라." 이 구절 자체는 번역과 맥락

이해에 따라 저주로 바뀔 수도 있고, 바뀌지 않을 수도 있다. 그러나
이 돌의 저주로서의 위상은 앞면에 쓰인 메시지가 굳혀 주고 있다.
예견된 영원한 벌에 대해 자세히 풀어 놓은 메시지는 다음과 같다.

> 나, 룬 문자의 주인은
> 여기에 권력의 룬 문자를 감춰두었다.
> 이 돌기둥을 파괴하는 자는
> 그칠 새 없이 해악에 시달리고
> 서서히 찾아오는 죽음을 맞이하리라.
> 예언컨대, 파멸이다.

번역하는 사람에 따라 달라지겠지만 이런 식이다. 어쨌든 상당히 강력한 저주다. 다른 룬스톤의 비문이 좀 더 자애로운 내용 끝에 저주가 덧붙여지는 것과는 달리 비에르케토르프 룬스톤은 저주로 꽉 차 있다. 다행히 서서히 찾아오는 죽음과 해악의 괴롭힘은 이 돌기둥을 부쉈을 때만 작동한다.

실제로 그런 짓을 하려 한 자에 관한, 내가 찾을 수 있었던 유일한 이야기는 전설처럼 들릴 만큼 애매하지만, 그래도 충분히 언급해 볼 만하다. 언젠가 어느 농부가 주변 땅을 깨끗이 정리한 뒤 농사를 지으려고 했다. 농부는 룬스톤 주변에 나무를 쌓고 불을 붙여서 룬스톤을 달군 다음, 그 위에 차가운 물을 끼얹으려 했다. 온도의 갑작스러운 변화가 룬스톤을 여러 조각으로 갈라 더 쉽게 치울 수 있으리라 생각한 것이다. 농부는 장작에 불을 지폈지만, 그 순간 이상한 바람이 묘지 주변으로 불어오더니 룬스톤 주변의 불을 꺼버림과 동시에, 불길을 농부 쪽으로 날려 보내서 그를 산 채로 혹은 죽은 채로 태워 버렸다고 한다. 실제로 서서히 죽음과 해악이 찾아온 것이었다.

화마로 인한 죽음과 반(反)농가 사상을 담은 상상 속 이야기 외에도 이 돌이 진짜 무엇인지를 설명하는 이론에는 여러 가지가 있다. 첫 번째는 이 돌이 묘비고, 원시 바이킹족이 그 아래에 묻혀 있다는 것이다. 타당한 이야기다. 어쨌든 묘지니까. 그러나 1914년 돌 주변의 땅을 파 본 결과, 그 어떤 유해도 발견되지 않았고, 그렇게 이 이론은 배제된 것으로 보인다.

두 번째 이론은 그것이 세노타프로, 그 유해가 바다에서 실종되었거나 외국의 전장에서 부패했거나 타지에 묻혀야 했던 이들을 추모하는 묘석이라는 것이다. 그럴듯한 이야기다. 돌 아래에 시체는 전혀 없지만, 묘지 안에 자리하고 있으니까.

세 번째 이론은 최고신 오딘에게 바치는 성지라는 것이다. 이 역시 말이 된다. 그러니까 바이킹이 만들었다는 소리다.

마지막 이론은 그 돌이 그저 고대의 스웨덴인과 그 이웃인 고대 덴마크인을 구분 짓는 국경석이라는 것이다. 이 이야기는 진짜가 아니면 좋겠다. 너무 지루하니까.

이 모든 이론은 다른 맥락에서 돌의 저주를 본다. 어떤 이야기가 진짜인지에 따라 룬스톤은 지구의 유적이나 죽은 이의 추억을 보호하고, 또는 신에 대한 모독에 저항하거나 신성한 국경을 보호하는 역할을 했을 것이다.

돌 위에 새겨진 글귀는 흔하고 평범한 구절일 수도 있다. 아마도 원시의 유행어가 아니었을까. 내가 이 이야기를 꺼내는 이유는 비에르케토르프 룬스톤에서 서쪽으로 56킬로미터 떨어진 곳에서 또 다른 룬스톤이 발견되었는데, 그 표면에도 완전히 똑같은 저주가 완전히 똑같은 고대의 룬 언어로 쓰여 있었기 때문이다. 그것은 바로 스텐토프텐 룬스톤(Stentoften Runestone)이다. 스텐토프텐 룬스톤은 그리 대단히 크지 않고, 직사각형에 가까운 모양이지만 비에르케토르프 룬스톤과의 관계는 분명하다. 이 돌은 1823년 한 사제가 발견했다. 룬스톤은 앞으로 넘어져 있고 주변에는 다섯 개의 돌이 별 모양으로 둘러싸고 있었는데, 트롤 같은 사악한 존재를 물리치기 위한 배열이었을 것이다. 오늘날 스텐토프텐 룬스톤은 블레킹에 지방에서도 볼 수 있는데, 지독히 기분 나쁜 저주가 감싸고 있는 신성한 건물인 솔베스보르그의 한 교회에 있다.

이 세상에는 다양한 언어로 된 수많은 룬스톤이 존재하지만, 비에르케토르프 룬스톤만큼 확실한 돌은 거의 없다. 숲속의 비에르케토르프 룬스톤은 땅을 뚫고 튀어나온 저주받은 존재의 거대한 가운뎃손가락이자, 당신을 향한 바이킹들의 일침이다.

티무르의 무덤

현 위치
우즈베키스탄 사마르칸트

나이
~650세

중요성
전설적인 정복자 티무르가 묻힌 곳

또 다른 이름
구르 에 아미르(왕의 무덤)

티무르(Timur)는 14세기 후반 중앙아시아를 휩쓴 모종의 재앙이었다. 그는 35년 동안 이 지역을 정복하고, 양민을 학살했으며, 도시를 파괴하고, 죽은 희생자들의 두개골로 탑을 쌓았다.

또한 티무르는 자기 무덤에 저주를 내려 600년 후 러시아에서 아돌프 히틀러를 공격하기도 했다. 이후 자세히 살펴보자.

티무르는 지금의 우즈베키스탄인 트란스옥시아나에서 1336년경 태어났다. 그는 중앙아시아의 여러 부족 가운데 한 부족을 다스리던 지도자 타라가이(Taragay)의 아들이었고, 부족들이 권력을 위해 싸우고 다투던 격동의 시기를 살았다. 티무르는 야망 넘치고 피에 굶주린 이였는데, 용병으로 일을 시작한 뒤 동맹을 형성하고 지지자들을 끌어모았으며, 그 땅에서 궁극의 군대를 만들었다.

그는 자신을 칭기즈칸의 후예라고 칭했고, 무자비함과 야망 자체였던 그 몽골의 지도자를 능가하려고 애썼다. 그는 통치하는 동안 트란스옥시아나에서 시작해 아시아 대륙의 대부분을 정복했다. 그의 제국은 지중해에서 히말라야산맥, 그리고 코카서스 산맥에서 아라비아해까지 뻗어 나갔다. 티무르는 정복 대상을 그저 무찌르기만 한 것이 아니라 대량학살했다. 일부는 그가 죽인 희생자 수가 1,900만 명에 이른다고 추정한다. 정말로 어마어마한 두개골 탑이 아닐 수 없다.

티무르는 예술과 과학의 후원자이기도 했다. 그는 제국의 수도인 사마르칸트를 자신이 정복한 나라에서 온 학자와 예술가, 의사와 과학자로 채웠고, 레기스탄 광장처럼 눈부신 건축 위업을 의뢰했다. 물론 그는 자신이 세운 제국의 수도에서, 아름다운 건물에서 많은 시간을 보내지 않았다. 티무르는 군대의 텐트촌을 더 좋아했고, 궁전에서 꾸물거리기보다 다른 지역을 정복하느라 너무 바빴다.

그의 명성은 유럽으로 퍼져 나갔다. 유럽인들은 그를 '타메를란(Tamerlane)'이라는 이름으로 불렀는데, '절름발이 티무르'라는 의미였다. 군인으로 활약하는 동안 다친 오른손과 다리의 상처 탓이었다.

1405년 겨울, 그는 중국을 정벌하러 가던 중 카자흐스탄에서 예순여덟 살의 나이로 죽었고, 그 시신은 사마르칸트로 되돌아와서 묻혔다. 티무르 제국은 티무르의 죽음 뒤에 백 년을 채 버티지 못했지만,

잔인한 정복자인 그의 악행은 역사책에 영원히 남아 있다.

단, 우즈베키스탄은 예외다. 우즈베키스탄인들은 티무르가 함께 하는 것을 좋아한다. 그의 고국은 이 정복자의 조각상을 여러 개 세웠고, 그 가운데 일부는 신과 같은 크기로 만들어졌다. 소련의 붕괴 이후 우즈베키스탄은 다채로운 문화를 스스로 재정립해야 했고, 티무르에게 이 문화 통합의 중심 역할을 부여했다.

우즈베키스탄에 그의 시신이 보존되어 있다. 사마르칸트의 티무르 무덤에는 구르 에 아미르(Gur-E-Amir), 즉 '왕의 무덤'이라는 이름이 붙었다. 묘에서 가장 눈에 띄는 점은 커다랗고 골이 진 하늘색 돔이다. 돔의 양쪽으로는 거대하고 독립적인 기둥들이 마치 상아처럼 하늘을 향해 솟아나 있다. 테라코타로 장식한 건물은 파란 타일과 하얀 타일을 배열해 만든 복잡한 무늬와 모자이크로 덮여 있다. 단순하지만 사치스럽다.

티무르가 저주를 남겼다는 첫 번째 증거는 3세기 반 후에 밝혀졌다. 1740년 나디르 샤(Nadir Shah)라는 장군이 티무르의 무덤을 덮었던 검은 옥판을 훔쳐 페르시아의 집으로 가져왔다. 어쩌다 옥판은 두 쪽으로 갈라졌고, 그때부터 나디르 샤는 그 판을 사마르칸트로 돌려보내겠다고 확신하기 전까지 불운으로 고통받았다고 한다.

약 200년이 흐른 뒤 1924년 우즈베키스탄은 소련의 일부가 되었고, 1941년 6월 저주 이야기는 더욱 흥미로워졌다. 소련의 고고학자들은 이 정복자의 무덤에 대해 궁금해했고, 사마르칸트 시민들이 저항하는데도 이오시프 스탈린(Iosif Stalin)의 명을 받아 티무르의 시신을 파냈다.

인류학자 미하일 게라시모프(Mikhail Gerasimov)가 발굴팀을 이끌었다. 이들은 약 167센티미터 크기의 시신을 발견했는데, 오른쪽 엉덩이의 상처와 손가락 두 개가 사라진 오른손이 티무르의 별명 '타메를란'을 확인시켜 주었다. 이들은 티무르의 유해를 모스크바로 보냈고, 게라시모프가 개척한 기술을 사용해 두개골을 바탕으로 얼굴의 특징을 재건했다.

며칠 후 히틀러와 독일군은 소련을 침범했다. 즉각적으로 두 사건은 연결되었다. 어찌 그러지 않을 수 있었겠는가? 피비린내 나는 독재자의 시신을 발굴하는 일은 또 다른 시신을 등장시켰다. 두 가지 사건은 너무나 밀접하게 엮여, 티무르의 무덤과 관에 새겨진 글에 관한 소문이 퍼져나가기 시작했다. 무덤에 쓰인 글은 "내가 죽음에서 일어날 때, 세상은 공포로 벌벌 떨게 되리라"다. 전해지는 이야기에 따르면, 소련의 고고학자들이 이 경고를 무시했을 때 티무르의 관에 새겨진 또 다른 저주를 발견했다고 했다. "내 무덤을 여는 자는 누구든 나보다 더 끔찍한 침입자를 탄생시키리라." 하긴 아돌프 히틀러 정도면 꽤 끔찍하다.

불행히도 그러한 비문이 존재한다는 증거는 없다. 2년 후 분석 연구가 완료되고, 고고학자들이 티무르의 유해를 다시 매장하자 소련군은 스탈린그라드에서 나치군을 물리쳤다. 이는 제2차 세계대전의 주요 전환점이 되었다.

왜 티무르의 무덤이 애초에 저주에 걸렸는지는 알려지지 않았다. 아마도 18세기 또는 20세기 군벌들이 영웅의 뼈를 건드리지 않기를 바라는 일부 사마르칸트 사람들의 희망 섞인 생각이었을 것이다.

또는 티무르가 그 묘에 매장될 생각이 없었기 때문일 수도 있다. 티무르는 자신이 태어난 샤흐리삽스에서 황제에게 맞춤하게 지은 묘에서 영원히 안식해야 했지만, 손자인 무함메드 술탄(Muhammed sultan)을 위해 세운 묘에 누워야만 했다. 그가 중국으로 가는 길에 죽음을 맞이했을 때, 샤흐리삽스로 가는 길은 그를 죽음으로 내몬 것과 똑같이 폭설로 지나갈 수 없었다. 따라서 쉽게 도착할 수 있는 도시 사마르칸트에 묻혀야 했다. 어쩌면 티무르는 그에 심술이 났는지도 모른다.

죽음조차 그 살인의 광기를 막을 수 없을 정도로 너무나 피에 굶주린 군장에게 왠지 어울리는 이야기다.

블랙 에인절

현재 위치
**아이오와주, 아이오와 시티,
오클랜드 공동묘지**

소재
청동

조각가
마리오 코벨

묘석 주인
테레사 펠드버트와 가족

설치연도
1912~1913년

블랙 에인절(Black Angel)은 한때 어린 아들과 사랑하는 남편을 위해 세운 2미터 43센티미터의 번쩍이는 청동상이었지만, 오늘날에는 죽음의 저주를 담은 검은 동상으로 알려져 있다. 당신은 공동묘지가 열려 있는 동안 이 검은 동상에 인사를 전할 수 있다.

아이오와주 아이오와 시티의 오클랜드 공동묘지는 1843년 문을 열었다. 면적은 약 4만 9,000평으로, 이 개신교 묘지는 흔히 볼 수 있는 평범하고 네모난 묘비와 죽은 사람들로 가득 차 있다. 묘지는 평범하기 이를 데 없어 딱히 언급할 만한 내용도 없다. 단, 풍광을 장악하고 방문객들을 겁에 질리게 만드는 거대한 검은 천사만 제외하고 말이다.

공동묘지에서 천사상을 보는 일은 매우 흔하다. 미국과 유럽에는 죽은 자들을 위해 돌로 된 날개를 활짝 편 천사상이 수백만 개쯤 있다. 실제로 천사상이 어찌나 많은지, 솜털처럼 가볍고 부드러운 날개를 가진 사람의 멋진 이미지는 공동묘지의 네모난 묘비만큼이나 평범하다.

그러나 블랙 에인절만큼은 다르다. 블랙 에인절의 극도로 으스스한 모습은 단조로움을 넘어서고, 또한 공동묘지에서 극도로 으스스한 존재는 엄청나게 소름 끼치는 전설을 전하기 마련이다. 희한하게도 그러한 점 덕분에 천사상은 그 발아래 묻힌 죽은 자를 추모하는 역할에 더욱 잘 어울린다. 사람들이 밋밋한 묘석은 금세 잊겠지만, 무서운 동상에 대해서는 대대손손 이야기를 전할 테니까.

2미터 43센티미터 크기의 이 동상은 네모난 받침대 위에 서 있어서 총 높이가 3미터 96센티미터에 이르며, 드레스를 늘어뜨린 날개 달린 여자를 표현하고 있다. 여자의 머리는 아래를 향해 기울여져서 얼굴에는 보통 그늘이 드리워져 있다. 거대한 날개는 특이하고 비대칭적인 각도로 되어 있는데, 한쪽은 몸통과 수직을 이루며 펼쳐져 있고, 다른 한쪽은 마치 부러지기라도 한 듯 아래로 쳐졌다. 두 팔은 날개와 일직선을 이루는데, 마치 가짜 날개를 팔에 묶고 있는 듯한 이상한 인상을 준다. 이목구비는 어딘지 둥그스름하고 찰흙 같은 느낌이다. 이 천사는 아이오와주의 진짜 죽은 이들을 위한 공동묘지 대신 팀 버튼 영화에 나오는 상상 속 공동묘지처럼 보인다.

이 청동 작품은 시카고를 기반으로 활동한 체코의 조각가 마리오 코벨(Mario Korbel)이 제작한 것으로, 1910년대 초기 공동묘지에 처음 설치되었을 때는 금빛으로 눈부시게 빛났다. 돌 받침대 앞쪽에 새겨진 'Rodina Feldevertova'라는 말은 체코어로 '펠데베르트 가문'이라는 의미다. 그 곁에는 나무줄기 모양으로 조각된 커다란 돌이 함께 서 있다.

이 아이오와의 작은 구역은 체코의 조산사 테레사 펠데베르트(Teresa Feldevert)가 남긴 작품이다. 가장 처음 생겨난 것은 돌로 된 나무로, 그녀가 첫 결혼에서 얻은 아들 에드워드 돌레잘(Edward Dolezal)을 추모하기 위해 심은 것이다. 에드워드는 테레사가 두 번째로 잃은 아들이다. 먼저 잃은 아들인 오토는 그녀가 미국으로 이민 가기 이 주 전에 세상을 떠났다.

아이도, 남편도 없는 테레사는 아이오와 시티를 떠나 마침내 오리건주의 유진에 정착하기까지 다양한 곳에서 살았다. 오리건주에서 그녀는 니콜라스 펠데베르트(Nicolas Feldevert)를 만났고, 결국에는 결혼했다. 니콜라스는 테레사보다 먼저 세상을 떠나면서 어느 정도 유산을 남겼고, 그 돈을 가지고 테레사는 가장 먼저 천사상을 주문했다. 그녀는 나무줄기 묘석이 천사상에 포함되길 바랐기 때문에 코벨과 다투었고, 따로따로 묘석을 세웠다. 그런데도 블랙 에인절은 그녀의 아들 에드워드와 남편의 유해 모두를 묻은 곳에 세워졌고, 마침내 1924년 테레사 자신도 직접 의뢰한 천사 아래에 묻혀 안식을 취

하게 되었다. 안타깝게도 추모비에는 오직 탄생 일자만 새겨졌다. 가족 각자가 운명에 굴복했지만, 모두가 볼 수 있게 빛나는 동상 아래에서 다시 만날 수 있게 되었으니 아름다운 이야기다.

　그러나 천사에게도 세월이 흘러 붉은 금빛의 청동은 마치 어둠의 힘이 더럽히기라도 한 듯 짙은 검은색으로 산화했다. 타락하기라도 한 듯이, 저주라도 내린 듯이. 보통 우리는 이러한 힘을 '세월과 날씨'라고 부른다. 하지만 이 경우에 동상의 크기와 기이한 날개의 각도, 공동묘지의 나머지 부분과 어울리지 않는다는 이유로 (그러면서도 애당초 공동묘지에 자리하고 있기 때문에) 색의 변화는 악의가 있는 것으로 간주되었다.

혹자는 동상이 저주에 걸린 이유는 이 묘에 테레사의 유골이 합장되었기 때문이라고도 한다. 테레사는 남편 몰래 바람을 피웠고, 겉보기에 사랑이 넘치는 가족의 무덤 위로 우뚝 솟은 이 천사가 더 이상은 그 비열한 눈속임에 동조할 수 없었다는 이야기다. 그러나 천사상은 설치된 지 10년이 지나기도 전에 검은색으로 변했다. 테레사가 여전히 살아 있을 때였다.

블랙 에인절은 과학으로 설명할 수 없는 책과 웹사이트가 존재하는 만큼 다양한 이야기를 탄생시켰다. 가장 흔한 이야기는 당신이 그 동상을 만졌다가는 죽음을 맞이할 수 있다는 것이다. 그 이유가 무엇이든 '만지는 것'은 가끔 구체적으로 '입맞춤의 행위'로 바뀌기도 한다. 또한 임산부가 블랙 에인절의 그림자를 가로질렀다가는 유산하게 된다고 한다(임산부가 보통 혐오스러운 장소를 피하고 싶어 한다는 점에서 흔히 있을 수 있는 미신이다). 남자의 경우 동상의 엄지를 망가뜨린 뒤 미치광이가 되었다는 이야기가 전해진다. 실제로 천사상에는 손가락 몇 개가 없다. 또 다른 미신은 처녀가 이 동상 앞에서 키스하면, 블랙 에인절은 예전의 광채 나는 모습을 되찾게 되리라는 내용이다.

물론 우리는 왜 그러한 전설이 시작되었는지 짐작할 수 있다. 한편 매년 핼러윈에는 블랙 에인절이 더욱 검게 변한다고 한다.

이곳은 스릴을 좇는 이들과 초자연적인 현상을 조사하는 사람들에게 인기 있는 공포의 장소고, 학생들에게는 통과의례 장소이며, 일부 동네 사람들 이야기에 따르면, 도시의 상징이라고 한다. 무엇보다 중요한 의미는 블랙 에인절 곁에 있는 나무줄기 석상에 새겨진 비문의 마지막 두 줄에서 찾아볼 수 있다.

나를 위해 울지 마세요, 사랑하는 엄마.
나는 멋진 무덤에서 평화롭게 잠들었으니까요.

블랙 에인절은 분명 멋진 무덤이다.

물건에 저주를 거는 법

　이 책은 주로 방어를 위한 가르침, 즉 저주받은 물건을 피하는 법을 다루고 있다(이를테면, 시신을 파내지 말고, 비싼 보석은 그만 사며, 오래된 인형은 멀리하라). 그러나 당신이 뭔가를 공격하고 싶다면? 물건에 저주를 걸고 싶다면? 어떻게 하면 될까?

　이 세상에는 저주를 거는 방식이 어마어마하게 많다. 이 세상 모든 문화와 종교와 집단은 물건에 저주를 걸기 위한 저마다의 방식을 가진 것처럼 보인다. 분명 아주 인간다운 행동이다.

　고대 그리스인과 로마인들은 납작한 납과 돌조각에 저주를 썼다. 수천 장의 저주판은 유럽 곳곳에서 출토되었다. 아일랜드와 스코틀랜드의 초기 기독교인들에게는 불라운(bullaun) 또는 저주석이라는 것이 있었다. 저주석에는 움푹 팬 부분이 있어서, 저주를 거는 자들은 더 작은 돌을 그 움푹 팬 곳에 넣어두고, 다른 사람의 불행을 빌 때는 그 돌을 뒤집어 놓았다. 바이킹들은 니싱(nithing) 막대라는 것에 저주를 새겨 넣고, 그 꼭대기에 말의 머리를 뒤집어씌운 뒤, 저주를 겨냥하는 희생자의 집 쪽으로 머리가 향하도록 땅에 꽂아 두었다. 일본에서는 저주가 '이마(ema)'라는 나무판에 등장하는데, 사람들은 불행을 비는 소원을 그 나무판에 써서 '엔키리(enkiri)'라는 특별한 장소(인연을 끊기 위한 사당)에 걸어 두었다. 인도에서는 레몬과 고추가 저주의 수호자이자, 동시에 저주로 사용되었다. 이 둘을 묶어 장식으로 걸어두는 것을 '님부 미르치(nimbu mirchi)'라고 하는데, 이는 악을 물리치는 행위지만, 붐비는 길가에 이 장식물을 던져놓으면 악이 지나가는 사람을 덮치게 만들 수도 있다. 그리고 아프리카부터 유럽, 아시아, 미국에 이르기까지 모든 대륙의 사람들은 우상과 인형에 저주를 건다.

혹자는 당신이 그저 아무 물건이나 쥐고 어떤 사람을 향해 부정적인 생각을 하는 것만으로도 저주를 걸 수 있다고 말한다. 결국 이 이야기는 물건과 방법은 그다지 상관이 없다는 뜻이다. 중요한 것은 생각이다.

칼 프루이트의 묘비

원산지
켄터키주 풀라스키 카운티

현 위치
모름

설치연도
1938년

사상자
5명

켄터키주 풀라스키 카운티의 남동부 끄트머리는 노천채굴로 헐벗은 모습이다. 벌거벗겨진 이 드넓은 땅은 흉물스러운 광경을 드러내는 위험한 환경이지만, 당신이 어떠한 관점에서 논쟁을 벌이느냐에 따라 엄청난 일자리의 공급원이자, 경제적 자원이 풍요로운 지역이기도 하다. 그러나 무수히 많은 노천광산 가운데 하나는 나머지 다른 광산들과 조금은 다르다. 이 광산은 색다른 논쟁을 일으켰는데, 바로 저주받은 물건으로부터 인류를 구했는가, 혹은 구하지 않았는가의 문제였다.

저주받은 물건은 무섭고 위험하기 마련이지만, 칼 푸르이트(Carl Pruitt)의 묘비는 완전히 피에 굶주린 물건이다. 전해 오는 이야기에 따르면 이 묘비는 다섯 명의 죽음을 불러왔고, 이들은 모두 사슬에 목 졸려 죽었다.

이야기는 다음과 같다. 때는 1938년이고, 칼 푸르이트가 집에 돌아왔을 때 그의 손가락에는 잔뜩 지쩌개비가 끼어 있었고, 목수라는 직업 탓에 허파는 톱밥의 분진으로 가득 차 있었다. 그는 여느 때보다 일찍 도착했고, 아내를 만나길 고대했다. 그러나 그가 본 것은 벌거벗은 채로 다른 남자와 침대에 누워 있는 아내였다. 프루이트는 격분해서 아내에게 달려들었고, 벌거벗은 남자는 하던 행위를 멈추고 가장 가까운 창문 밖으로 날 듯이 도망가 버렸다.

프루이트는 근처에 있던 사슬 한 자락을 집어 들어 아내의 목에 감고, 그녀가 죽을 때까지 사슬을 조였다. 곧 비탄과 부끄러움에 빠진 프루이트는 자신의 행동을 되돌릴 수 없다는 것을 깨닫고, 총을 들어 자기 얼굴을 쏴 버렸다. 기이하기도 하지만 끔찍한 이야기다. 그러나 그다음에 벌어진 일은 더더욱 이상하다.

프루이트의 시체는 근처 공동묘지에 묻혔다. 전설에 따르면, 시간이 흐를수록 그의 무덤 묘비의 한 부분이 변색되면서 표면에 사슬 모양 얼룩이 생겨났다고 한다. 동네 사람들은 살인과 얼룩진 묘비 이야기에 집착했다. 그리고 얼룩진 묘비는 당신이 흔히 듣는 귀신 나오는 공동묘지의 일화 중에서 이 이야기를 구별 짓는다.

묘비를 세우고 얼마 뒤, 남자아이들 무리가 그곳까지 자전거를 타고 왔다. 제임스 콜린스(James Collins)라는 한 남자아이가 묘비에 돌을 던지자, 화강암으로 만든 비에 금이 갔다. 패거리는 이내 지루해져 집으로 다시 돌아가려 했지만, 제임스 콜린스는 자전거의 균형을 잃고 나무에 부딪히고 말았다. 남자아이들은 제임스가 괜찮은지 확인하다가 그가 죽었다는 것을 발견했다. 머리에 난 상처 때문이 아니었다. 어쩐 일인지 나무와 충돌했을 때, 자전거 체인이 제임스의 목을 감아 옥죄인 것이다. 다음날 콜린스 묘비에 패인 금은 사라졌다. 묘비에는 오직 사슬 자국만 남았다.

몇 주 후, 콜린스의 어머니가 격심한 슬픔에 빠져 손에 곡괭이를 쥐고 공동묘지를 찾아와 프루이트의 묘비를 무너뜨렸다. 그리고 빨래를 하려고 집으로 향했다. 무슨 이유에서인지 그 집 빨랫줄은 진짜 쇠사슬로 변해 있었고, 어머니가 빨랫줄에 빨래를 너는 도중 그 사슬이 목을 둘둘 감으면서 목을 졸라 그녀를 죽였다. 동네 사람들은 콜린스의 어머니가 손상시키고 파괴한 묘비의 상태를 확인하러 갔다가 칼 프루이트의 묘비가 온전한 모습으로 새것처럼 빛이 나는 (그리고 사슬 모양 얼룩이 새겨진) 것을 발견했다.

초자연적인 묘비 이야기는 퍼져 나갔고, 마침내 누군가가 그 저주를 실험해 보기로 결심했다. 마차를 타고 공동묘지를 찾아온 농부는 묘비를 향해 총을 쐈다. 놀란 말들이 뛰기 시작한 탓에, 농부는 튕겨 나가 마차 앞으로 떨어졌다. 농부는 목 주변에 마구의 사슬 자국이 난 채로 죽어 버렸다. 칼 프루이트의 묘비는 전혀 손상을 입지 않았다.

언젠가 한 쌍의 경찰관이 이 지역에서 어떤 점이 세간의 화제가 된 것인지 조사했다. 그중 한 명이 묘비와 그에 얽힌 이야기를 비웃었다. 경찰관들이 묘지를 떠나는데 불빛 하나가 따라왔고, 비웃던 경찰관은 경찰차를 운전하다가 공포에 질린 나머지 두 기둥 사이에서 방향을 틀다가 충돌하고 말았다. 보조석에 앉은 경찰관은 아무런 상처도 입지 않고 목숨을 건졌다. 운전자는 사망했는데, 기둥 두 개를 연결하던 사슬에 목이 감긴 탓이었다.

켄터키 남동부 캠프장에서 모닥불 주변에 둘러앉은 사람들 입에 오르내리는 마지막 죽음에는 그 저주받은 물건에 질려 버린 한 남자가 등장한다. 이 남자는 망치와 끌을 들고 저주받은 물건을 부수러 갔는데, 그가 묘비를 내리치던 소리가 밤새 울려 퍼졌고, 마지막에 커다란 비명 소리가 들려왔다고 한다. 동네 사람들은 공동묘지 정문에 걸려 있던 사슬에 목이 졸려 죽은 그를 발견했다. 망치와 끌이 그곳에 놓여 있었지만, 칼 프로이트의 묘지에선 그 어떤 끌 자국도 발견되지 않았다.

하나의 사슬이 너무 많은 생명을 목 졸라 죽였다. 동네 사람들은 공동묘지 구역을 팔기 시작했고, 사랑하던 이들의 시신을 파내어 그 저주받은 돌로부터 먼 곳으로 이장했다. 결국 공동묘지는 사슬무늬 얼룩이 진 묘석 하나가 버티고 있는 하나의 구역으로 축소되었다. 그 묘비는 1958년 어느 광산회사가 땅을 사들여 노천광산으로 만들어 버리지 않았더라면 살인을 계속했을 것이다. 묘비는 광산에서 나온 돌무더기들과 함께 땅에 묻혔고, 미래에 어느 고고학자가 발견해서 그 저주를 처음부터 다시 해방시켜 주길 기다리는 것 같다.

이 이야기는 흑백사진 한 장이 항상 딸려 나온다. 사진에는 작업복을 입고 커다란 빵모자를 쓴 남자가 낡은 자동차 뒤편에 기대어 서 있다. 이 사진이 칼 프루이트의 것인지, 정확히 어떻게 이야기에 결합하게 되었는지는 그 누구도 알지 못한다. 이 이야기가 가장 처음 등장한 출처는 1996년 발간된 고(故) 마이클 폴 헨슨(Michael Paul Henson)의 《더 많은 켄터키의 유령 이야기(More Kentucky Ghost Stories)》인 것으로 보인다.

연구자들은 프루이트의 사망 증명서가 어디 있는지 정확한 위치를 찾으려다 실패했지만, 1950년 켄터키주 루이스빌에서 이노스 C. 프리위트(Enos C. Prewitt)라는 이의 사망 기록을 발견했다…. 자기 자신에게 총을 쏴서 죽은 사람이었다.

우리에겐 확실한 교훈 하나가 남았다. 분노의 살인자가 묻힌 묘비에 불경한 짓을 하지 말라는 것이다.

청동의 여인

현재 위치
**뉴욕, 슬리피 할로우,
슬리피 할로우 공동묘지**

조각가
앤드루 오코너 주니어

묘석 주인
새뮤얼 러셀 토머스 장군

모델
**제스 피비 브라운
(Jess Phoebe Brown)**

설치연도
1903년

또 다른 이름
묵상

  뉴욕주 슬리피 할로우에 있는 올드 더치 교회의 매장지와 그 주변의 슬리피 할로우 공동묘지는 워싱턴 어빙(Washington Irving)과 그가 1820년에 쓴 《슬리피 할로우의 전설》과 연관된 것으로 유명하다. 그러나 무덤 사이를 누비는 목 없는 기사 말고도 또 다른 어둠의 힘이 존재하니, 바로 청동의 여인이다.

  워싱턴 어빙은 소설에 등장하는 기사를 올드 더치 교회 묘지에 묻었다. 소설 속에서 불안해하는 학교 선생들의 머리를 차지하기 위해 앞으로 질주하는 어둠의 기사가 튀어나오는 바로 그 묘지다. 올드 더치 교회는 머리 없는 악령에게 쫓기는 사람들에게 결승선이 되어 주는 다리 뒤쪽의 묘비들 위로 우뚝 서 있다. 한편, 슬리피 할로우 공동 묘지는 근래에 만들어졌고 옛 공동묘지와 맞닿아 있는데, 1859년에 워싱턴 어빙이 최종적으로 안식을 취한 곳이다.

올드 더치 묘지는 교회 바로 뒤로 약 3,000평의 땅을 차지하고 있 으며 1685년 전후에 발견된 반면에, 1849년 생겨난 슬리피 할로우 묘 지는 11만 평에 가까울 정도로 훨씬 규모가 크다. 워싱턴 어빙 외에 도 록펠러, 카네기, 크라이슬러, 아스토어 같이 매우 부유한 뉴욕 가 문 출신도 여기에 묻혔다. 어빙은 새로운 공동묘지의 이름을 짓는 일 뿐 아니라 개발에서도 중요한 역할을 했다. 묘지가 있는 마을의 이름 이 노스 태리타운이다 보니, 마을의 지도자들은 매장지 이름을 '태리 타운 공동묘지'라고 짓자고 제안했다. 어빙은 자기 마음에 드는 '슬 리피 할로우 공동묘지'라는 이름을 쓰기 위해 그들의 선택을 포기하 라고 압력을 가했다. 한 세기 하고도 반년이 지난 1997년, 마을의 이 름 역시 슬리피 할로우로 바뀌었다. 그곳에서 만들어진 유명하고 공 포스러운 이야기를 자본화한 것이다.

여기에 공포스러운 이야기가 하나 더 등장한다. 슬리피 할로우 공 동묘지에 있는 청동의 여인이다. 이 여인은 목 없는 기사 탓에 세상 에 잘 알려지지 않은 채 살아가야 했다…. 심지어 진짜로 존재하는 데도 그렇다.

청동의 여인은 두 눈은 감고 두 손을 가지런히 모아 무릎 위에 깍 지를 낀 한 여성을 실물보다 크게 만든 조각이다. 머리에는 덮개를

쓰고, 길게 늘어진 가운이 몸을 덮고 있다. 묘지의 다른 동상들과는 다르게 이 여인은 어떤 시간대나 악천후 때문에 특별히 오싹하게 보이지는 않는다. 그녀는 있는 모습 그대로, 커다랗고 시커먼 여성의 동상으로 보일 뿐이다.

소나무 두 그루 사이에 자리 잡은 청동의 여인은 엄청나게 크고 네모진 묘소를 마주하고 있다. 새뮤얼 러셀 토머스(Samuel Russell Thomas) 장군의 무덤을 덮은 집처럼 만들어진 묘소다. 토머스 장군은 남북전쟁 당시 무공을 세운 덕에 소위에서 준장으로 승급했다. 또한 전쟁이 끝난 후 어마어마한 세금을 낼 정도로 선철, 석탄, 철도산업 등에서 돈을 벌어들였다. 커다란 묘소와 동상으로 그의 시신이 누운 곳을 기념해도 될 만큼 큰돈이었다.

이 동상과 묘가 동일한 사람을 추모하기 위한 것일지라도, 이들이 놓여 있는 방식은 전혀 평범하지 않고, 그 배치는 저주를 연상시킬 만하다. 여인의 형상은 묘소에서 보이도록 배치한 것이 아니라 묘소를 지켜보기 위해 그 자리에 있는 것처럼 앉아 있다. 어쩌면 묘소를 지키는 것 같기도 하고, 아니면 누군가가 초록색 청동 문을 지나가길 기다리는 것처럼도 보인다. 그 효과는 본의 아니게 으스스하다. 실제로 너무나 으스스하고 공포스러워서, 그 동네에 사는 사람들이라면 으레 여인의 동상이 어떻게 저주받았는지 이야기를 나누며 어린 시절을 보낸다.

이야기인즉슨 청동의 여인에게서 울음소리가 들린다고 한다. 어떤 이는 여인의 뺨에 흐르는 눈물을 체감했다고 우긴다. 아이들은 핼러윈이면 그곳을 몰래 훔쳐보고 동상을 만져보라고 서로를 부추긴다. 묘소의 열쇠 구멍을 통해 들여다보거나 그 청동 문을 두드렸다가는 악몽에 시달린다고 한다. 여인의 동상을 폭력적으로 대한다면, 이를테면 정강이를 걷어찬다거나 얼굴을 때리거나 침을 뱉는다면, 평생 그 여인이 쫓아다닐 것이라고도 한다. 어떤 이야기에 따르면, 동상을 모욕적으로 대한 다음 열쇠 구멍을 통해 들여다보면 당신을 쏘아보는 빨간 눈동자와 눈이 마주칠 거라고도 한다. 또 누군가는 저주를 깨기 위해 동상을 다시 한 번 때리고, 묘의 문을 세 번 두드려야 한단다.

희한하게도 이 동상에 대한 긍정적인 전설도 존재한다. 이 여인에게 친절히 대한다면 평생 그녀가 그 사람을 수호해 준다는 것이다. 분명 많은 사람이 이 미신을 굳게 믿고 있어서, 묘지 직원들은 종종 여인의 무릎 위에 놓인 동전을 발견한다.

이 동상은 장군이 1903년 1월 14일 세상을 떠난 뒤 미망인인 앤 오거스타 포터 토머스(Ann Augusta Porter Thomas)의 부탁으로 앤드루 오코너 주니어(Samuel Russell Thomas)가 만들었다. 동상의 이름은 프랑스어 'Recueillement'로 '묵상'이라는 의미다. 동상의 모델이 된 사람은 오코너가 가장 좋아하는 모델 가운데 하나인 제스 피비 브라운(Jess Phoebe Brown)이었다.

1995년 도리스 플로딘 소더만(Doris Flodin Soderman)이 쓴 《조각가 오코너(The Sculptors O'Connor)》에 따르면, 토머스 부인은 부탁한 동상을 확인하기 위해 오코너의 작업실을 방문했을 때, 동상이 마음에 들지 않았다고 했다. 부인은 동상이 더 행복해 보이길 바랐다. 어쩌면 가족의 사후세계에 대한 기대가 더욱 희망적이길 바랐는지도 모른다. 오코너는 부인의 의견을 고민할 수 있게 일주일만 더 시간을 달라고 예의 바르게 요청했고, 토머스 부인이 다시 방문했을 때 훨씬 더 행복한 표정을 한 얼굴 모형을 보여 주었다. 토머스 부인이 완벽하다고 말을 꺼내는 순간, 오코너는 그 머리를 땅바닥에 던져 산산조각 내 버리고는 다음과 같이 말했다. "제가 만들 수 있다는 것을 보여 주려고 만든 것뿐입니다. 하지만 내 작업실에서 그런 흉물스러운 물건을 내보낼 수는 없지요."

묘소 안쪽으로 두 개의 지하 묘실에만 이름이 표시되어 있다. 새 뮤얼 토머스와 그의 아들 에드워드의 이름이다. 토머스 부인은 그곳에 묻히지 않았다. 에드워드의 경우, 이름이 지하 묘실에 있긴 하지만, 누군가가 그곳에 묻혔다는 기록은 전혀 없다.

아마도 오코너가 토머스 부인의 말을 들었더라면, 그의 작품은 오늘날 저주에 걸리지 않았을 수도 있다. 그러나 한편으로는 그런 저주는 불가피했을 수도 있다. 《슬리피 할로우의 전설》에서 워싱턴 어빙은 골짜기의 사람들을 다음과 같이 묘사했다.

> 이들은 기가 막히게 멋진 온갖 믿음에 빠져 있고,
> 무아지경과 환각에 빠지기 십상이며,
> 기괴한 광경을 자주 목격하고,
> 허공에 감도는 음악 소리와 목소리를 듣는다.
> 동네 전체에 현지의 설화와 귀신 들린 장소,
> 비밀스러운 미신이 넘쳐난다.

아마도 그 어떤 추모용 청동상이라도 머리 없는 기사의 고향에서는 저주받은 물건으로 변신하게 되리라.

셰익스피어의 무덤

현 위치
영국, 스트랫퍼드 어폰 에이번,
홀리 트리니티 교회

중요성
에이번의 시인*이 묻힌 곳

나이
~400년가량

　　윌리엄 셰익스피어는 저주 거는 법을 알고 있었다. 내가 오픈 소스 셰익스피어(Open Source Shakesphere)**를 제대로 활용한 게 맞다면, 저주라는 그 특정한 단어는 그가 쓴 40편 이상의 희곡에서 197번 나온다. 그러나 희곡이 얼마나 훌륭하게 저주를 걸 수 있는지 알기 위해, 펜 하나로 '영어'라는 언어를 발전시킨 한 남자의 희곡집을 샅샅이 뒤져 볼 필요는 없다. 그냥 그의 무덤을 확인해 보면 되니까.

　　윌리엄 셰익스피어는 1564년 런던의 북서부에 있는 스트랫퍼드 어폰 에이번이라는 영국 마을에서 장갑을 만드는 아버지와 농사를

---

* 셰익스피어를 뜻함.

** 셰익스피어의 전 작품을 무료로 제공하는 온라인 플랫폼.

짓는 어머니 밑에서 태어났다. 그는 18세의 나이에 앤 해서웨이(Anne Hathaway)와 결혼했고, 세 명의 자녀를 두었다. 그는 런던으로 이사해 한 극단에서 배우, 희곡가, 동업자로 성공했다. 마흔아홉 살의 셰익스피어는 고향으로 돌아왔고, 삼 년 후 세상을 떠났다. 그동안 그는 언어로서의 영어를 완전히 바꿔 놓았고, 우리가 공동으로 사용할 수 있는 은유의 저장고를 완전히 채워 넣었다.

어느 정도의 전기적 사실, 그가 남긴 희곡과 시 같은 인생의 역작들을 제외하고 셰익스피어에 관해 알려진 것은 거의 없다. 심지어 1616년 그가 사망했을 때의 상황과 원인마저 역사 속에서 사라져 버렸다. 그러나 우리는 셰익스피어의 무덤이 저주받았다는 사실은 분명히 안다. 그의 묘를 덮은 돌판에 바로 그렇게 쓰여 있기 때문이다.

셰익스피어의 무덤을 살펴보기 전에 셰익스피어를 유명하게 만든 또 다른 저주에 관해 이야기해 보자. 바로 《맥베스》다. 스코틀랜드의 왕위에 오르기 위한 어느 장군의 피비린내 나는 여정을 다룬 이 비극은 가장 인기 많은 셰익스피어의 작품 중 하나다. 그러나 《맥베스》를 연기하는 배우들은 이 연극의 제목을 극장 안에서 입 밖에 내는 것을, 그들과 작품에 불운을 가져다 줄 것이라는 두려움 때문에 꺼렸다. 배우들은 《맥베스》를 "스코틀랜드 연극" 또는 "그 시인의 연극"이라고 불렀다. 단, 배우가 리허설을 하거나 연극을 공연하느라 그 말을 할 때는 저주를 받지 않았다.

소문에 따르면, 셰익스피어가 이 극에 마녀와 주문을 포함시켰다

는 이유로 마녀 모임에서 분노했고, 극에 저주를 걸었다고 한다. 로열 셰익스피어 컴퍼니 웹사이트에는 "제목을 입에 올리지 못하는 연극"의 제목을 배우가 입 밖에 냈을 때, 이 저주를 물리치기 위해서 극장을 떠나 세 바퀴를 돈 다음 침을 뱉고 욕설하며, 그리고 나서 다시

극장 문을 두드려야 한다고 설명한다.

그러나 이는 배우들이나 걱정해야 할 저주였다. 셰익스피어의 또 다른 저주는 그의 무덤을 찾아오는 사람이라면 누구나 영향을 받을 수 있다. 셰익스피어는 불멸의 시인이라고 불렸지만, 평범한 우리와 마찬가지로 흙으로 돌아갔기 때문이다. 그 흙은 스트랫퍼드 어폰 에이번에 있는 한 교회에서 발견할 수 있다.

홀리 트리니티 교회는 셰익스피어가 어린 시절 세례를 받은 곳이자, 삶을 마감하고 묻힌 곳이기도 하다. 또한 역사학자들은 셰익스피어의 인생에 멋진 수미쌍관의 의미를 부여하기 위해 그의 생일과 사망일을 모두 4월 23일로 하기를 좋아한다. 13세기부터 지어지기 시작한 이 교회는 에이번 강기슭에서 아주 오래된 묘비들이 군데군데 박혀 있는 분위기 있는 땅에 있다. 그러나 셰익스피어는 묘지에 묻히지 않았다. 그는 교회 안쪽(제단이 있는) 성단소 바닥에 아내와 큰딸 수산나와 함께 묻혔다. 가까이에 놓인 추모 기념물은 손에 깃펜과 양피지를 쥔 시인을 묘사한 반신상인데, 그 위로 천사 한 쌍과 섬뜩한 해골이 장식되어 있다. 무덤은 바닥을 덮은 간단한 돌판인데, 심지어 그 위에는 셰익스피어의 이름조차 새겨져 있지 않고, 다른 묘비 같으면 그 익숙한 "여기 잠들다"라는 후렴구가 들어갈 부분에 저주가 몇 줄 새겨져 있다. 오래된 돌 위에 새겨지기는 어려워 무덤 위에 놓인 요긴한 명판 위에 기록되었다.

친구여, 제발 바라건대
이곳에 묻힌 흙을 파내지 말아다오.
이 돌을 지켜주는 이는 축복 받을지니
내 뼈를 움직이는 자는 저주받을 것이다.

떠도는 이야기에 따르면, 셰익스피어는 이 묘비명을 시적인 이유에서가 아니라 실용적인 이유에서 직접 썼다고 한다. 그가 세상을 떠날 당시, 의학적 연구를 하거나, 새로 죽은 사람들을 묻을 자리를 마련하기 위해 시신을 파내는 일이 있었고, 심지어 도굴을 당하기도 했다. 셰익스피어의 경우에는 기념품으로 유골을 가져가고 싶어 하는 팬이 있을 수도 있었다. 셰익스피어가 위의 구절을 쓴 것은 영원히 잠들 수 있도록 보장받기 위해 문간에 '방해하지 마세요' 푯말을 걸어 두는 그만의 방식이었다.

영국의 사람들은 저주를 심각하게 받아들였다. 2008년 교회의 매장지와 다른 돌 표면들이 오랜 세월이 지나 무너지기 시작하면서 수리가 필요했다. 이 프로젝트를 감독하는 팀은 영국 사람들에게 셰익스피어의 유골은 건드리지 않을 것이고, 무덤 손상을 최소화하기 위한 모든 예방 조치를 취하고 있다고 확신시켜야만 했다.

그러나 문제는 셰익스피어의 유골이 이미 몇 세기 전에 훼손되었을 수도 있다는 것이었다. 그의 두개골은 어느 순간 무덤에서 사라져 버렸고, 나머지 뼈들과 함께 썩어가지 못하게 되었다는 소문이 오래전부터 돌았다. 물론 이는 덴마크 왕자가 친구의 두개골을 바라보며

"불쌍한 요릭"이라고 말하는 《햄릿》의 그 잊지 못할 장면을 쓴 작가에 관해 퍼진 헛소문이라는 것이 확실해 보인다.

2016년 한 연구팀은 지표투과레이더를 사용해 두개골이 존재하거나 사라졌다는 증거를 찾으려 했다. 이 레이더는 셰익스피어의 유골을 건드리거나 저주를 작동시키지 않을 방식이었다. 이들이 발견한 것은 두개골이 있을 만한 무덤 자리를 헤집어 놓은 것 같은 과거의 흔적이었다. 흥미롭지만 결정적인 흔적은 아니다.

따라서 누군가가 저주를 완전히 무시하고 절대적인 답을 찾기 위해 셰익스피어 유해 주변을 헤집어 놓을 때까지 그 두개골에 관한 의문은 여전히 미스터리로 남을 것이다. 적어도 또 다른 선택권이 주어지기 전까지는 그렇다.

요하네스버그의 비트바테르스란트 대학교에서 연구하는 프랜시스 새커리(Francis Thackeray) 교수에게 좋은 아이디어가 떠올랐다. 2015년 《텔레그래프》와의 인터뷰에서 그는 저주를 피하면서 셰익스피어의 두개골에 접근할 수 있는 방식을 제시했다. 뼈를 최소한도로 노출시켜 고해상도 비파괴 레이저로 그 표면을 스캔하는 포렌식 분석을 하면, 단 하나의 뼈도 건드리지 않고 이 문제를 해결할 수 있습니다. 게다가 셰익스피어는 자기 묘비명에서 치아에 관해서는 아무 말도 안 했으니까요."

부디 셰익스피어의 저주가 세부 조항에 있어서는 너그럽기를 바란다.

이 책은 저주받았다!

당신은 바로 지금 저주받은 물건을 손에 쥐고 있다. 11쪽에 인쇄된 저주, 즉 도둑은 대롱대롱 매달려 까마귀에게 두 눈알을 뽑혀야 한다는 벌을 내린 저주 때문이다.

책을 여는 문안으로 다소 공격적으로 보일지 몰라도, 이 저주는 기원전 7세기까지 거슬러 올라가는 고대의 전통을 발전시킨 것이다. 당시 아시리아의 앗수르바니팔 왕은 점토판을 수집했는데, 점토판을 훔치거나 그 위에 자기 이름을 쓰는 자는 누구든 천벌을 받을 것이라고 점토판에 새겨 넣었다.

책의 저주는 책 한 권을 꼼꼼하게 만들기 위해 허리가 끊어지고, 눈이 침침해지며, 손에 경련이 일 정도의 작업을 견뎌내야 하던 중세유럽 시대에 크게 유행했다. 작가는 자기가 쓴 책을 보호하고자 했다. 너무나 고통스러운 노동을 상징할 뿐 아니라, 대량 출판이 불가능하던 시대에 책을 훔친다는 것은 단 하나뿐인 인간 지식의 집약본을 훔친다는 의미였기 때문이다. 책의 저주는 저작권 보호의 옛 형태와 같았다. 단, 저작권을 위반할 경우, 감옥에 가거나 벌금을 무는 대신 까마귀가 눈알을 뽑아 먹는 것만 제외하고 말이다. 혹은 더 심한 벌을 받을 수도 있다.

책의 저주는 19세기까지 이어졌다. 책이 반드시 한 사람의 몸이나 영혼만큼 가치 있기보다는 싸구려 상품이 되어 버린 시대를 한참 지나고 난 뒤였다. 이 책 첫 부분에 등장하는 저주는 1800년대 독일에서 기원했고, 초자연적인 방식으로 자기 작품을 보호하기보다는 언어를 가지고 노는 것에 더 흥미가 있었을 무명의 필경사가 쓴 것이다. 저주의 각 행은 라틴어로 시작해 독일어로 끝난다.

몇 세기 동안 다른 책들이 내린 심각한 저주로는 냄비에서 튀겨진다거나, 죽을병에 걸린다거나, 물에 빠져 죽는다거나, 돼지들이 사지를 찢어놓는다거나, 죽음과 지옥에서 받는 영원한 벌로 고통받는다거나 하는 것들이 있다. 모두가 더할 수 없이 심한 형벌이다. 그러니까 바라건대, 당신이 이 책을 훔쳐 온 게 아니길.

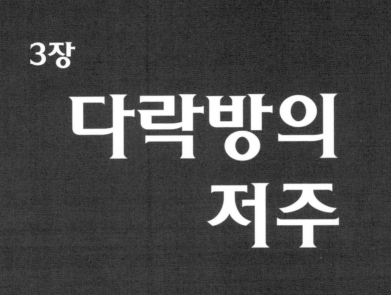

3장

다락방의
저주

3장에서 소개하는 물건은 벼룩시장과 유품 정리 세일에 자주 등장한다. 넘쳐나는 창고와 꽉 들어찬 지하실에서도 발견되고, 이사하거나 봄맞이 대청소를 하는 도중 세상에 나오기도 한다. 저주받은 물건은 한 점의 가구일 수, 장식품일 수도 있고, 장난감이나 옷일 수도 있다. 이들은 무해하지만, 어쩌면 저주받았을 수도 있다. 대부분의 저주받은 물건은 비싼 다이아몬드나 고고학적인 발견물이 아니며, 일상의 물건들, 집 어디서든 찾아볼 수 있는 종류의 물건들이다. 그리고 그렇기에 너무나 위험해진다. 3장에서 누구든 그 위에 앉는 사람을 죽이는 의자와 집을 태워 버릴 수 있는 그림, 열고 싶지 않은 상자, 총과 칼보다 더 위험한 보석과 인형 등을 알아보려 한다. 모두 당신의 다락방에 놓인 물건들과 딱히 달라 보이지 않는 것들이다.

우는 소년의 그림

현 위치	생성연도
다양함	**1950~1970년대**
그린 사람	화가의 예명
브루노 아마디오와 안나 진케이센	**지오반니 브라골린, 프랑코트 세빌**

세상에는 나쁜 예술이 있고, 또 악한 예술이 있다. 전자는 전통적인 미학, 창의성, 기술 개념에 따르지 않는 예술이다. 후자는 벽난로 선반 위에 그 그림을 거는 사람의 집을 불태워 버리는 예술이다. 두 번째 유형의 예술을 보여 주는 좋은 예로, 모두 '우는 소년'이라는 이름으로 불리는 유럽의 유명한 그림 시리즈가 있다.

이 특별한 저주받은 물건의 이야기는 상대적으로 최근에 가까운 생산연도를 가졌다. 이 괴담이 시작된 1980년대는 스머프 상품은 악령으로 가득 찼고, 록밴드는 앨범 속에 사탄의 메시지를 숨겨서 노래를 듣는 사람들을 세뇌시킨다는 소문이 돌던 시대였다. 현대 미신이 만들어지는 매력적인 시기였던 것이다.

1985년 9월 4일 영국의 타블로이드 지인 《더 선(The Sun)》은 '우는 소년의 불타오르는 저주'라는 제목으로 기사를 냈다. 이 기사는 이틀 먼저 같은 이야기를 다룬 로더럼의 한 지역신문에서 따온 것으로, 1면 기사로 눈길을 끌기에 완벽했다. 그리고 후속 기사가 약속대로 실렸다.

이야기는 홀 가족을 고통스럽게 만든 비극에 초점을 맞췄다. 거주하던 주택 대부분이 불에 타 폐허가 되었지만 한 물건만은 예외였다. 눈물이 글썽글썽한 남자아이를 그린 그림이었다. 그 시점에서 그림 자체는 전설의 시작이 아니었다. 어쨌든 불은 변덕스러운 존재고, 잿더미로 변해버린 집 안에서도 뭔가는 필연적으로 살아남기 마련이다. 불난 집에 부채질한 것은 현장에 있던 어느 소방관의 한 마디였다. 소방관은 그 그림이 언제나 불 속에서 살아남는 것처럼 보이는 대량생산된 우는 아이의 그림 가운데 하나고, 소방서에서 1970년대 초부터 그 그림에 관한 약 오십 가지 사례를 수집했다고 주장했다.

소방관의 주장에서 대경실색할만한 세 가지 추론이 가능하다. 첫 번째, 평범한 그림들이 10년 이상 화재에서 살아남았다는 것이다. 두 번째, 이 그림이 걸린 집은 화재 가능성이 크다는 것이다. 세 번째, 초상화의 발화 능력은 오직 원작에만 있는 것이 아니라 복제품으로도 옮겨간다는 것이다. 대량생산 제품들로 넘쳐나는 세상에서 세 번째 추론은 소름 끼칠 수 있다. 그러나 《더 선》에 따르면 핵심은 분명했다. 즉, '우는 소년'의 복제판 하나하나가 저주받았다는 것이다.

복제판을 가진 상당한 수의 사람들은 겁에 질렸다. 《더 선》이 독자들에게 그 복제판을 보내 달라고 부탁하자 영국 전역에서 2,500점의 우는 아이 그림이 도착했다. 흥미롭게도 이 그림들은 모두 같은 남자아이를 그린 것이 아니었다. 일부 그림에는 여러 명의 우는 아이들이 등장하기도 했다. 주인공이 여자아이일 때도 있었다. 그러나 모든 그림에는 눈물 흘리는 아이들이 그려져 있었다고 한다. 불씨를 진화할 수 있는 그 눈물이었다. 《더 선》은 핼러윈데이에 모든 초상화를 장작더미에 올려 불태웠다. 그 후에 금발의 여성이 소방관 헬멧과 짧은 청바지를 입고 불을 지피는 사진을 실었다. 반라의 여성이 등장하는 신문 화보가 논란을 일으킨 사례 중 하나였다.

전설은 몸집을 불리기 시작해서 몇 년 동안 언론 보도와 대중의 관심에 힘입어 발전했다. 원그림의 주인공에 대한 뒷이야기가 덧붙었다. 보도에 따르면, 그 남자아이의 이름은 돈 보닐로(Don Bonillo)로, 스페인의 본가에서 우연히 부모를 불에 태워 죽였다. 불은 아이가 원하는 곳은 어디든 따라다녔고, 아이는 디아블로*라는 별명을 갖게 되었다. 아이는 자기를 거둬 준 사제에게서 학대를 당했고, 아이가 우는 모습을 그린 화가에게도 학대를 당했다. 아이의 짧은 삶은 1970년대 자동차 폭발 사고로 끝이 났다. 아이콘이 되어 버린 우는 아이는 결국 슬픈 삶만 살 수 있을 뿐이다. 아이의 신분은 영영 밝혀지지 않았고, 앞서 언급한 대로 초상화의 주인공이 한 명이 아니다. 이 그림의 여러 버전에는 우는 아이들이 다양하게 등장한다.

화가 이야기를 하자면, 우는 아이 그림마다 지오반니 브라골린(Giovanni Bragolin)이라는 서명이 공통으로 들어가 있다. 그러나 브라골린이란 사람은 존재하지 않는다. 한때 전해 오는 이야기에 따르면, 브라골린은 프랑코트 세빌(Franchot Seville)이라는 또 다른 화가가 쓰는 예명인 것으로 추측된다. 그러나 세빌 역시 존재하는 인물이 아니다. 세빌과 브라골린 모두 스페인의 화가이자 '실존' 인물인 브루노 아마디오(Bruno Amadio)가 소유한 러시아 인형에 붙은 가명임

---

* diablo, '악마'라는 의미의 스페인어.

이 밝혀졌다.

아마디오는 수많은 우는 아이 초상화를 그렸고, 그 복제판은 1950년대와 1960년대, 그리고 1970년대까지 영국 전역의 백화점에서 팔렸다. 더욱 문제를 복잡하게 만드는 것은 또 다른 화가인 스코틀랜드의 안나 진케이센(Anna Zinkeisen)이 우울한 청소년들의 초상화를 그리고, 동일한 유통경로를 통해 복제판을 제공했다는 것이다. 두 화가 모두 저주의 헛소문이 부글부글 끓어오르기 시작할 무렵 사망했다.

《더 선》과 또 다른 영국의 타블로이드지인 《데일리 미러(Daily Mirror)》는 매우 구체적인 세부 정보들, 특히 일부 그림의 주인공들을 둘러싼 정보를 게재했고, 두 신문 모두 선동적인 이야기로 최선을 다해 돈을 벌어들이는 것을 목표로 삼았다.

이십오 년이 흐른 뒤에도, 이 이야기는 여전히 영국에서 위세를 떨치고 있다. 2010년 한 BBC 프로그램에 출연한 코미디언 스티브 펀트(Steve Punt)는 티브이에서 그 전설을 실험해 보기로 했다. 그는 손에 '우는 아이' 복제판을 들고 카메라 앞에서 불을 붙였다(유튜브에서 그 장면을 볼 수 있다). 놀랍게도 그림은 타지 않았다. 불은 겨우 그림의 한쪽 구석만 그을렸을 뿐이다.

연이은 실험 끝에 펀트는 이 그림에 연소 방지용 마감이 되어 있다고 결론 내렸고, 화재가 일어난 집에 아마도 그림을 걸어 둔 끈이 끊어져서 초상화가 엎어진 채 떨어졌을 것이라 강조했다. 내화성 광택제가 그림을 보호했을 가능성이 크다고 보았다.

흥미로운 가설이다. 실제로 누구나 그 실험을 해 볼 수 있는데, 오늘날에도 우는 아이의 초상을 구입할 수 있기 때문이다. 물론 그렇게 해서는 안 되겠지만.

죽음의 발레로이 의자

원산지
프랑스

나이
200세

사상자
세 명

마지막으로 알려진 위치
**펜실베이니아주
필라델피아의 발레로이 맨션**

유명한 소유주
**조지 미드 이즈비,
나폴레옹 보나파르트**

의자는 지구상에서 가장 평범한 물건 가운데 하나다. 의자가 발명된 이유는 우리 다리가 아프고, 또 바닥에 앉느라 엉덩이가 더러워지는 게 싫기 때문이다. 그러나 적절한 상황에서 의자 역시 공포를 줄 수 있다. 그리고 가장 적절한 상황이란 당연히 '저주받았을 때'다.

죽음의 발레로이 의자는 나쁜 의자의 전형이다. 당당하게 저주받은 이 의자는 푸른 천을 뒤집어씌운 200년 된 윙 체어*다. 당신이 오래된 맨션을 둘러 본 적 있다면 십중팔구 그렇게 생긴 가구를 보았을 것이다. 그리고 실제로, 마지막으로 이 의자가 놓여 있다고 알려

---

* 등받이 양쪽에 날개처럼 생긴 팔걸이가 달린 의자.

진 장소는 그 이름처럼 펜실베이니아주 필라델피아의 발레로이 맨션이다. 그러나 이런 것들은 의자에 관한 지루한 사실일 뿐, 세세한 내용이 부족하더라도 저주가 훨씬 더 흥미롭다.

전해져 내려오는 이야기에 따르면, 한 마법사가 19세기 언젠가 이 의자를 만들었다고 한다. 안타깝게도 그의 이름과 의자를 만든 이유(앉을 곳이 필요했다는 이유를 제외하고)는 시간 속으로 사라져 버렸다. 이 의자는 또한 나폴레옹이 소유했을 (그리고 짐작건대 앉았을) 것으로 여겨진다. 의자가 발레로이 맨션에 설치된 이래, 아멜리아 또는 아만다라는 이름의 유령이 빨간 안개 같은 모습을 하고 사람들이 그 의자에 앉도록 유인하기 위해 나타난다고 했다. 그러나 이 물건이 저주의 반열에 오르게 된 것은 소유주가 적어도 세 사람의 생명을 앗아갔다고 이 의자를 비난했기 때문이다.

발레로이 맨션은 필라델피아의 부유한 체스트넛 힐 지역의 머메이드 레인 위로 우뚝 서 있다. 서른두 개의 방으로 이루어진 이 석조 건물은 1911년 세워졌고, 적어도 바깥에서 보았을 때 그저 그런 특징 없는 맨션처럼, 약간 불그스레 빛나는 점만 빼면 일상적인 교외의 주택처럼 보인다. 그렇지만 내부에는 다른 이야기가 기다리고 있다.

1926년 메이 스티븐슨 이즈비 시장(May Stevenson Easby)과 그의 아내 헨리에타, 두 아들 조지와 스티븐은 이 집으로 이사 온 뒤, 이 집에 발레로이라는 별명을 붙였다. 이들은 이곳에서 오랜 세월을 보내며 집 안을 다양한 골동품으로 가득 채웠고… 괴담도 함께 채웠다.

우리가 이러한 설화들을 듣게 된 것은 큰아들 조지 미드 이즈비 (George Meade Easby) 덕이다. 조지는 맨션에 이사 들어올 당시 여덟 살이었고, 2005년 87세의 나이로 세상을 떠나기까지 75년 동안 이 맨션에 거주했다. 그는 괴담을 사랑했고, 그가 끊임없이 지어낸 발레로이 괴담과 열정적인 홍보는 이 맨션이 '필라델피아에서 유령이 가장 많이 나오는 집'이자 '미국에서 귀신이 가장 많이 나오는 집'으로 자리매김하게 했다.

이즈비는 맨션의 원 주인의 유령을 보았다고 주장하며, 그 유령은 집 안에서 아내를 살해한 목수라고 했다. 맨션으로 이사 온 지 얼마 지나지 않은 어느 날, 이즈비는 동생 스티븐슨과 마당의 분수에서 놀다가 물에 비친 스티븐슨의 모습이 해골처럼 보인다고 말했다. 스티븐슨은 알 수 없는 병에 걸려 열한 살의 나이로 사망했다. 이즈비가 잠든 사이, 그의 팔을 움켜쥔 유령을 보았고, 가끔은 심령체가 복도를 떠다니기도 했다. 부엌 찬장은 혼자서 열렸다가 닫혔고, 유령의 자동차가 집 안을 질주하다 사라졌다. 토머스 제퍼슨(Thomas Jefferson)의 유령이 식당을 배회하고, 검은 드레스를 입은 여자와 옅은 갈색 옷을 입은 사제도 가끔 집에 나타났다.

이즈비는 언젠가 《피플》 기자에게 이렇게 말했다. "저는 여기서 사는 게 즐겁습니다. 꽤나 모험이죠." 그는 맨션에 사는 유령을 포용했다. 심지어 자기 동생과 어머니가 죽은 뒤, 영혼 상태로 늘 주변을 맴돈다고 믿으며, 이들이 집안에 숨겨 둔 비밀 가보로 인도해 주었다고 말했다. 1994년 10월호에 실린 이 기사에는 이즈비의 흑백 초상이 함께 실렸다. 그는 (아마도 저주받지 않은) 의자에 앉아 있는데, 그의 흰 머리는 삐죽삐죽 곤두서 있고, 살짝 벌린 입가에는 소름 끼치는 미소가 떠오른다. 그의 뒤로 희미한 형상이 맴돌고, 손에는 어머니의 작은 초상화를 쥐고 있는데, 마치 공포영화의 홍보물처럼 보이는 사진이다. 실제로 이즈비는 한동안 저예산 영화에 출연하고 영화를 제작하려고 했다. 다시 말해, 그는 스릴을 느끼기 위해 저주받은 의자를 곁에 두는 유형의 사람처럼 보인다.

이즈비를 둘러싼 골동품과 유령들은 그가 영화를 만드는 데 풍부한 상상력의 재료가 되었고, 특히 소장품 중 나폴레옹의 물품이 핵심이 되었다. 그의 가족들은 프랑스 유물에 관심을 가졌고, 빌레로이라는 이름 자체도 프랑스의 지명에서 따온 것이라고 한다. 그러나 맨션의 다른 모든 섬뜩한 이야기 가운데서도 가장 두드러지는 것은 죽음의 의자다.

사람들은 이 의자가 빌레로이 맨션의 파란 방에 놓여 있었다고 믿었다. 18세기 응접실처럼 꾸며진 방이었다. 이즈비는 너무 많은 사람이 이 의자에 앉았다가 죽어 버리자, 손님들이 엉덩이를 들이미는 것을 금지하기 위해 밧줄로 의자를 꽁꽁 묶어 두었다고 한다. 이즈비는 1989년 《미국 유령의 집(Haunted House U.S.A.)》의 저자에게 가정부가 의자에 앉았다가 쓰러져서 몇 시간 후 죽었다고 설명했다. 그 다음 희생자는 이즈비의 사촌이었고, 세 번째 희생자는 폴 키멘스(Paul Kimmens)라는 친구였다. 둘 다 몇 주 안에 세상을 떠났고, 이즈비의 말에 따르면, 아무도 저주를 믿지 않았다고 한다. 이들 중 누군가가 아만다인지 아멜리아인지의 빨간 연기를 보았는지는 알려지지 않았다.

이즈비는 결혼하지 않았고 아이도 없었기 때문에, 그가 죽은 뒤 맨션은 죽음의 의자가 지닌 위험에도 불구하고 한동안 일반에 공개되었다. 운 좋은 관람객 몇몇은 귀한 골동품이 전시된 이 유명한 집을 돌아볼 수 있었다. 그 후, 일부 골동품은 박물관에 기증되었고, 일부는 팔렸다. 그리고 결국 집도 매각되었다. 오늘날 이곳은 개인의 소유지로, 거주자들은 유령을 하나 더 책임지게 되었다. 이즈비가 죽기 전인 1984년 《체스트넛 힐 로컬(Chestnut Hill Local)》지는 한 기사에서 그의 말을 인용했다. "제가 이곳을 떠날 때, 그들을 괴롭히러 다시 올 겁니다. 이 집을 제대로 관리하지 않는다면, 그들을 따라 다시 돌아올 거라고요."

이즈비가 아만다 혹은 아멜리아와 자기 어머니, 그 외에 집안을 떠도는 나머지 영혼에 합류한 뒤, 남은 재산을 양도하는 과정에서 이 죽음의 의자가 과연 살아남았는지 그 사실은 아무도 모른다. 그러나 당신이 용감하게 현관 앞에 서서 초인종을 눌러본다면 상당히 쉽게 알아낼 수 있을 것이다.

비록 당신이 마지막으로 듣게 될 말은 다음과 같을 수도 있지만.

"일단 여기 앉으세요. 금방 다시 올게요."

디벅 상자

원산지
스페인 또는 뉴욕

현 위치
**네바다주 라스베이거스의
잭 바갠스 공포 박물관**

내용물
**1920년대에 발행된 1센트 동전 두 개,
머리카락 두 움큼, 화강암 조각상,
말린 장미 꽃봉오리, 와인 잔,
촛대, 그리고 디벅**

옛 소유주
**케빈 매니스, 요시프 니츠케,
제이슨 핵스톤**

유대인의 구전설화에 따르면, '디벅(Dybbuk)'이란 '악령'으로, 때때로 사후세계에서 비뚤어져 버린 죽은 사람의 영혼을 의미하기도 한다. 이 이름에는 '달라붙다'라는 뜻이 있는데, 디벅이 하는 일이 바로 이름 그 자체다. 살아 있는 사람의 영혼을 극도로 사악한 쪽에 꽁꽁 묶어 두는 것이다. 당신이 디벅 하나를 상자 안에 쑤셔 넣으면, 그 상자는 저주받은 물건이 된다. 그리고 가장 유명한 디벅 상자 이야기, 실질적으로는 최초의 디벅 상자 이야기는 고대의 설화에서 나온 것이 아니라 21세기 디지털 플랫폼과 대중문화 연예인에게 탄생했다.

2001년 케빈 매니스(Kevin Mannis)라는 남자가 오리건주 포틀랜드의 어느 집에서 열린 유품 정리 세일에 들러, 자신이 운영하는 중고 가구 가게에서 팔만한 멋진 물건이 없나 살펴봤다. 이 집은 가족들이 학살당한 뒤, 스페인으로 탈출해 홀로코스트에서 살아남은 한 여성이 살던 곳이었다.

집 안에서 매니스는 배낭 크기의 작은 나무상자를 발견했다. 작은 나무상자는 이 여성이 스페인에서 구매한 휴대용 와인 보관함으로, 포도송이가 조각된 두 문과 커다란 경첩, 아래쪽에 달린 작은 서랍으로 이루어져 있었다. 한쪽 문이 열리면 다른 쪽 문과 서랍도 함께 열리는 구조였다. 상자 뒤쪽으로는 유대인의 기도가 새겨져 있었다. 매니스는 이 상자를 구입했다.

가게로 돌아온 매니스는 자기가 단순한 상자가 아니라 물건으로 가득 찬 상자를 샀음을 깨달았다. 상자 안에서 1920년대 발행된 1페니 동전 두 개와 금발 머리 한 움큼, '샬롬(Shalom, '평화'라는 의미의 히브리어)'이란 말이 새겨진 작은 화강암 조각상, 말린 장미 꽃봉오리, 금색 와인 잔, 문어의 촉수처럼 생긴 다리가 달린 무쇠 주물 촛대가 나왔다.

내용물은 기이했지만, 이야기의 흐름과는 큰 관련이 없다. 관련 있는 부분은 매니스가 상자를 획득한 뒤 나쁜 일들이 벌어지기 시작했다는 사실이다. 매니스의 가게는 망해 버렸고, 그는 그림자 같은 희미한 형체를 보았고, 암모니아 냄새를 맡았으며, 마녀가 등장하는 악몽을 꾸기 시작했다. 매니스가 이 상자를 주거나 팔려고 했던 모든 이들이 상자를 되돌려 주었다. 어머니는 그가 이 상자를 선물로 준 뒤 뇌졸중으로 고통받았다. 결국 매니스는 이 모든 희한한 일의 근원이 디벅 상자임을 깨달았다.

이러한 이야기는 보통 주인이 죽거나 물건이 사라지거나 결국 박물관에 놓이는 식으로 끝이 나지만, 이번 이야기는 현대 디지털 세상에서만 가능한 반전이 있다. 2003년 매니스는 디벅 상자를 이베이에 올렸다. 이베이가 온라인 마켓으로 만들어진 지 약 8년 정도 된 시기였다. 매니스는 상자에 대해 설명하면서 의심스러운 부분을 아주 자세히 적었고, 초자연적인 현상에 대해 자기보다 더 잘 알고 있는 누군가가 상자를 가져가 주길 바란다고 실토했다. 그는 하물며 최저 경매가조차 입력하지 않았다. 이상한 제사용품으로 가득한 이 낡아빠진 오래된 상자는 140달러에 팔렸다.

상자를 사들인 사람은 요시프 니츠케(Iosif Nietzke)라는 미주리의 어느 대학생이었다. 니츠케가 저주받은 물건이나 유대인 유령의 전문가였는지, 소설이라도 쓰기 위해 상자를 원했는지, 아니면 와인을 보관하기 위해서였는지는 분명치 않다. 확실한 것은 니츠케가 높은 가격으로 디벅 상자 경매에 성공한 뒤 벌어진 그의 경험담이다.

니츠케에 따르면, 그와 그의 룸메이트는 갑작스러운 알레르기 증상이 나타나거나, 이상한 냄새를 맡거나, 오랜 무기력함에 시달리거나, 가끔은 전자기기가 꺼져 버리는 것을 목격하는 등 여러 곤혹스러운 일에 시달리기 시작했다고 한다. 이상한 일들은 탈모를 겪거나 또는 어둡고 흐릿한 존재를 보는 것으로 확장되었다.

뭔가 위험한 것을 원래 있던 곳으로 돌려보낸다는 말을 재미있게 한 번 더 비틀어서, 니츠케는 그가 경험한 새로운 이야기로 완성도를 높여 디벅 상자를 한 번 더 이베이에 올렸다. 그가 상자를 구매한 뒤 채 1년이 안 된 2004년이었고, 280달러에 팔렸다.

세 번째 구매자는 제이슨 핵스톤(Jason Haxton)으로, 미주리 A. T. 스틸 대학교 정골요법 박물관의 관장이었다. 핵스톤은 이 상자로 다양한 신체적 질병으로 고통을 받은 만큼 신체가 활성화되었다고 주장했으며, 이 상자를 자신의 '젊음의 샘'이라고 부르며, 상자가 노화 과정을 거꾸로 되돌렸다고 단언했다. 그는 이 상자를 순금 테두리를 두른 아카시아 나무상자에 넣어두었다.

핵스톤은 2001년 이 나무상자에 관한 책을 쓰고, 관련 웹사이트를 만들고, 인터뷰에서 이 초자연적인 구매를 논하면서 인지도를 높였다. 그가 소유주임이 밝혀지자 상자 정보를 달라는 어마어마한 요청에 대한 방어책으로 상자의 연대기를 구성했다.

디벅 상자의 명성은 점차 높아졌고, 그 이야기는 2004년 레슬리 곤스타인(Leslie Gornstein)이 쓴 《로스앤젤레스 타임스》 기사를 기반에 두고, 2012년 공포영화 〈포제션〉으로 영화화되었다. 이 영화 크레디트에는 이베이에 상자를 올린 케빈 매니스를 향한 제작사 고문의 감사 인사가 담겼다.

2017년 초자연 리얼리티 쇼 〈고스트 어드벤처〉의 스타 잭 바갠스 (Zak Bagans)가 라스베이거스에 공포 박물관에 전시하기 위해 이 상자를 사들였다(공포 박물관에 대해 더 알고 싶다면 226쪽을 참고하자). 소문에 따르면, 바갠스는 인터넷에서 유명한 이 상자를 사기 위해 10만 달러를 지불했는데, 이 가격은 세간의 이목을 끌었던 그의 박물관 소장품들과 같은 수준이다(이야기의 교훈: 저주받은 물건에 투자할 것).

디벅 상자는 바갠스 박물관의 스타가 되었다. 박물관 입장권에는 "세계 최고의 귀신 들린 물건"이라는 문구와 함께 디벅 상자의 사진이 실려 있고, 디벅 상자 단독 전시실도 생겼다. 상자는 스포트라이트가 비치는 유리 진열장 속에 놓여 있고, 그 주변에 두 겹의 소금과 말린 세이지가 방어를 위해 둘러져 있다. 내가 그곳을 방문했던 당시, 투어 가이드는 소금이 흩뜨려진 부분을 가리키면서 상자로 통하는 문이 저절로 열렸다고 언급했다. 핵스톤이 디벅 상자를 넣어 뒀던 금 테두리의 아카시아 나무상자는 또 다른 유리장에 진열되어 있다.

이 기묘한 이야기의 마지막 반전에는 래퍼 포스트 말론(Post Malone)이 개입한다. 그는 2018년 잭 바갠스가 진행하는 〈고스트 어드벤처〉의 한 에피소드에 게스트로 출연해서 디벅 상자를 처음 마주했다. 이후에 포스트 말론은 비행기 비상착륙, 자동차 사고, 강도 침입 등 여러 불운으로 세상을 떠들썩하게 만들며 고통받았다. 얼마 지나지 않아 바갠스는 박물관의 디벅 상자 전시실에 포스트 말론이 등장하는 적외선 보안카메라 영상을 공개했다. 음성 지원이 없는 영상이었지만, 영상 속 래퍼는 불안해 보였고, 마지막에는 바갠스를 밀쳐내고 방에서 뛰쳐나왔다. 그 의미는 분명했다. 포스트 말론은 저주받은 디벅 상자의 새로운 희생자였던 것이다.

주목할 만한 이야기의 또 다른 요소는 매니스가 이베이에 경매를 올리기 전까지 디벅 상자 같은 건 없었다는 점이다. 물론 예전에도 디벅에 관한 설화는 존재했고, 당연히 상자들도 있었다. 그러나 유대인 신화에는 이런 '램프 속의 사악한 지니'의 원조가 될만한 이야기가 없었다. 게다가 《스켑티컬 인콰이러(Skeptical Inquirer)》지의 필자인 케니 비들(Kenny Biddle)은 이 상자가 유대식 와인 보관함으로 쓰기엔 너무 작고, 그 대신 20세기 중반 뉴욕에서 제작된 미니바일 것이라는 믿을 만한 증거를 제시했다. 그럼에도 불구하고 이 나무상자의 기묘한 여정이 시작된 즉, 홀로코스트 생존자의 유품 정리 세일보다 더 이상한 시작점은 없을 것이다.

괴상한 이베이 판매 목록에서 영화관 스크린을 거쳐 미국 최고의 가수에 내린 저주까지, 디벅 상자는 대중문화계에서 악명을 떨치고 있다. 이베이에는 언제나 판매 중인 디벅 상자가 존재하고, 당신이 원한다면 당장 오늘 디벅 상자를 사들일 수도 있다. 감히 그럴 수만 있다면 말이다.

바사노 꽃병

원산지	소재
이탈리아	**은**

나이	현 위치
600년	**모름**

이탈리아에서 온 이 저주받은 화병은 저주받은 물건이라기보다는 철저한 연쇄살인마에 가깝다. 15세기부터 시작되어 1980년대 어느 시점에야 끝이 난 열두 번의 죽음과 관련 있기 때문이다. 그리고 꽃병은 아름다운 꽃을 담은 채 그 모든 죽음을 이끌었다.

물론 그 꽃병이 진짜로 존재했다면 말이다. 수없이 많은 숨 막힐 듯 오싹한 블로그 포스트와 저주받은 물건에 관한 리스티클*을 찾아보지 않는다면, 꽃병에 관한 증거는 거의 찾아볼 수 없을 정도다. 바사노 꽃병(Basano Vase) 이야기는 입증할 수 있는 사실이든 명백한 거짓말이든, 모두 연결된다는 점에서 주목할 만하다. 보통 어떤 저

---

* listicle, 목록list과 기사article가 합쳐진 신조어로 특정 주제에 관한 정보를 목록처럼 열거한 기사를 의미한다.

주받은 물건은 역사적으로 사실과 거짓이 뒤엉켜 있기 마련이다. 저주받은 물건에 이름이 붙어 있지 않거나 구체적이고 세세한 서사가 없다면, 일부 이야기꾼들은 분명 그러한 것들을 만들어낸다. 그러나 저주받은 바사노 꽃병의 이야기는 구체적인 세부 정보가 부족한데도 언제나 그리 길지 않은 문장과 신문 사진을 증거 삼아, 역사상 가장 저주받은 물건을 다루는 인터넷 기사에 등장할 준비가 되어 있다.

죽음의 힘을 가진 꽃병?

이 이야기는 15세기 이탈리아에서 일어난 일이다. 결혼식이 열리기 전날 밤, 곧 신부가 될 아가씨가 결혼선물로 은으로 된 꽃병을 받았다. 다만 그 아가씨는 영원히 신부가 되지 못했다. 그녀는 결혼식 직전에 살해당했는데, 누가 그랬는지는 전해지지 않는다. 세간에서는 이 불의의 죽음이 저주받은 꽃병 탓이라고 했고, 가끔은 그녀가 죽으면서 꽃병에 저주를 걸었다고도 한다. 어느 쪽이든 결과는 이 꽃병이 저주받았다는 사실이다. 신부의 가족은 꽃병을 간직했고, 이후로 친척들이 하나씩 죽어 나갔다. 결국 누군가가 불운의 원천이 무엇인지 깨닫고 꽃병을 숨길 때까지 죽음은 계속되었다.

누군가가 그 꽃병을 어떻게 숨겼든지 간에 훌륭히 임무를 완수한 셈이다. 왜냐하면 그 꽃병이 1988년 다시 발견되기 전까지 5세기 동안 그 자취를 찾을 수 없었기 때문이다. 전해져 내려오는 설화에 따르면, 한 남자가 자기 마당에 묻혀 있는 그 꽃병을 찾아냈다고 한다. 꽃병을 가진 사람은 누구든 죽음이 찾아올 것이라는 경고가 적힌 메모가 함께 묻혀 있었을 수도, 아닐 수도 있다. 15세기에 제작한 은 꽃병은 상당히 가치가 높으리라 생각한 발견자는 어느 정도 돈도 벌어들이면서 저주받은 물건을 집에서 내보내고자 이를 경매에 부쳤다.

경매에서는 이기는 게 없다는 말이 있다. 경매에서 이겨 봤자 어마어마한 돈을 잃는 대가를 치뤄야 하기 때문이다. 이러한 격언은 바사노 꽃병을 산 약사에게는 두 가지 이유로 진실이었다. 그는 경매에 성공하고 나서 몇 달 뒤 사망했다. 그다음에 꽃병을 산 의사 역시 마찬가지였다. 그다음은 고고학자였다. 이 이야기는 한 명의 희생자를 더 등장시키는데(이번에는 직업이 알려지지 않았다), 수집가들은 마침내 저주받은 물건들은 실재하고, 바사노 꽃병이 그 가운데 하나라는 생각에 굴복하게 되었다. 마지막 주인은 꽃병을 창문 밖으로 내던졌다. 저주받은 물건을 없애 버리기 위해 검증되지 않은 방식을 시도한 것이다.

그러나 한 경찰이 그 행위를 목격했고, 쓰레기 투기로 수집가에게 벌금을 물리는 동시에 그 꽃병을 돌려주려 시도했다. 수집가는 벌금은 받되 꽃병은 거부했다. 또한 도시에 있는 그 어떤 박물관도 꽃병을 받으려 하지 않았다. 꽃병과 결합된 죽음의 이야기가 온 동네에 퍼져 나갔고, 사람들은 어떤 꽃꽂이도 죽음을 무릅쓸 만큼 가치 있지 않다고 결론 지었다. 마침내 꽃병은 사라졌고, 이러한 결론은 모든 사물 괴담이 끝나는 방식이다(누군가가 지혜롭게 그 물건을 파괴하거나 영원히 사라져 버리거나). 그러나 바사노 꽃병에는 또 하나의 특이사항이 있었다. 은으로 된 꽃병에서 마치 저주가 아닌 방사능이 내뿜어 나오기라고 하듯, 납으로 된 상자 안에 감춰져 있었다는 점이다.

구체적인 이야기를 뒷받침할 증거는 거의 없으니 이야기는 점점 더 우화처럼 보였다. 그 사건의 절반이 레이건 정부 시절에 벌어졌다고 하더라도 마찬가지다. 꽃병의 전설을 현실과 단단히 엮어주는 한 가지 증거는 몸통은 둥글고 꼭대기에는 깃이 달린 꽃병이 찍힌, 신문에서 잘라 낸 단 한 장의 사진이다. 생물학적 감각기관, 즉 눈으로 봤을 땐 하트 모양에 가깝고, 편집 과정에서 살아남은 사진 설명과 기사에서 눈에 띄는 단어 몇 가지는 크로아티아어로 보인다. 사진 설명은 다음과 같이 번역되었다. "바사노, 죽음의 힘을 가진 꽃병인가?" 그리고 기사에서 나온 말 몇 마디는 이런 식으로 번역되었다. "박물관은 그 물건을 원치 않았다!" 이 기사는 실제 보도를 기반에 둔 전설의 시작이거나, 핼러윈 특집판 신문에서 새로이 배턴을 넘겨받을 또 다른 전설을 만들어 내느라, 삽화 대신 어느 꽃병의 사진을 쓴 것일 수도 있다.

'바사노'라는 꽃병의 이름 역시 답이 없다. 이 말은 이탈리아어 'Basare' 동사의 시제로, '땅에 놓다' 또는 '위치하다'라는 의미다. 이탈리아에는 '바사노'라는 지명이 없고, 사람 이름으로 적당해 보이지도 않는다(바사노는 유명한 아치교인 폰테 베키오가 위치한 바사노 델 그

라포Bassano del Grappo라는 도시명의 일부다. 성姓일 경우에도 마찬가지다).

그러니 누가 알 수 있을까? 나는 이 책에서 바사노 꽃병을 제외할까 고민했다. '저주에 걸렸다'는 소문이 아닌 '그런 물건이 있다'는 소문을 가진 저주 받은 물건들은 제했기 때문이다. 그러나 꽃병의 이야기는 다른 물건들과는 달리 쉽게 속일 수 없다는 점에서 흔치 않다. 예를 들어 바사노 꽃병은 괴담으로 손꼽히는 '렘브의 여인 조각상'과는 다르다. 이 작은 석상의 전설은 여러 가지 엄연한 사실을 포함한다. 여기에는 이 석상을 전시하는 것으로 추정되는 대형 박물관의 이름이 포함되고, 따라서 렘브의 여인 조각상 같은 건 존재하지 않는다는 사실이 곧 확실해져서 너무나 쉽게 틀렸음이 증명되었다.

그러나 바사노 꽃병의 이야기를 전적으로 무시하기에는 충분한 정보가 존재하지 않았다. 따라서 본래 출처까지 추적해 올라갈 수 없었다. 그런데도 언젠가 당신이 이탈리아에 여행을 갔다가 납 상자에 담긴 오래되고 기묘한 은 꽃병을 공짜로 얻는 횡재를 누릴까 봐 이 이야기를 책에 담았다. 만약 그렇게 된다면, 조용히 납 상자를 내려놓고 대신 아이스크림이나 사러 가자.

루돌프 발렌티노의 반지

캘리포니아 샌프란시스코

소재
갈색 묘안석으로 장식된 금반지

유명한 소유주
루돌프 발렌티노, 폴라 네그리, 루스 콜롬보, 조 카지노, 잭 던

사상자
다섯 명

그의 이름은 루돌프 알폰소 라파엘로 피에르 필리베르토 굴리엘미 디 발렌티나 디안토겔라(Rodolfo Alfonso Raffaello Piero Filiberto Guglielm di Valentina D'Antonguolla)였다. 팬들은 그를 1920년대 무성영화의 원조 스타 가운데 한 명인 루돌프 발렌티노(Rudolph Valentino)로 알고 있다. 초자연현상을 좋아하는 사람들은 발렌티노를 그의 저주받은 반지로 기억하는데, 이 반지는 그가 서른한 살의 나이에 죽음을 맞이한 원인이고, 그 후에도 반지에 손가락을 끼워 넣은 거의 모든 사람이 차례로 사망했다고 한다….

발렌티노는 1895년 이탈리아에서 태어나 직업을 찾기 위해 18세에 미국으로 왔다. 그리고, 아휴, 그는 해냈다. 엘리스섬에 도착한 지

4년 후 그는 나라 반대편으로 이사 가서 힘겹게 영화배우 일을 시작했다. 당시만 해도 영화배우의 길은 실험적이고 그리 평판이 좋지 않았다. 여러 단역과 악역을 거친 후, 발렌티노는 빠르게 엔딩 크레디트 상부로 올라가 주연 자리를 차지했다. '라틴의 연인'이라는 별명이 생겼고, 광적인 팬층도 생겼다. 그의 죽음을 두고 슬픔에 젖은 추종자와 호기심 넘치는 구경꾼들이 그의 장례식이 열리는 맨해튼 거리에 몰려들었다. 발렌타인이 죽은 뒤, 그가 없는 세상에서 더 이상 살고 싶지 않다는 몇몇 사람들이 자살하기도 했다.

언젠가 이 특급 배우는 샌프란시스코에서 반지 하나를 샀다. 커다란 갈색 묘안석, 때로는 호안석이라고 불리는 그 보석이 가운데에 박힌 화려한 금반지였다. 이야기에 따르면, 그 물건을 판 사람은 옛날 주인이 입은 모든 피해를 들려주며 발렌티노에게 그 반지를 사지 말라고 조언했다고 한다. 그러나 발렌티노는 그 반지를 샀다. 할리우드에서 번 돈으로 뭔가를 살 수 없다는 말을 들으려고 바다를 건너 급성장하는 산업에서 스타덤에 오른 것은 아니었으니까.

1926년 8월에 발렌티노는 아버지와 아들이라는 두 역할을 연기한 대표작 〈더 선 오브 더 셰이크〉가 개봉한 뒤, 맨해튼에서 머물고 있었다. 현재 문을 닫은 앰배서더 호텔 방에 머물던 그는 갑작스레 복통을 느꼈고, 수술 결과 천공성 위궤양이 원인인 것으로 밝혀졌다. 그는 위궤양으로 죽지 않았으나 일주일 후 수술합병증으로 죽고 말았다. 그는 고통이 시작될 당시 반지를 끼고 있었다고 한다.

그가 죽은 뒤, 반지는 발렌티노의 과거 연인이었던 폴란드의 여배우 폴라 네그리(Pola Negri)에게 돌아갔다. 네그리는 언론대변인과 함께 그의 장례식에 나타나 자신이 발렌티노의 약혼녀라고 주장했고, 빨간 장미와 하얀 장미로 만들어진 거대한 꽃다발을 보내 자기 이름이 이 슬픈 사건을 전달하는 뉴스에 필연적으로 들어가게 했다. 또한 아카데미 여우주연상 급의 슬퍼하는 연기를 선보이며, 발렌티노의 관 위로 기절하는 것으로 클라이맥스를 장식했다. 반지를 소유하게 된 직후 네그리는 심각하게 아팠다. 그녀는 가까스로 회복한 뒤, 그 반지를 다음 희생자인 루스 콜롬보(Russ Columbo)에게 넘겼다.

'라디오계의 발렌티노'로 불리는 잘생긴 작곡가이자 가수인 콜롬보는 같은 이름을 가진 반지에 완벽하게 어울렸고, 실제로 1934년 희한한 상황에서 세상을 떠났다. 그는 오랜 친구인 랜싱 브라운(Lansing Brown)이 쏜 총에 얼굴을 맞아 죽었다. 브라운은 자신이 총과 성냥개비를 무심코 만지작거리다가 총이 발사되었다고 증언했다…. 자기 친구를 향해서 말이다. 이 죽음은 사고사로 규정되었다.

반지는 콜롬보의 친구에게 양도되었는데, 콜롬보를 총으로 쏜 친구가 아닌 조 카지노(Joe Casino)라는 친구였다. 그는 트럭에 치여 죽었고, 반지는 카지노의 남동생 손에 들어갔다. 그에게는 아무런 나쁜 일도 벌어지지 않았는데, 아마도 제임스 윌리스(James Willis)라는 절도범이 집에서 그 반지를 훔쳐 갔기 때문이리라. 그는 침입 당시 알람을 꺼두었지만, 도망가기 전에 경찰이 나타나 그를 총으로 쏴서 죽여 버리고 말았다. 발렌티노의 반지가 아마도 그의 주머니에 들어 있었을 것이다.

반지의 다섯 번째 희생자는 잭 던(Jack Dunn)이라는 젊은 배우로, 발렌티노 전기영화의 주인공으로 낙점되었던 배우다. 반지를 손에 끼운 던은 혈액 질환에 걸려 영화 촬영이 시작되기도 전에 죽었다.

오늘날 그 누구도 불운의 반지가 어디 있는지 모른다. 던은 마지막으로 알려진 희생자로, 소문에 따르면, 발렌티노의 반지는 로스앤젤레스의 할리우드 포에버 공동묘지에 있는 마지막 안식처에서 가까운 귀중품 보관함에 숨겨져 있다고 한다. 그러나 보관함에서 도난당했다는 소문도 있으니, 아마도 우리가 생각하는 것보다 더 멀리 사라졌을 수도 있다. 어쩌면 잘된 일일지도 모른다.

반지가 존재했다는 증거로, 발렌티노가 1922년 영화 〈젊은 라자 (The Young Rajah)〉에서 오른손 새끼손가락에 반지를 끼고 나온 모습을 들 수 있지만, 알아보기 쉽지 않다. 그리고 그 반지가 그의 소장품인지, 아니면 의상팀에서 제공한 것인지 아무도 모른다.

유사한 반지가 발렌티노의 죽음 후 폴라 네그리가 의뢰한 스페인 화가 페데리코 벨트란 마세스(Federico Beltrán-Masses)의 유화에 등장한다. 그림의 초점은 네그리의 손에 낀 네모난 갈색 보석에 맞춰져 있다. 그 이외의 부분은 흐릿하게 그려졌는데, 그림 속에서 발렌타노는 두 눈을 감고 두 팔로 기타를 감싼 채 남청색 어둠 속으로 서서히 사라지고 있다. 아마도 루돌프 발렌티노의 저주받은 반지가 존재한다는 최고의 증거는 그의 유품 목록에서 드러난다. 목록 81쪽의 다양한 보석이 박힌 반지들 가운데 '당밀 빛깔 묘안석 반지'라는 간략하고 순수한 느낌의 표제어가 있다. 다만 '저주받았다'는 표현은 그 어디에도 없다.

로버트라는 이름의 인형

원산지
독일

유명한 소유주
로버트 유진 오토

습득일
1900년대 초

현 위치
플로리다주 키웨스트의
포트 이스트 마르텔로 박물관

크기
약 100센티미터

모든 예술가는 불멸을 원한다. 그리고 키웨스트에서 활동하던 화가 로버트 유진 오토(Robert Eugene Otto)는 불멸의 성공을 거뒀다. 단지 그는 자신의 예술을 통해 계속 존재하지 못했고, 사후의 명성은 그의 저주받은 인형이 만들어 낸 결과다.

인형의 경우 저주받은 인형과 귀신 들린 인형은 종이 한 장 차이다. 인형은 다른 물건보다 저주를 더 의인화한 것으로, 저주받은 물건이 당신을 쏘아볼 때 천 배는 더 무시무시하고, 저주에 관한 소문을 더 쉬이 믿게 만든다. 로버트라는 이름의 인형이 바로 그러한 경우다.

대부분의 저주받고 귀신 들린 인형들이 대량생산된 제품인 것과는 달리, 로버트는 단 하나뿐인 인형이다. 키는 약 100센티미터로, 그 안은 목모(木毛) 또는 엑셀시어라고 불리는 나뭇조각들로 채워졌고, 오래된 세일러복을 입고 있다. 두 눈은 검은 구슬이고, 얼굴에는 세월의 흐름으로 얽힌 자국이 남았으며, 이목구비는 반쯤 만들다 만 듯 보이고 입술 없는 입은 오므리고 있다. 한쪽 팔로 사자 인형을 안고선 흔들의자 위에 앉은 이 인형에 대해, 내가 지금 들려주는 이야기가 그다지 소름 끼치지 않는다는 것을 나도 안다.

그렇지만 1900년대 초반 어린 로버트 유진 오토가 이 인형을 받았을 당시에는 생김새가 조금 달랐다. 그 얼굴은 원래 광대의 얼굴처럼 페인트칠이 되어 있었다. 그렇다면 세일러복은? 오토가 아주 어렸을 때 입었던 옷이다. 로버트와 오토는 심지어 이름마저 똑같았다. 오토가 자기 이름을 따서 인형에게 이름을 지었기 때문이다. 그러나 그는 진이라는 애칭으로 불렸다.

오토가 어떻게 로버트를 소유하게 되었는지는 확실하지 않다. 한 이야기에 따르면, 하녀가 그 인형을 오토에게 주었다고 한다. 하녀가 바하마인지 자메이카인지에서 왔다는 사실은 이 이야기에 군도의 부두교적인 색깔을 입힌다. 또 다른 이야기에서는 특별히 오토를 위해 이 인형을 만들었고, 심지어 오토의 모습을 본떠 만들었다고도 한다. 세 번째 이야기는 오토의 할아버지가 이를 독일 여행 중에 구했다는 것이다. 이 버전은 가장 평범하긴 하지만 상당히 가능성 있어 보인다. 실제로 인형이 독일제기 때문이다.

　　인형 로버트는 테디베어를 처음 만든 독일의 장난감 회사인 슈타이프 컴퍼니 제품이다. 떠도는 이야기에 따르면, 로버트는 결코 어린이들에게 사랑받는 장난감이 되기위해 만들어진 게 아니라고 한다. 대신에 쇼윈도에 전시하기 위해 특별히 만들어진 단 하나뿐인 인형이었다. 이 이야기가 진짜든 아니든, 로버트는 만들어진 지 한 세기 이상이 지난 지금 단 하나뿐인 인형임에 틀림없다.

　　어떻게 이 커다란 인형이 오토의 품에 들어왔는지 상관없이 오토는 인형을 좋아했고, 어딜 가든 끌고 다녔다. 밤이면 인형에게 말을 걸었고, 또 인형 목소리를 흉내 내며 대답했다. 오토는 자잘한 사고를 칠 때면 인형 탓을 했다. 어린아이들이 항상 하는 순진무구한 짓이었지만, 인형 로버트의 이야기가 전개되는 과정을 생각해 보면, 그렇게 사악한 그림자를 떠안게 된 것이다.

　　꼬마 진은 꼬마가 아니게 된 이후에도 인형 로버트를 안고 다녔다. 그가 플로리다 키웨스트의 이튼가 534번지에 있는 어린 시절 집에 그대로 머물렀기에 어렵지 않은 일이었다. 그의 부모는 1898년 이 집을 샀고, 오토는 아내이자 피아니스트인 아네트 파커(Annette Parker)와 함께 한 40년을 포함해 거의 평생을 똑같은 집에서 살았다. 그 시기에 인형 로버트는 집에 달린 작은 첨탑에서 살았고, 오토는 차마 로버트를 버릴 수 없었다. 마치 누군가가 도리언 그레이의 그림을 반대로 그린 것처럼, 주인이 점차 나이 들고 백발이 되어가는 동안 인형은 젊고 싱싱한 인형다움을 간직했다.

오토는 1974년 죽었다. 2년 후에는 아내가 세상을 떠났다. 그 시점부터 인형은 점차 무시무시해지기 시작했다. 이후 그 집에 사는 사람들은 뜀박질하는 작은 소리를 들었다. 아이가 키득대며 웃는 소리도 들었다. 이들은 인형의 표정이 바뀐 게 분명하다고 맹세했다. 후대 집주인들 가운데 한 명인 머틀 로이터(Myrtle Reuter)가 1994년 포트 이스트 마르텔로 박물관으로 로버트를 보냈다. 한편, 오토의 집은 '아티스트 하우스'라는 새로운 이름을 가지게 되었고, 특유의 빅토리아 시대풍의 매력과 키웨스트의 옛 정취에 가까운 느낌을 잘 활용하는 베드 앤 브랙퍼스트(Bed and Breakfast) 숙소로 운영되고 있다.

포트 이스트 마르텔로 박물관은 키웨스트의 사우스 루스벨트가 3501번지에 자리하고 있다. 이곳은 1862년에 지어진 남북전쟁 시대의 벽돌 요새로, 요새의 역사와 키웨스트의 지역사와 관련한 전시회가 열리기도 한다. 한동안 건물 자체가 이 박물관에서 가장 유명한 전시물이었다. 단, 인형 로버트를 소장하기 전까지 그랬다. 갑자기 포트 이스트 마르텔로는 동부에 있는 수십 가지의 다른 오래된 요새들보다 훨씬 더 관심을 끌게 되었다.

로버트는 요새의 한가운데에 놓인 유리 진열장에 앉아 있다. 어린이의 침실과는 거리가 먼 공간이다. 아마도 그렇기에 멍하니 구경하는 사람들이 속임수에 걸려드는 것일지도 모른다. 카메라가 고장 난다든지, 사람들이 인형 머리가 움직이거나 표정이 바뀌는 모습을 본다든지 하는 식이다. 유리 진열장 안의 인형이 할 것이라 기대하는 행동 그대로다. 로버트는 귀신이 들거나 홀린 물건임을 역력히 보여주는 모든 징후를 갖추고 있으며, 어떤 사람들은 오토의 영혼이 인형 속 깊숙이 자리한 것은 아닐까 궁금해 한다. 그러나 이 인형이 저주받았다는 가장 확실한 증거는 매일 박물관에 배달되는 로버트를 위한 편지다.

팬들이 보낸 편지가 아니다. 사과의 편지고, 애원의 편지다. 편지는 인형을 구경하고 나서 조롱하거나 먼저 허락도 구하지 않은 채 사진을 찍은 뒤부터 시작된 불행을 해결해 주길 기대하는 사람들의 편지다. 사람들은 박물관을 떠나면서 자동차 바퀴에 펑크가 나거나, 요통을 앓거나 어깨 근육이 파열되거나 계단에서 떨어지기도 했다. 로버트 탓에 파혼하거나 짐을 분실하고 일자리나 살 곳을 잃었다고도 했다. 죽을 뻔한 경험이나 파산, 반려동물의 죽음도 있었다. 편지에 근거하면 그렇다는 말이다. 플로리다의 태양 아래에서 벌어지는 거의 모든 나쁜 일이 인형 로버트와 관련 있었다.

아무런 위험도 감수하지 않고 로버트를 경험하고 싶다면, 박물관 기념품 가게에서 3분의 1 크기로 만들어진 인형 모형을 살 수 있다. 나도 하나 가지고 있는데, 크기가 더 작아진 만큼 더 귀엽고 덜 이상하며 전혀 소름 끼치지 않는다. 아니 덜 소름 끼친다. 인형은 보통 내 연구실 선반 위에 있지만, 이 항목을 쓰는 동안 책상 위까지 진출하게 해 주었다. 인형은 관심을 즐기는 것처럼 보였다.

잘나가는 부두교

역사나 문화에 상관없이 모든 사람이 공유하는 행위가 있다. 이를 테면 요리나 음악을 만들어 내는 일, 작은 인형을 통해 사람들에게 저주를 거는 일 등이다. 이 마지막 행위에서는 특정한 저주받은 인형이 압도적으로 많이 쓰인다. 바로 부두 인형 이야기다.

부두교('voodoo', 또는 'voudou'나 'hoodoo'라고도 쓴다)는 아프리카 노예 무역이 카리브해와 루이지애나주 전역에 퍼트리고 흩뜨려 놓은 서 아프리카의 종교이자 민속 의식으로, 부두교에 대한 대중 의식에 함께 엮여 있는 부두 인형은 천, 밀랍, 아니면 손에 잡히는 재료로 임시변통으로 만든 사람 형태의 인형이다. 부두 인형은 다양한 방식으로 저주를 거는 데 사용될 수 있지만, 가장 인기 있는 방식은 인형 위에 바늘을 꽂는 것이다. 인형의 복부에 바늘을 찔러 당신의 희생자에게 맹장염을 선사하고, 바늘을 머리 쪽으로 옮겨서 편두통을 앓도록 괴롭히거나, 심장 부위를 바늘로 꿰뚫어서 목숨을 빼앗아 보자. 의자에 저주를 걸어서 바로 그 사람이 의자에 앉기를 바라는 것보다 훨씬 더 만족스러울 것이다.

그러나 부두 인형을 부두교의 관습으로 보는 것은 미신이자 오해다. 또한 그러한 관습에 집착해 온 유럽인의 투영을 널리 알린 결과다. 유럽의 설화에서 마녀들은 천, 나뭇가지, 채소로 만든 조잡한 꼭두각시를 이용해 사람들에게 저주를 걸었다. 스코틀랜드에서 마녀들은 '진흙으로 된 송장'이 흐르는 물속에서 녹아 사라지면서 희생자의 건강 역시 그리되기를 바랐다. 이 관습은 초창기 유럽 이민자들과 함께 신대륙으로 건너갔다. 세일럼 마녀재판에서 첫 번째로 처형된 브리짓 비숍(Bridget Bishop)은 누더기와 돼지털로 만들어진 꼭두각시를 가지고 있다는 혐의를 받았다.

부두 인형을 사용하고 싶은 충동은 당신이 정치적 의사를 밝히기 위해 목제 인형을 태우거나, 옛날 남자친구의 사진을 찢어 버리고 싶은 충동과 똑같다. 다시 말해, 대리자를 시켜 해악을 입히는 이 행위가 몹시도 치유 효과가 크다는 의미다.

버스비의 스툽체어

원산지
영국 서스크

저주에 걸린 날짜
1702년

저주를 건 자
토머스 버스비

소재
오크나무

현 위치
**영국 노스요크셔주의
서스크 박물관**

죽음의 발레로이 의자(122쪽 참조)를 직접 볼 수 없어서 실망했다면, 좋은 소식이 있다. 또 다른 저주받은 의자가 존재한다. 이 의자는 영국에서 공개적으로 전시되어 있다. 발레로이 의자보다는 이 의자가 살짝 더 세다. 한 살인자는 사형당하기 직전에 여기에 저주를 걸었고, 이 의자로 인해 사망한 사람 수가 열 배 이상 많기 때문이다.

노스요크셔주의 서스크 박물관은 서스크 마을의 역사를 보여주기 위해 세워진 곳으로, 다른 여러 지역 박물관과 비슷하다. 규모가 작고, 정기적으로 개방되며, 더 유명한 관광지와 경쟁해야 한다는 점에서 그렇다. 이 박물관의 건너편에는 그 유명한 '제임스 헤리엇의 세계'(World Of James Herriot)*가 있다.

박물관 전시실에는 지역과 관련이 있는 평범한 물건이 전시되어 있다. 가구, 옷, 장난감, 부엌 세간, 크리켓 용품 등이다. 평범한 마을의 일상적인 삶을 보여주는 일상적인 물건들이다. 그러나 이곳은 세계적인 수준의 보물을 품고 있다. 바로 색슨족 거인의 뼈다. 턱과 발에서 남은 6세기 유물은 1990년대의 언젠가 뉴캐슬 어폰 타인의 가스 성에서 발견되었다. 이 뼈는 키가 2미터 10센티미터인 것으로 추정되는 남자의 것으로, 오늘날로 치면 거인이고, 평균 신장이 더 작았던 그 시대에는 더욱 그랬다.

그러나 색슨족 거인은 흥미를 돋울망정 저주받지는 않았다. 저주받은 것은 벽의 중간쯤에 못 박혀 있는 의자다. 오크나무로 만든 이 가구는 평범한 식탁 의자처럼 보이지만, 이름에서 그 순진무구한 모습이 가식임을 볼 수 있다. 혹자는 그 의자를 망자의 의자(Dead Man's Chair)라고 부른다. 이를 죽음의 의자(Chair of Death)라고 부르는 사람도 있다. 보통은 1702년 살인죄로 교수형에 처해지기 전, 그 의자에 저주를 건 것으로 보이는 남자의 이름을 따서 버스비의 스툽체어(Busby's Stoop Chair)로 알려져 있다.

토머스 버스비(Thomas Busby)는 서스크 지역에서 대니얼 오티와 함께 동업하던 위조범이었다. 소문에 따르면, 버스비는 오티의 딸 엘

---

* 작가이자 수의사인 제임스 헤리엇의 집에 꾸며진 박물관.

리자베스와 결혼하면서 암흑의 세계에 입문했다고 한다. 어느 순간 두 남자는 싸움을 시작했다. 아마도 오티의 딸 때문에, 아니면 버스비가 가장 좋아하는 술집에서 버스비가 가장 좋아하는 의자에 오티가 앉는 바람에 (어떤 버전에서는 버스비가 술집을 소유하고 있었고, 또 다른 버전에서는 버스비가 그곳에 잠시 살고 있었다고 한다) 그랬다고 한다. 사소한 다툼의 원인이 무엇이든 간에 결국 술에 취한 버스비가 교외에 있는 오티의 농가를 찾아가 망치로 그의 두개골을 박살 내는 것으로 이야기가 끝나 버렸다. 버스비는 체포되고 교수형을 선고받았다. 교수대로 호송되어 가는 도중 버스비는 술집에 들러 마지막으로 에일 맥주 한 잔을 마셔도 되겠냐고 부탁했다. 그는 늘 앉던 자리에 앉아 맥주를 마시다가 이렇게 말했다. "내 의자에 감히 앉는 자는 누구든 갑작스레 죽게 될 거야." 버스비가 살인죄로 목을 매달아야 한다면, 아마도 몇 번 더 그 벌을 받아야 했을 것이다.

버스비는 교수형을 당했고, 그 후 그의 시신은 보존을 위해 타르에 담근 뒤 기둥(또는 장대)에 매달렸다. 위조범이나 살인범, 또는 의자 저주범이 될 수도 있는 사람들에게 경고하기 위해서였다.

이 비극은 마을 역사의 결정적 요인이 되었다. 술집은 '버스비 스툽 인(Busby Stoop Inn)'이라는 새로운 이름을 얻었고, 저주받은 의자는 버스비의 시신이 마침내 부패한 뒤에는 호기심 넘치는 사람들을 끌어들이기 위한 유인으로 쓰였다.

이 저주받은 의자가 실력을 발휘하기 전까지 버스비는 즐겁고 재미있는 범죄자의 시체에 지나지 않았다. 그러다가 누구든 버스비 스툴체어에 앉은 사람은 불운한 결과를 맞이하게 되었다. 1894년 굴뚝 청소부는 스스로 목을 매달아 죽었다. 근처 기지에서 온 많은 군인이 전쟁에 나가 다시는 고향에 돌아오지 못했다. 1967년에는 두 명의 영국 왕립공군 파일럿들이 버스비의 술집에서 돌아오는 길에 교통사고로 숨졌다. 한 건축업자는 지붕에서 떨어져 죽었고, 청소부는 뇌종양으로 죽었다. 맥주 배달업자는 충돌사고로 죽음을 맞이했다. 이 모든 죽음은 이들이 술집에서 잘못된 자리를 선택한 탓이었다.

의자를 둘러싼 죽음의 이야기는 1970년대까지 쭉 이어졌다. 술집 주인이 의자를 곁에 두기 너무나 두려워 약 4.8킬로미터 떨어진 곳에 있는 서스크 박물관으로 내보내기로 할 때까지였다. 박물관측은 이 물건은 대충 사람의 머리 높이쯤에 매달려서 절대로 아무도 그 의자에 다시는 엉덩이를 대지 못하게 만들었다.

공교롭게도 이 저주받은 괴담에는 몇 가지 허점이 보인다. 예를 들어, 인용된 사고의 기록이 거의 없다. 버스비가 오티의 딸과 결혼했다거나, 오티를 살해했는지도 알려지지 않았다. 그 당시 위조범죄는 사형에 처하는 범죄로, 버스비의 괴담에 등장하는 저주와 교수형과 타르칠 등은 그가 위조한 한 움큼의 동전 때문에 벌어진 일일 수도 있다.

그러나 이는 그저 구성상의 허점일 뿐이다. 가구 역사학자인 애덤 보웨트(Adam Bowett)가 이 저주받은 물건의 이야기에서 엄청난 빈틈을 발견했다. 2014년 지역 일간지인 《노던 에코(Northern Eco)》에 실린 글에서 보웨트는 서스크 박물관 벽에 달린 의자에는 기계로 만들어 낸 부품이 들어 있다고 결론을 내렸다. 이는 의자가 1840년 이후에 제작되었다는 의미로, 저주의 원인이 된 사건이 벌어진 뒤 한 세기하고도 반이 지난 다음 만들어진 것이다.

이러한 불운한 발견은 저주받은 물건을 둘러싼 이야기가 완전히 날조되었다는 의미일 수 있다. 그러나 나는 그 반대로 생각하고 싶다. 주인이 실수로 서스크 박물관에 다른 의자를 보냈다고 말이다. 그 건물은 여전히 버스비 스툽 로드에 있으니(비록 이 글을 쓸 무렵에는 '자이푸르 스파이스'라는 인도 음식점이 되었지만), 진짜 버스비 스툽 체어는 지난 50년간 술 한 잔이나 카레 한 그릇을 먹고 싶었을 뿐인 사람들의 목숨을 조용히 빼앗아 가며 그 안에 남아 있을 것이다.

주술에 걸린 서랍장

원산지
켄터키

생산시기
약 1830년경

만든 사람
노예 레무스

현 위치
켄터키주 프랭크퍼트의
켄터키역사협회

사상자
열여섯 명

멋지고 오래된 서랍장이다. 손으로 깎아내고 반들반들 윤을 낸 마호가니에 우아한 소용돌이 무늬와 나뭇잎 무늬로 섬세하게 장식되어 있다. 높이가 거의 120센티미터에 달하는 이 서랍장은 골동품으로, 다리에는 작은 이동용 바퀴가 달려 있다. 네 개의 서랍 앞쪽에는 옛날식 열쇠에 맞는 옛날식 열쇠 구멍이 있다. 이 서랍장을 골동품 가게나 유품 정리 세일에서 보았다면, 훌륭한 발견을 한 셈이다. 유일한 문제는 당신이 그 서랍장 안에 아무 물건도 넣을 수 없다는 것이다. 그 안에 들어 있는 물건을 소유한 사람이면, 누구든 엄청난 해를 입거나 심지어 죽을 수도 있기 때문이다. 그 때문에 서랍장은 본래 용도를 잃게 되었지만, 저주받은 물건이란 보통 그 유용성 때문에 유명한 것은 아니니까.

이 가구에 썬 저주는 1830년경 부유하고 잔인한 켄터키의 노예 주인 예레미야 그레이엄(Jeremiah Graham)을 위해 정성 들여 서랍장을 만들어 낸 시점까지 거슬러 올라간다. '악마의 화신'은 후손들이 그레이엄을 지칭한 별명으로, 그레이엄은 노예 일꾼인 리머스에게 곧 태어날 첫 아이를 위해 서랍장을 만들도록 명령했고, 리머스는 그 명령에 따랐다. 그러나 어떤 이유인지 그레이엄은 서랍장이 마음에 들지 않았고, 결국 리머스를 때려 죽였다.

그레이엄의 노예들이 리머스의 복수를 위해 결속했다. 이들은 말린 부엉이의 피를 서랍장 안에 흩뿌리면서 '주술의 장송가'라는 주문을 낭독하고, 서랍장을 저주했다. 그렇게 해서 이 물건은 주술에 걸린 서랍장으로 알려지게 되었다. 서랍장은 백 년이 넘는 시간 동안 그레이엄의 후손들을 괴롭히면서, 열여섯 명을 죽이거나 해를 입혔다.

서랍장은 그레이엄의 첫 아이가 쓰는 방에 놓였고, 서랍장은 아이의 옷으로 가득 찼다. 그러나 아이는 금방 세상을 떠나고 말았다. 두 번째 희생자는 그레이엄의 조카였다. 주술에 걸린 서랍장은 그레이엄의 첫 아이가 죽은 뒤, 어느 순간 조카의 방으로 옮겨졌고, 조카는 서랍장을 자기 옷으로 빼곡히 채웠다. 조카는 어린 시절을 살아남았지만, 스물한 살의 나이에 하인의 칼에 찔려 숨졌다.

주술 걸린 서랍장은 결국 그레이엄의 딸인 캐서린 윈첼(Catherine Winchell)이 사는 테네시로 갔다. 캐서린은 그곳으로 사랑의 도피를 했지만, 정착한 지 얼마 되지 않아 남편 존 라이언(John Ryan)은 뉴올리언스로 일자리를 찾기 위해 떠났고, 캐서린은 금세 병으로 죽고 말았다. 일주일 후 라이언은 보트 발판 판자에 머리를 부딪히면서 그 뒤를 따랐다. 이들의 딸인 엘리자와 남편 존 데이비드 그레고리(John David Gregory)가 서랍장을 물려받았다.

엘리자와 존의 딸 루이즈는 그 서랍장을 사용한 뒤 열 살에 세상을 떠났고, 처제인 스텔라 스톤사이퍼(Stella Stonecipher)는 웨딩드레스를 그 안에 넣은 뒤 2년 만에 죽었다. 후에 그레고리 가문의 친척인 메이블 루이스 화이트헤드(Mable Lewis Whitehead)가 엘리자와 함께 이사를 와서 윌버 할란(Wilbur Harlan)이라는 남자와 결혼했다. 4년 후 이들은 체스터라는 남자아이를 낳았는데, 아이의 옷을 서랍장에 넣은 뒤 남자아이는 2주 만에 죽고 말았다. 윌버는 같은 이유로 몇 년 후 세상을 떠났다.

존 데이비드 그레고리의 여동생인 루시 그레고리(Lucy Gregory)는 아들 엠멧에게 크리스마스 선물로 장갑 한 벌과 목도리 하나를 떴고, 이 선물을 주술 걸린 서랍장에 숨겨 두었다. 아들은 영영 선물을 받지 못했다. 그해 12월, 9미터 높이의 기차 철교에서 떨어져 목숨을 잃었기 때문이다.

저주는 엘리자의 삶을 계속 망쳐 놓았다. 딸 넬리 그레고리의 웨딩드레스를 결혼식 후 서랍장 안에 넣어 두었지만, 넬리의 남편은 곧 떠났다. 그리고 나서 존 데이비드 그레고리가 죽었다. 엘리자는 스스

> "서랍장은 백 년이 넘는 시간 동안
> 그레이엄의 후손들을 괴롭히면서,
> 열여섯 명을 죽이거나 해를 입혔다."

로 목숨을 끊어 이 저주의 간접적인 희생자가 되었다.

　서랍장은 엘리자베스의 손녀인 버지니아 캐리 허드슨(Virginia Cary Hudson)의 소유가 되었다. 예레미야 그레이엄의 고조 손주가 되는 허드슨은 이 이야기를 비롯해 우리가 주술 걸린 서랍장에 대해 알고 있는 모든 이유에서 중요한 인물이다. 그녀는 그저 옷가지를 넣어 둘 곳이 필요했던 친척들에게 벌어진 비극적인 사건의 연속을 기록한 사람이다. 허드슨에 따르면, 어린 시절에 할머니인 비운의 엘리자에게 서랍장의 이야기를 들었고, 여러 친척들이 고통받는 모습을 목격하며 그 저주가 진실임을 확인했다고 한다.

　허드슨의 첫아이는 미숙아로 태어났는데, 허드슨이 아기 옷을 서랍장에 넣어 둔 후 죽었다. 두 번째 딸 앤은 서랍장에 옷을 보관한 뒤 소아마비에 걸려 평생 그 후유증으로 고통받았다. 세 번째 딸(역시나 '버지니아'라는 이름이었다)의 남편은 아내의 웨딩드레스가 서랍장으로 들어간 뒤 맹장 수술을 받는 도중 에테르 과다 사용으로 죽고 말았다. 한 이웃은 사냥복을 서랍장 안에 넣어 두었다가 총기 사고로 죽었다. 그리고 허드슨의 아들 역시 서랍장에 옷을 정리해 넣은 뒤 학교에서 손에 자상을 입고 사망했다.

허드슨은 조언을 얻기 위해 집사인 샐리를 찾아갔다. 샐리는 그런 저주를 어떻게 제거하는지 알았고, 허드슨에게 정확히 어떻게 해야 하는지를 알려 주었다. 우선 그녀는 허드슨에게 죽은 부엉이를 구해 오라고 지시했는데, 허드슨은 굳이 부탁하지 않아도 부엉이를 얻을 수 있었다. 누군가가 예전에 허드슨에게 박제된 부엉이를 선물한 적이 있었다. 다른 재료는 한 친구가 심은 버드나무 잎이었다. 샐리에 따르면 "버드나무는 슬픔을 의미"하기 때문이다. 운 좋게도 허드슨은 그 재료를 어디서 얻을 수 있는지도 알고 있었다. 그녀는 나무가 있는 곳까지 차를 몰고 가서 가지에서 이파리 열여섯 장을 뽑았다. 저주로 인해 해를 입은 가족 한 명당 한 장씩, 그리고 만약의 경우를 대비해 몇 장 더 준비했다.

허드슨은 부엉이 박제를 가져와 화로 위에 세워 두고, 번득이는 감시의 눈길 아래 검은 냄비에 버드나무 이파리를 넣어 새벽부터 밤까지 끓였다. 그리고 혼합물을 주전자 안에 담아서 정향나무 밑에 묻었다. (샐리는 "꽃은 사랑과 약속을 의미해요"라고 말했다). 주전자의 손잡이는 동쪽을 향해 있어야 했는데, 샐리가 "해는 동쪽에서 뜨고, 악마는 빛을 싫어하니까요"라고 했기 때문이다.

샐리는 허드슨에게 꽃 덤불의 잎이 떨어지기 전에 가족 중에 누군가가 죽는다면 그 저주가 풀릴 거라고 말했다. 샐리는 몇 달 후 죽었다.

허드슨은 20세기 초반 남부 생활을 주제로 한 수필과 편지를 모아 책을 썼고, 뉴욕타임스 베스트셀러 작가가 되었다. 이 항목에 들어간

모든 인용문은 《허튼소리, 신뢰 그리고 순종(Flapdoodle, Trust and Obey)》
에 실린 수필 〈엄마가 들려주는 주술 걸린 서랍장 이야기〉에 등장한
다. 그러나 1954년 허드슨이 죽고 약 십 년이 지나서야 딸 버지니아
C. 메인(Virginia C. Mayne)이 이 글을 세상에 공개하며 책을 출간했다.

메인은 어머니의 글은 공개했으나 어머니의 저주받은 서랍장은
계속 비공개로 남겨두었다. 그 안에 아무 옷도 들어 있지 않음을 확
인하고 몇십 년간 다락에 숨겨둔 것이다.

1976년 메인이 서랍장을 프랭크퍼트의 켄터키 역사박물관에 기
증하면서, 서랍장은 마침내 이 가족을 떠나게 되었다. 2017년 그녀
는 《주술에 걸린 서랍장(The Conjured Chet)》이라는 짧은 책을 출간했
는데, 자기 어머니가 수필에서 모든 가족의 이름을 가명으로 썼다고
설명했다. 메인은 내가 이 책에서 그렇게 했듯이, 주술에 걸린 서랍
장으로 인해 사망한 희생자들의 실명과 관계를 낱낱이 밝혔다.

주술에 걸린 서랍장은 오늘날까지 켄터키역사협회가 소유하고 있
지만, 거의 전시되지는 않는다. 실제로 반격에 쓰였던 부엉이 깃털
이 아직도 서랍장 맨 위 서랍에 잠들어 있다.

주술에 걸린 서랍장은 저주받은 물건의 괴담에서 특히나 방심해
서는 안 될 음험한 요소들을 명확하게 보여 주는 사례다. 물건이 지
극히 일반적이고 평범하게 쓰일 때, 그때가 가장 위험한 순간이다.
어떤 큰 불운이 당신의 가족에게 닥치더라도, 당신은 아마 절대로 서
랍장 따위를 의심하지 않을 테니까.

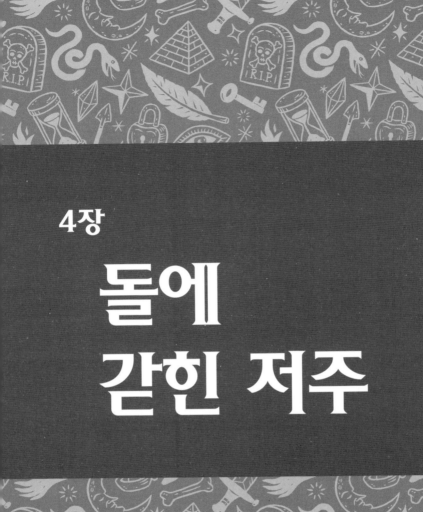

4장

돌에
갇힌 저주

당신이 정말로 후대에 길이 남을 저주받은 물건이 필요하다면, 돌에 저주를 걸어보자. 돌에 저주를 거는 것은 마치 저주를 화석으로 남기는 것이나 마찬가지다. 4장에서는 반인반수를 소환하는 석상들, 도시 전체를 파괴하는 거대한 바위, 만지는 사람은 모두 해를 입게 되는 기둥, 심지어 보석 박힌 보물 등을 소개한다. 이 저주받은 물건들은 섬뜩한 죽음과 분노하는 마을 의회, 대학생들의 속임수, 차 사고, 나치 침략 등을 야기했다. 그리고 그보다 앞선 몇십 년, 심지어 몇 세기 동안 작용하던 저주를 생각하면, 이러한 물건들은 이제 활동을 시작했을 뿐이다.

아버지의 뿔을 지닌 꼬마 매니

원산지	소재
서아프리카	**규장석**
발견 시기	현재 위치
1960년대	**영국 맨체스터의 맨체스터 박물관**

우리는 소름 끼치는 물건이 덜 으스스하게 느껴지도록 웃긴 이름을 붙여 준다. 이런 노력은 가끔은 효과가 있지만, 가끔은 그 물건을 훨씬 더 으스스하게 만든다. 이번에는 꼬마 매니 이야기를 해 보려 한다. 이야기를 듣고, 이 특별한 저주받은 물건에 붙은 웃긴 이름은 어느 쪽인지 판단해 보도록 하자.

꼬마 매니는 약 7.6센티미터 크기의 동글납작한 돌조각상이다. 정면에서 바라보았을 때 매니는 거대한 머리와 두꺼운 눈썹, 커다란 콧구멍을 가진 대머리 남자로 보이는데, 다리가 달리지 않은 몸통에서 짤따란 팔같은 날개가 튀어나와 있다. 옆에서 매니를 보면, 머리

옆으로 뿔이라고 부를 만한 희미한 호(弧)가 드러난다. 그 각도에서 코는 더 주둥이처럼 보이니, 그의 머리는 더욱 숫양처럼 보이고, 어딘가 초자연적인 느낌이다. 아마도 '아버지의 뿔을 지닌 꼬마 매니'라는 정식 이름은 거기서 영감을 받았을 것이다('매니'는 오늘날 머물러 있는 맨체스터를 뜻하는 것이라 추측된다).

영국의 맨체스터 대학교의 맨체스터 박물관에서 일하는 A. J. N. W. 프래그(A. J. N. W. Prag)는 2015년 세리 울브룩과 나탈리 아미티지가 편찬한 《마술의 물질성(The Materiality of Magic)》에서 이 유물을 자세히 언급한다. 프래그에 따르면, 꼬마 매니는 1960년 영국의 홀링워스에 있는 보수클럽 지하에서 루시 힐리(Lucy Healy)라는 청소부가 발견했다. 17세기에 지어진 건물 지하실의 더러운 바닥을 힘차게 닦다가 힐리는 작은 돌덩어리를 찾았다. 원래 이 조각상은 초록으로 칠해져 있었으나, 힐리가 열정적으로 청소하다 그 색을 다 벗겨 놓고 말았다. 그녀는 이 조각상을 보관하기로 마음먹었다.

조각상의 발견이 마을에 알려진 뒤 지역의 역사 교수인 토니 워드(Tony Ward)와 친구 팻 엘리슨(Pat Ellison)이 그 장소를 대충 파보기로 했다. 그곳에서 이들은 유물들이 제례에 쓰인 듯 배열되어 있는 것을 발견했다. 닭 뼈와 토끼 뼈 주변을 초가 둥글게 둘러싸고, 상아로 만든 당구대, 어머니의 모습을 한 조각상도 있었다. 그 모습은 집에 행운을 가져다 준다는 의미를 지닌, 건물의 초석에 바친 제물의 일부처럼 보이기도 했다. 소문이 돌면서 꼬마 매니는 지역에서 유명해지기 시작했다.

1974년 이 물건이 맨체스터 박물관에서 켈트 두상의 전시회를 조직하던 프래그의 눈에 들어왔다. 켈트 두상이란 켈트족이 살았던 유럽, 특히 영국의 이곳저곳에서 튀어나오는 매우 단순한 모습의 돌로 된 작은 머리 조각이다. 조각의 나이는 몇천 년이 될 때도 있다. 꼬마 매니가 발견된 곳은 켈트 두상이 드물게 발견되는 곳이었기 때문에 프래그는 이 조각에 관심을 갖게 되었다.

꼬마 매니의 형태가 다른 켈트 두상과는 달라 보였지만, 같은 범주로 묶일 수 있을 만큼 가까운 것으로 판정되었다. 특히나 꼬마 매니가 뿔 달린 켈트족의 신이자 동물의 신인 케르눈노스를 표현한 것이라는 가설도 제기되었다.

프래그는 힐리에게서 석상을 사려고 했지만 몇 년 동안 힐리는 이를 팔지 않았다. 1980년대 중반 프래그는 마침내 매니를 손에 넣을 수 있었다. 힐리 가족은 휴가를 떠날 돈이 필요했고, 그 조각을 집에 들인 뒤 사소한 불행으로 연달아 고통받았기 때문이다.

꼬마 매니가 맨체스터 박물관에 도착한 뒤, 직원들 역시 사소한 불행으로 고통받기 시작했다. 기록 보관을 위해 꼬마 매니의 사진을 찍은 직원은 18년간의 무사고 운전 기록이 무색하게 이틀 연속 자동차가 움푹 패이도록 차를 박았다. 국장은 조각을 비웃다가 엄지손가락이 부러졌다. 전시 직원은 머리가 벌어질 정도로 깊숙이 베이는 사고를 당했다. 자질구레한 병이나 손상, 해악에 관한 다양한 설명이 몇 년에 걸쳐 꼬마 매니 주변에 쌓였고, 마침내 그 이야기가 박물관 전체로 퍼지면서 직원들은 석상과 거리를 두기로 했다. 박물관 지질학자는 그 석상이 어떤 돌로 만들어졌는지 조사조차 하지 않았다.

언젠가 아마추어 발굴자인 팻 엘리슨이 꼬마 매니를 보기 위해 박물관을 방문했다. 그 석상이 야기한 것으로 보이는 모든 피해에 관해 들은 뒤, 엘리슨은 석상을 연구실로 가져와 쓰다듬고는 자기 머리카락 몇 가닥을 뽑아 매니를 감쌌다. 그 힘을 정지시키기 위해서였다.

혹은 석상을 기분 좋게 만들어서 불운을 덜 가져오게 하기 위해서였다. 둘 중에 하나는 맞았겠지.

어느 날 밤 프래그는 꼬마 매니를 소재 전문가에게 보여주기 위해 런던 집으로 데려왔다. 그날 저녁에 누군가가 프래그의 자동차 창문을 깼고, 그다음 날 런던으로 가는 기차 안 화장실에서는 지퍼가 고장 나서 안전핀으로 바지를 고정해야 했다. 1991년 7월 2일 《더 선》은 〈빈틈없는 꼬마 매니, 지퍼를 찢다〉라는 표제를 달아 기사를 냈다. 표제는 음산하게 꾸며진 서체로 쓰여 있었다.

같은 해, 꼬마 매니의 첫 공개 전시에서 아프리카 유물 전문가가 꼬마 매니를 연구한 뒤, 이 조각상은 틀림없이 시에라리온에서 온 노몰리(nomoli) 조각상이라고 말했다. 노몰리는 이름도 없는 사라진 문명에서 온 고대의 조각상으로, 가끔 땅속이나 동굴에서 발견된다. 오늘날 시에라리온의 멘데족은 이 유물을 집을 보호하고, 작물에 축복을 기원하며, 가끔은 묻어 버리기도 한다. 따라서 노몰리는 저주받은 물건의 정반대에 있는 행운의 부적이다.

노몰리의 사진과 꼬마 매니의 사진을 비교해 보면, 그 이론은 논쟁의 여지가 없어 보인다. 이 둘을 켈트 두상에 비교해 보면 더욱 그렇다. 꼬마 매니는 정확히 작은 아프리카 조각상이 풍화되고 부서진 모양처럼 보인다. 꼬마 매니를 조각한 돌을 조사하니, 영국과 서아프리카에서 풍부하게 매장된 규장석으로 드러났다.

노몰리 조각상이 어떻게 6,400킬로미터를 여행해 오래된 주택의 지하에 묻히게 되었는지에 관한 몇 가지 이론이 존재하는데, 모두 다양한 교역의 결과로 결론 내려진다. 이곳은 영국이니까. 영국은 몇 세기 동안 전 세계의 유물을 약탈해오지 않았던가. 행운의 부적이 한 가정에서 제거되어 낯선 땅에 묻히면서 사악해졌다는 설명이 가능하다.

그러나, 왜 이 조각상이 그곳에서 닭 뼈와 상아 사이에 묻혔는지는 상상하기 더 어렵고, 계속 수수께끼로 남을 가능성이 크다.

당신은 꼬마 매니를 맨체스터 박물관의 디스커버리 센터 보관함에서 볼 수 있고, 가까이에서 들여다보면 여전히 팻 앨리슨의 머리카락이 그 조각을 휘감고 있는 모습도 보일 것이다. 그 덕에 매니의 마음이 달래졌는지 아닌지는 토의 거리가 되겠지만.

저주의 돌

조각가	설치 일자
고든 영, 앤디 알트먼	**2003년**
글 쓴 사람	현재 위치
글래스고의 대주교 개빈 던바	**영국 칼라일**

영국 칼라일에 있는 저주받은 돌의 이야기는 단순하다. 그 돌은 표면에 저주가 새겨져 있다. 저주받은 돌치고는 상당히 평범하게 들리지 않는가? 하지만 사실 꽤 요상한 이야기로, 고대의 요소와 현대의 요소를 모두 갖춘 이 괴담은 역사와 예술, 비극과 미신에 뿌리를 두고 있다. 또한 저주받은 물건이라는 개념이 상상력 풍부한 유인원들에게 얼마나 큰 영향력을 미치는지 이 책의 다른 어느 장보다 훌륭하게 설명한다.

이야기는 유럽 중세시대의 후반에서 시작된다. 영국과 스코틀랜드 사이의 끊임없는 전쟁으로, 그 국경지대를 집이라 일컫는 영국과 스코틀랜드 농부들이 더는 거주하기 어렵게 되었다. 농부들은 쟁기날을 벼려서 칼로 만들었고, 약탈자 또는 침입자가 되었다. 이 국경의 약탈자들은 폭력의 근원이 되었고, 가벼운 갑옷을 입고, 창과 활과 방패를 든 채 말에 올라 스코틀랜드인과 영국인 모두를 똑같이 약탈했다. 로마제국이 약 1,400년 먼저 세운 방어 요새인 하드리아누스 방벽을 정비하는 영국인들 사이에서 상황은 더욱 악화되었다는 이야기가 돌았다.

많은 사람이 약탈자들에게 분노했지만, 그 누구도 글래스고의 대주교인 개빈 던바(Gavin Dunba) 만큼 화를 낸 자는 없었다. 1525년 그는 약탈자들을 비난하는 1,069자의 저주문을 써서 영국 섬 전체의 교회에서 읽었다. 다음은 저주문의 일부다.

모든 사람에게 고발하고 선포하고 언명하노라.
앞서 언급한 무의미한 살인과
무고한 이들의 대량학살, 방화,
가축 도둑질, 약탈, 강도와 훼손을 자행하는 자들과
훤한 대낮이나 고요한 어둠을 틈타
교회 건물과 땅 위에서 이런 악행을 저지른 자들과
그리고 이 자들이 불태우고 훔친 사람과 물건이나
그 외 관련자와 협력자, 공급자,
다 알고도 장물을 취득한 자들과
그 악행에 대해 조언하고 옹호한 자들은
지독한 저주의 말로
널리 욕설을 듣고, 증오와 혐오를 받으며,
총체적으로 저주받게 되리라.

'위대한 저주의 말'의 전문은 지면에 다 싣기엔 너무 길지만, 이를 요약하자면 이렇다(여전히 지면에 실리긴 너무 길다). 던바는 저주받을 사람의 머리카락 끝부터 발바닥까지 몸의 구석구석과 내부의 모든 장기, 피부까지 저주를 내렸다. 그러고 나서 모든 활동, 즉 말타기, 서 있기, 마시기, 기본적으로 몸이 하는 모든 행위에 저주를 걸었다. 그다음 집과 가정을 저주했다. 이들이 가진 모든 것과 이들이 사는 모든 곳을 저주했다.

그 후 던바는 성서에 기록된 모든 저주로 저주를 걸었다. 천국에

서 쫓겨난 루시퍼에서 에덴에서 쫓겨난 아담까지, 아벨의 살인에
서 노아 시대의 대홍수까지, 소돔과 고모라, 바벨탑, 이집트의 흑사
병, 유다의 저주, 다른 모든 구약성서와 신약성서에 등장하는 참상
이 포함되었다.

던바는 약탈자들을 하늘과 모든 인간적인 관계와 교회에서 단절
시켰고, 마침내 루시퍼와 그 무리들과 함께 불구덩이로 보내 버리는
것으로 저주의 말을 마무리했다. 당신은 이보다 더 길고 빈틈없는 저
주를 찾아내기 쉽지 않을 것이다.

그러나 이 책은 저주에 관한 책이 아니다. 이 책은 저주받은 물건
에 관한 책이며, 우리는 결론을 향해 나아가는 중이다. 결국 영국과
스코틀랜드는 이 상황을 파악했고, 약탈자들은 농부로 돌아갔으며,
마침내 그들은 황량한 미 서부 시대의 무법자들과 일곱 바다를 누비
는 해적들처럼 낭만적으로 그려지게 되었다.

2001년으로 넘어가자. 새천년을 축하하기 위해 고든 영(Gordon
Young)이라는 예술가는 영국 칼라일에 공공 미술작품을 디자인해 달
라는 요청을 받았다. 칼라일은 스코틀랜드와의 국경지대다.

새천년을 기념하는 작품을 고안하며 영은 오래전 떠나간 약탈자
들에게서 영감을 얻었다. 칼라일은 약탈자들을 낳은 국경지대고, 영
자신의 혈통도 그 약탈자들까지 거슬러 올라가기 때문이다. 영의 디
자인을 구현하는 책임을 맡은 앤디 알트먼(Andy Altman)은 14톤에 달
하는 화강암을 옷장 크기로 만들어 다듬었고, 그 표면에 개빈 던바

가 쓴 1,069단어 가운데 383단어를 새겼다. 그러고 나서 심슨, 닉슨, 블랙애더, 래드클리프 등 약탈자 가족의 성이 새겨진 타일로 만든 바닥에 그 돌을 세웠다. 그는 이 조각에 사실적인 이름을 붙였다. '저주의 돌과 약탈자의 보도'라는 이름이었다. 영국 역사의 흥미로운 일부를 반영해 그 사건이 벌어진 곳에 세워진 비교적 악의 없는 예술작품이었다…. 하지만 이내 그 정도를 넘어서 버렸다.

2003년 영의 작품은 툴리 하우스 박물관과 예술 갤러리부터 칼라일 성을 연결하는 주요 도로 아래에 난 도보 터널에 설치되었다. 이곳은 첫 약탈자가 활을 잡기 위해 쟁기를 내려 놓은 것보다 2세기 앞서 세워졌다. 작품을 설치하고 일주일이 지나자, 지역의 가축들에게 구제역이 맹렬한 기세로 덮쳐 지역 내 소가 반 이상 죽고 말았다. 병이 퍼지는 것을 막기 위해 소의 사체를 높이 쌓아 태워야만 했다. 공장은 문을 닫았고, 사람들은 일자리를 잃었다. 저주의 돌이 세워진 지 4년이 채 되기도 전에 근처의 에덴 강은 홍수를 일으켰고, 며칠 동안 수천 가옥이 물에 잠겼다. 지역 축구팀인 칼라일 유나이티드는 하위 리그로 강등되었다. 가히 성경에서 보던 이집트에 닥친 재앙급이었다.

그러자 사람들은 그 돌을 비난하기 시작했다. 이 모두가 그 돌 위에 새겨진 저주 때문이라 생각했다. 저주가 칼라일 사람들을 겨냥한 것이 아니더라도, 저주의 일부만 돌 위에 새겨진 것이더라도, 그저 예술작품일 뿐이더라도 그랬다. 내 말은 그 돌의 이름이 '저주의 돌'

이었다는 이야기다. 사람들은 그 모든 슬픔에 대해 비난할 거리가 필요했고, 고든 영의 돌은 최고의 표적이었다. 심지어 사탄주의자들이 이 돌을 제단으로 사용하고 있다는 비난도 일었다.

그 수군거림과 손가락질이 너무나 널리 퍼져서 지역 의회는 그 저주의 돌을 옮기거나 파괴하는 방안을 고려했다. 이러한 선택지를 제시하는 사람 중에서 좀 더 목소리가 큰 제안자이자 지역 의원인 짐 투틀(Jim Tootle)은 쉰아홉의 나이로 갑자기 죽어 버렸다.

그 때문에 의회가 그 돌을 옮기지 않았던 것은 아니다. 의회는 돌을 이동시키려면 지나치게 비용이 많이 든다고 판단했지만, 그래도 뭔가 조치를 취해야 했다. 그들은 돌 뒤에 성경 구절을 새겨서 저주를 억누르도록 했다. 〈빌립보서〉 4장 8절과 9절이었다. 그다음부터 칼라일에는 절대로 나쁜 일이 벌어지지 않았던 것 같다. 사람들이 그 돌을 비난하는 일을 멈췄다.

고든 영은 저주에 관해 어떻게 생각할까? 축구를 사랑하는 이 예술가는 2005년 《가디언》과의 인터뷰에서 이렇게 말했다. "내 조각상이 단 한 번이라도 칼라일 유나이티드의 경기 결과에 영향을 미쳤다면, 몇 년 전에 제가 알아서 조각상을 부숴 버렸을 겁니다."

패트릭 해밀턴의
모노그램

현 위치
**스코틀랜드, 세인트앤드루스,
세인트앤드루스 대학교의
세인트 살바토르 예배당**

장소의 의미
패트릭 해밀턴의 순교

해밀턴의 순교 연도
1528년

스코틀랜드에서 가장 오래된 대학교의 예배당, 커다란 아치 모양의 입구 바깥쪽으로 조약돌 깔린 길에는 석재 타일로 만든 모노그램이 박혀 있다. 이 모노그램은 영문자 P의 둥그스름한 부분이 H의 왼쪽 기둥 꼭대기에서 안쪽으로 불룩 부풀어 오른 모양이다. 처음 본 사람은 P와 H가 결합된 이 모양이 학교의 로고라고 생각할 수도 있다. 어쩌면 학교의 설립자나 부유한 기부자의 표시일 수도 있겠다. 혹자는 이 모노그램이 바스락거리는 골프 티셔츠에 값비싼 실로 새겨진 모습이나, 금융회사의 유리문에 아로새겨진 모습을 상상할 수도 있다.

그러나 이 모노그램은 한 성인의 머리글자로, 모노그램이 박힌 곳은 바로 이 성인이 여섯 시간 동안 불태워진 바로 그 자리라고 한다. 그리고 이 모노그램은 저주받았다.

세인트앤드루스 대학교는 1410년 스코틀랜드 동부 해안의 세인트앤드루스에 세워졌다. 그 기나긴 역사는 유럽에서 종교적 정치적 분란이 계속되던 시기에 시작되었다. 서방교회 대분열에서 추방된 교황이 이 대학을 인가했는데, 이 시기는 여러 교황이 동시에 가톨릭 신도들을 다스리던 때였다.

약 한 세기가 흐른 뒤, 종교개혁 동안 세인트앤드루스 대학교는 배움의 장소이자 화형의 장소가 되었다. 마틴 루서가 독일의 교회 문 앞에 자신의 논문을 못 박아 놓고, 그리스도교 내 성전을 촉발시키면서 성인과 순교자의 수는 엄청나게 늘어 갔다. 근방의 세인트앤드루스 성에서 프로테스탄트 교도들은 그 악명 높은 병 모양 지하 감옥(수감자의 밀실 공포증을 유도하기 위해 만든 좁은 수직의 공간에, 수감자들은 천장의 자그마한 구멍을 통해 내려졌다)에 갇혔고, 오직 교수대나 불타오르는 화형대 위에서만 풀려날 수 있었다.

예를 들어, 1546년 대주교 데이비드 비튼(David Beaton)은 프로테스탄트 전도사 조지 위샤트(George Wishart)의 목을 매달고 불에 태우도록 하는 순교를 명했고, 그에 대한 보복으로 살해당하면서 가톨릭교 순교자가 되었다. 비튼의 시신은 보존을 위해 소금물에 담그기 전에 온 도시가 다 볼 수 있도록 성의 창문에 매달렸다. 이 시기는 경건하게 살아가기에 그다지 적합하지 않았다.

오늘날 세인트앤드루스 도시 전체에 순교자를 기리는 기념물들이 많지만, 이러한 기념물들 가운데서 세인트 살바토르 예배당 앞에 새겨진 PH가 가장 불길하다. 1450년 세워진 고딕양식의 세인트 살바토르 예배당은 여전히 교내 예배당으로 사용되고 있으며, 웹사이트에 적힌 말에 따르면 "세인트앤드루스 대학교의 중세적인 심장부"로 일컬어진다. 그러나 예배당 안으로 들어가기 위해서 당신은 그 자갈길 위에 박힌 모노그램은 피해야 한다. 적어도 당신이 이 대학교의 학생이라면 그렇다.

PH는 패트릭 해밀턴(Patrick Hamilton)을 뜻하는데, 그는 프로테스탄트 순교자가 된 첫 스코틀랜드인이다. 해밀턴은 1504년 태어나 프랑스와 벨기에에서 공부했고, 외국에서 공부하는 동안 마틴 루서의 개혁에 매혹되고 말았다. 그는 고향으로 돌아와 세인트앤드루스 대학교에 합류하면서 이 새로운 사상을 함께 들여왔다. 해밀턴은 당시 가톨릭의 지배를 받던 학교와 나라에서 그러한 사상들을 전도하면서 곤란한 상황에 처했고, 몇 달간 독일로 도피했다.

스코틀랜드로 돌아온 해밀턴은 결혼했지만 정착하지는 못했다. 그는 루서의 새로운 강령에 대해 설교하고 글을 썼다. 1528년 2월, 스물넷의 나이에 해밀턴은 데이비드 비튼의 삼촌인 대주교 제임스 비튼(James Beaton) 앞으로 끌려와 이단자로 선고받았고, 그날 바로 처형되었다. 해밀턴의 재판에는 오직 글래스고 대주교인 개빈 던바만

참석했다. 그보다 3년 앞선 해에 국경의 약탈자들을 비난하는 1,069
자의 저주문을 써서 고든 영의 저주의 돌(172쪽을 참조하자)에 영감을
안겨 준 바로 그 던바였다. 던바는 해밀턴의 사형 서류에 서명했다.

긴 하루였다. 사형집행인들은 세인트 살바토르 예배당의 문 바깥
쪽으로 장소를 정했고 장작, 석탄, 화약을 켜켜이 쌓았다. 심한 바람
때문에 불길은 평소보다 더 변덕스러웠고, 확실하게 타오를 때까지
더 오랜 시간이 걸렸다. 이단자의 화형은 정오부터 6시까지 계속 이
어졌고, 해밀턴에게는 고통스러운 여섯 시간이 지나고 나서야 마침
내 프로테스탄트 교도가 타 버릴 만큼 충분한 온도에 도달했다. 해
밀턴은 그 여섯 시간 동안 수많은 말을 쏟아냈고, 군중 속에서 자기
를 조롱하던 수사들을 향해 "사탄의 전령!"이라든가 "사악한 자!"라

고 소리치며 응수했다. 또한 자신의 신념을 철회하길 거부했다. 역사 기록에 따르면, 그의 마지막 말은 "그리스도여, 제 영혼을 받아주소서"였다고 한다. 이 말은 〈사도행전〉에서 순교자 성 슈테판이 돌팔매질로 죽음을 맞이하기 전에 마지막으로 한 말과 같다.

그러나 마지막 말로 자신을 죽인 사람들을 용서해 달라고 부탁한 성 슈테판과는 달리 해밀턴은 대학에 저주를 내리면서 세상을 떠났다. 정확한 저주 표현은 남아 있지 않지만, 저주의 실제 효과는 잘 알려졌다. 그러나 그토록 잔인한 끝맺음에서 탄생한 저주치고는 다소 온화한 편이다. 기본적으로 오늘날 PH라고 표시된 그 지점 위로 발을 디딘 세인트앤드루스 학생은 기말고사를 망치게 된다. 그것으로 끝. 그게 저주다.

이는 캠퍼스 문화에 깊숙이 스민 저주기도 하다. 대학의 웹사이트에서 이 역사적인 예배당을 소개하는데, 글자 위를 뛰어넘는 학생의 신발을 클로즈업해서 찍은 사진을 확인할 수 있다. 시험을 망치는 일은 학생에게 중요한 일이므로, 다행히 설화에 따르면 저도 모르게 그 순교의 자리를 짓밟은 학생들을 위해 저주를 푸는 법도 존재한다. 미신을 뒤집기 위해서는 가능하면 벌거벗은 채로 사각 뜰 안을 거꾸로 여덟 번 빙빙 돌아야 한다. 또는 학생들이 해가 뜰 무렵 차가운 북해로 나체나 반나체로 뛰어드는 '메이데이 딥(May Day Dip)'이라는 연례행사에 참여해야 한다. 벌거벗어야 저주에서 풀려날 수 있는 것이다. 적어도 대학교에서는 그렇다.

만약 당신이 인도에 박힌 두 글자가 그다지 괴상하게 여겨지지 않는다면, 그 생각도 틀리지 않다. 하지만 그것은 내가 이 이야기에서 가장 소름 끼치는 부분이자 아마도 저주에 전적으로 영감을 준 부분을 들려주지 않았기 때문일 것이다. 바로 까맣게 탄 으스스한 얼굴을 말이다. 세인트 살바토르 예배당의 옆면을 올려다 보면, 패트릭 해밀턴이 죽은 그 자리 위쪽으로 성난 얼굴이 새겨진 벽돌 하나가 눈에 들어 온다. 마치 불에 태우기라도 한 듯 시커먼 얼굴이다. 프로테스탄트 교도들이 취향에 맞게 떼어 내기 전까지 너무나 휘황찬란했던 가톨릭 시대에서 살아남은 장식이다. 아주 오래된 얼굴 하나가 마치 패트릭 해밀턴의 유령이 굽어보며 자신의 저주가 제대로 작동하는 모습에 즐거워하듯, 그 비극의 현장을 쏘아보고 있다. 아니면 그는 그저 저주의 결과가 더 끔찍하지 않다는 데 화가 났을지도 모른다.

저주받은 기둥

원산지	생애
조지아주, 오거스타	**세 번**

세워진 연도	파괴연도
1830년	**1935년, 1958년, 2016년**

조지아주 오거스타의 5번가와 브로드 스트리트가 만나는 남쪽 구역에는 역사 표지판이 있다. 미국의 어느 주를 가든지, 그 주를 나타내는 색상으로 만들어져 길가에 서 있는 그런 표지판이다. 오거스타의 이 표지판은 초록색과 노란색으로 되어 있고, 순례하던 전도사가 저주를 내렸다는 근처 어느 돌기둥에 관한 이야기가 쓰여 있다. 그러나 여기에서는 아무런 돌기둥도 보이지 않는다. 이 돌기둥은 자신에게 저주를 내린, 희귀한 저주받은 물건이기 때문이다.

1830년 로어 마켓(Lower Market)이라는 대규모 도시 장터가 현재 표지판이 세워진 그 장소에 생겼다. 1829년에 전소된 다른 시장 건물을 대체하기 위해 세워진 장터였다. 그런데 어느 전도사(역사 표지판에서는 이 남자를 '방랑하는 설교자'라고 부른다)가 이곳을 즉흥적으로 교회로 사용하면서 그 지붕 아래서 지옥의 공포와 구세주의 영광에 대해 울부짖었다. 과일과 채소와 소와 양을 팔려고 그곳에 있던 이들은 짜증이 나서 그를 쫓아냈다. 그러나 전도사는 쫓겨나기 직전 이 장소에 저주를 걸었다.

밖으로 질질 끌려 나온 그는 설교에 한마디 비난을 덧붙였다. 청중들의 냉담함 때문에 노한 전능하신 하나님이 보낸 맹렬한 바람이 시장을 파괴할 것이고, 결국 방랑하는 설교자가 서 있던 그 돌기둥 하나만 이곳에 남게 되리라 저주한 것이다. 이는 성경에 나오는 삼손 이야기의 변주로, 그 이야기에 따르면, 팔레스타인 적군들에게 붙잡혀서 눈이 멀게 된 이스라엘의 장군은 맨손으로 기둥을 잡아 팔레스타인 신전 전체를 무너뜨릴 수 있는 초인적인 힘을 부여받았다고 한다. 1878년 역사 표지판에 따르면 '기이한 토네이도'가 불어와 이 시장은 실제로 파괴되었고, 남은 것은 오직 돌기둥 하나뿐이었다.

이야기의 또 다른 변주는 전도사가 로어 마켓이 무너지고 나서야 이곳에 왔는데, 홀로 서 있는 돌기둥 옆에 임시 연단을 만들었다는 것이다. 이 버전에서 무슨 저주를 했냐고? 누군가가 그 기둥을 무너뜨린다면 번개가 그 사람을 죽여 버릴 것이란 저주였다.

세 번째 변주에서 로어 마켓은 (비록 뒷받침할 만한 역사적 증거는 없지만) 노예시장이었고, 기둥은 노예들을 사슬로 묶어 채찍으로 때리는 구역에 있었다. 결국 부두교 힘의 부름을 받은 노예가 이 시장을 저주해서 시장의 붕괴를 가져왔고, 돌과 회반죽 안에 남은 저주의 자취인 기둥만이 살아남았다는 것이다.

세 가지 괴담 모두 홀로 높이 서 있는 기둥만 남았다는 이야기로 끝난다. 저주받은 기둥, 귀신에 홀린 기둥, 또는 살인 기둥이라고 불리는 이 기둥은 3미터의 높이에 콘크리트를 씌운 벽돌로 만들어졌었다. 여기 쓰인 과거형은 의도적이다. 잠시 후 더 자세한 이야기를 나누도록 하자.

몇 년 동안 괴담은 점점 저주의 범위를 넓혀갔다. 그 기둥을 만지기만 해도 누구든 저주의 희생자가 된다고 했다. 기둥 주변에서 그저 할 일을 하던 고속도로 인부들도 죽음의 저주에 넘어가고 말았다. 복수심에 불타올라 픽업트럭에 견인용 사슬을 잔뜩 싣고 기둥을 무너뜨리러 한 사람들도 오는 길에 차 사고로 죽었다는 소문이 돌았다. 심지어 기둥이 서 있는 교차로에서 평소보다 더 많은 사고가 난다고 한다.

그러나 누구도 기둥 자체보다 더 큰 벌을 받지는 않았다. 이 기둥은 세 차례 파괴되었고, 매번 자동차에 의해 파괴되었다.

처음 사건이 벌어진 것은 1935년이었다. 이 사건과 관련한 자세한 정보가 거의 없지만《오거스타 크로니클》은 그 기둥이 "폭삭 무너져 내려 벽돌과 시멘트 더미가 되는 동안 운전자는 상처 하나 없이 탈출했다"라고 보도했다.

어떠한 이유에서인지 기둥은 다시 세워졌고, 조금은 더 보호받을 만한 인근 위치로 옮겨졌다. 여기서 '조금은'이라고 말한 이유는

1958년 13일의 금요일에, 아마도 230~270킬로그램 정도 되는 거대한 목화 꾸러미가 지나가던 트럭에서 떨어져서 기둥을 다시 한 번 무너뜨렸기 때문이다.

어쩌면 이 사고가 오거스타 사람들을 저주에서 자유롭게 해 줄지도 모르는데, 또 어떠한 이유에서 기둥이 두 번째로 세워졌고, 이번에는 길에서 훨씬 더 떨어진 뒤쪽으로 이동했다. 그러나 이 기둥은 정말로 저주받은 게 틀림없었다. 2016년 12월, 어느 자동차 때문에 완전히 파괴되고 만 것이다.

회색 포드 타우러스 한 대가 트럭과 충돌 후 튕겨 나와 빠른 속도로 저주받은 기둥을 들이박았다. 그 아수라장을 담은 사진이 즉시 SNS에 퍼졌는데, 기둥은 바닥으로 쓰러졌고, 시멘트 도장은 분리되었으며, 하부의 내부 벽돌은 보도 위로 흩어졌다. 사람들은 그 기둥 조각을 기념품 삼아 가져갔고, '고펀드미(GoFundMe)'에 관련 페이지가 개설되었다. 사람들은 전반적으로 저주보다 기둥이 사라지는 모습을 보며 슬퍼하는 것 같았다.

이 책을 쓰는 동안 기둥이 새로 세워지지는 않았다. 여러 지역 집단이 그렇게 하겠다고 약속했고, 여전히 역사 표지판도 그대로 남아 있지만. 그러나 언젠가 저주받은 기둥은 다시 재건될 것이다.

왜 오거스타 시는 초자연적으로 위험한 물건을 계속 부활시키는 것일까? 그 진실은 아마도 시장이 파괴된 지 몇십 년이 흐르고, 기둥이 처음으로 무너지기 전인 1931년까지 거슬러 올라간다. 당시 시장

윌리엄 제닝스(William Jennings)는 이 저주를 마케팅하기 위해 언론홍보 담당자를 고용했다. 그렇다. 저주가 중요한 이유는 관광업에 있었다. 유령관광팀은 이 기둥에 방문했고, 지역의 가게 주인들이 기둥을 만지거나 심지어 껴안는 관광객들을 매일 볼 수 있었다. 한때는 누군가가 그 위에 소변을 본다는 내용까지 보고되었다.

그러나 나는 이 점을 다르게 생각하고 싶다. 관광업 때문이라는 설명은 이 기둥을 보존해야 한다고 압박하는 이들이 내세우는 핑계에 지나지 않는다. 이 도시에는 더 돈벌이가 되는 관광지가 많다. 예를 들면, 스포츠 역사상 가장 중요한 골프 토너먼트 대회인 마스터스를 주최하는 오거스타 내셔널 골프 클럽이다. 또한 제임스 브라운과 헐크 호건, 로렌스 피시번(Laurence Fishburne)이 태어난 곳이기도 하다.

아마도 오거스타 시민들은 의식적으로나 의무적으로 저주받은 기둥을 다시 세울 것이다. 그 기둥을 제대로 관리하지 않았을 때 무슨 일이 벌어질지 두렵기 때문이다. 어쩌면 도시는 벽돌과 시멘트를 쌓아 만든 기둥의 너비만큼 비극에서 멀어질 수도 있다. 그렇다면 곧 기둥을 다시 세우는 것이 나을 수 있겠다.

저주받은 돌은 돌아온다

국립공원과 세계문화유산에 있는 돌 대부분은 저주받았다. 진지하게 하는 이야기다. 아일랜드 코크 주의 블라니 성의 돌은 모두 저주받았다. 하와이 빅 아일랜드에 있는 하와이 화산 국립공원의 화산암과 부석도 마찬가지다. 울룰루 또는 에어즈록으로 알려진 거대한 단일사암 덩어리의 고향인 호주 울룰루 카타추타 국립공원에 있는 모든 돌이 저주받았다. 애리조나주 홀브룩의 석화림 국립공원에서 마치 돌처럼 보이는 화석화된 나무들도 그렇다. 이 책에 언급된 것들은 일부에 지나지 않는다.

문제는 저주받은 돌은 방문객들이 공원에서 집으로 가져오지 않는 이상 활동을 하지 않는다는 것이다. 세계문화유산에 머무는 이상 저주받은 돌은 그저 풍광에 찍힌 작은 점에 불과하다. 그러나 돌이 공원을 떠나는 순간, 어느 가방에 담겨서 왔든 그 가방의 주인에게 불운을 가져다 준다.

이러한 이야기들이 마치 공원관리소에서 전하는 정신승리 방법처럼 의심스럽게 들릴 수 있지만, 사실 이 공원의 관리자들은 경고를 무시하고 돌을 집에 가져갔던 관광객들에게 매일 소포를 받는다. 소포에는 보통 도둑질한 돌과 사과 편지가 들어 있다. 훔친 돌을 가지고 집으로 돌아가는 순간 나쁜 일들이 생기기 시작했다고 설명하는 편지다.

다음번에 당신이 돌로 유명한 국립공원이나 세계문화유산에 가게된다면, 그냥 기념품 가게에 들르는 것이 좋겠다.

헥샴 두상

원산지	소재
영국 헥샴	**콘크리트**
만들어진 연도	현 위치
1956년	**모름**

이야기를 들려주기에 앞서 그 교훈을 먼저 들려주려 한다. 우선, 정원에서 파낸 물건을 조심하자. 늑대인간을 불러올 수 있으니까. 또한 두 번째 교훈도 알려주고 싶다. 당신의 학문적 명성을 거는 일에 조심하자. 공사 인부가 당신을 기만할 수도 있을 테니.

1971년 어린 형제 콜린과 레슬리 롭슨(Leslie Robson)은 영국 헥샴의 리드 애비뉴 3번지에서 마당을 파고 있었다. 아이들은 돌로 만들어진 두상 두 개를 발굴했는데, 표면이 거칠거칠하고 해골처럼 생겼으며, 크기는 각각 6.3센티미터였다. 특징은 달랐지만, 둘 다 원시인처럼 생긴 모습이 다소 소름 끼쳤고 확실히 기괴했다. 머리에는 마치 더 커다란 조각상의 목 부분에서 떨어져 나간 양 짧은 기둥이 달려 있었다.

그러나 자그마한 머리 모양 석상을 파내는 일은 영국에서 그다지 드문 일이 아니었다. 이 석상은 켈트 두상이라고 불렸고, 보통은 다른 석상이나 건물에서 떨어져 나온 장식품으로 여겨졌다. 두상의 나이는 수천 년이거나 좀 더 근래에 가까울 수도 있었다. 롭슨 형제가 땅에서 파낸 것이 단순히 켈트 두상이었다면, 딱히 더한 일은 일어나지 않았을 것이다. 어쩌면 확인을 받기 위해 전문가에게 가져가야 했을 수도 있고, 아니면 어느 박물관 진열대에 안착해서 영국 섬에 잔뜩 뿌려져 있는 작은 두개골 석상들의 총계를 늘릴 수도 있었다. 이 두상들은 땅에서 발굴되어 악명을 떨쳤다. 그리고 단순한 켈트 두상에서 벗어나 유명하고 잘 알려진 저주받은 물건의 지위에 올랐다.

다양한 신문 기사에 따르면, 소년들은 두 개의 두상을 집으로 들였고 곧 희한한 일이 벌어지기 시작했다. 물건들이 방 안을 날아다녔고, 두상들은 그 목 위에 달린 머리를 빙빙 돌리면서 대강 파낸 눈으로 방 건너편의 롭슨 형제들을 쫓으며 쳐다봤다고 한다. 이른바 폴터가이스트 현상*이었다. 그러나 롭슨의 이웃인 넬리 도드와 아들 브라이언에게 이 상황은 더욱 심각했다. 도드네 집과 롭슨네 집은 공동의 벽 하나를 사이에 두고 한 주거 건물을 반으로 나눠서 생활하는 '두 가구 연립주택'이었다. 도드네 집 쪽에서는 밤마다 보이지 않는 존재가 브라이언의 머리카락을 잡아당겼고, 넬리는 반인반

---

* 폴터가이스트(poltergeist)는 독일어로 '시끄러운 소리를 내는 영'이라는 의미로, 이유 없이 물건이 움직이거나 부서지는 현상을 의미한다.

수를 목격하는데, 이는 훗날 헥샴 두상의 저주에서 결정적인 부분이 되었다. 넬리가 본 것은 (반은 사람이고 반은 양인) 양인간(weresheep)이 었다. 양인간은 두 다리로 집 안을 뛰어다니다가 문밖으로 뛰어나가 매애 하고 울부짖으며 어둠 속으로 사라졌다. 글로 쓰니 그 매애 소리가 우스워 보이지만, 한밤중에는 그 어떤 고전영화 속 괴물만큼이나 공포스러웠을 것이다.

뒷마당 흙에서 캐낸 돌덩어리 두 개의 존재감이 점차 커져 갔다. 소문이 퍼지자 언론이 나서 동네 뜬소문의 범위를 넓혀 널리 유포시켰다. 심지어 상황이 학구적으로 변할 정도였는데, 그 과정이 상당히 희한했다.

앤 로스(Ann Roth)는 켈트 전통과 유물에 집중한 에든버러 대학교의 연구교수이자 고고학자였다. 학문적인 연구 외에도 로스는 초자연적인 현상에 (약간은 학문적인 고상함이 떨어지는) 말초적인 흥미가 있었다. 그녀는 이 돌을 조사하기에 가장 완벽하면서도 가장 나쁜 사람이었다. 로스는 헥샴 두상에 손을 대보고 약 이천 년 전 철기시대의 유물로 추정했다.

로스는 이 돌에 완전히 사로잡혀서 집으로 가져왔다. 머지않아 집 안에서 오싹한 일이 벌어지고 있음을 감지했는데, 이내 어른어른한 형체가 존재하고, 문이 저절로 열리고 닫히는 모습을 목격했다. 기이한 일은 또다시 일어났다. 한 반인반수가 로스를 찾아왔는데, 이번에는 상당히 점잖은 늑대인간이었다. 늑대인간은 양인간과 똑같이 행동하면서, 집안을 질주하다가 바깥으로 나가서 깊은 어둠 속으로 사라져 버렸다. 로스와 가족들은 집안에서 생명체를 여러 차례 목격하고 말았다.

로스의 증언은 헥샴 두상에 관한 이야기가 정말로 널리 알려져야 함을 승인하는 꼴이 되었다. 참 독특한 상황이었다. 학자란 사람이 믿기 어려운 상황에 찬물을 끼얹은 대신 기름을 부은 격이었다. 여기에 찬물을 끼얹은 것은 어느 공사 인부의 증언이었다.

데스몬드 크레이기(Desmond Craigie)는 롭슨이 이사 오기 전 리드 애비뉴 3번지에 살았다. 헥샴 두상의 악명이 크레이기의 귀에 들리자, 그가 나서서 1956년 그 조악한 조각상들을 만들었다고 고백했다. 자기 딸을 위해 헥샴 두상을 만들었고, 당시 일하던 콘크리트 회사에서 점심시간마다 조각했다고 했다. 사실 크레이기는 세 개의 두상을 만들었다. 두상에서 떼어낸 조각들에 대한 화학분석이 이루어졌고, 그 결과는 크레이기가 진실을 말하고 있다는 것을 보여 주었다. 비록 자기 주장을 증명하기 위해 다시 한 번 두상을 만들려고 했을 때 과거의 것과 똑같이 만드는 데는 실패했지만, 어쨌든 약 20년 전의 일이고, 그동안 그 소름 끼치는 머리 조각 기술을 연마해 온 것은 아니었으니까.

어쨌든 이 이야기는 여기서 끝이 났다. 헥샴 두상은 집 마당에서 평범하게 시작했고, 미신에 사로잡힌 헥샴 주민들과 비과학적인 성향의 극성맞은 학자가 사건을 완전히 잘못 해석했으며, 신이 난 언론들이 온 나라와 전 세계에 이야기를 퍼 날랐다.

그러나 저주받은 수많은 물건이 평범하게 시작된다. 이 책에만 두 개의 서로 다른 저주받은 의자가 등장하지 않던가. 그러나 심심풀이로 만든 얼굴 모양을 새긴 두 개의 돌이 어째서인지 반인반수의 짧은 침입을 불러일으켰거나 적어도 그러한 침입을 지각하게 만들었다면? 가끔은 그러한 이야기를 들을 수 있는 것에 고마울 따름이다.

사건을 더욱 흥미롭게 만드는 것은, 헥샴 두상이 결국에는 사라졌다는 것이다. 헥샴 두상의 연대기를 따라가는 일련의 과정에 로스 박사, 사우샘프턴 대학교와 뉴캐슬 어폰 타인의 고고학 박물관, 다른 학자와 초자연주의자 등이 참여했지만, 결국 그 흔적은 사라지고 말았다. 남은 것은 두 조각상의 사진과 그림 몇 장이 전부다.

분명 우리가 알 수 있는 점은 누가 조각상을 가지고 있든 반인반수들을 끈덕지게 참아 내고 있으리라는 것이다. 아직 발견되지 않은 세 번째 헥샴 두상이 존재할 가능성도 있다. 아마도 그 두상은 리드 애비뉴 3번지의 흙 속에 묻혀, 다른 두 두상과 다시 만날 날을 기다리고 있으리라. 그날이 오면 무슨 일이 벌어질지 그 누가 알랴.

호박의 방

원산지
프로이센

예술가
안드레아스 슐뤼테르, 고트프리드 볼프람

제작연도
1701년

설치된 장소
프로이센의 베를린 시립궁전, 러시아의
겨울궁전, 러시아의 예카테리나 궁전,
독일의 쾨니히스베르크 궁전

추정 가치
5억 달러

현 위치
모름

우리는 호박(琥珀)을 심미적인 관점보다는 과학적 맥락에서 고찰
한다. 호박은 선사시대부터 벌레, 도마뱀, 공룡의 깃털을 가두고 보
존하는 화석화된 나무 송진이다. 그러나 딱딱하게 굳은 꿀처럼 예
뻐서 준보석으로 취급되기도 한다. 호박은 진주와 상아와 함께 지
구에서 유기적으로 형성된 희소한 보석 가운데 하나다. 그러나 호박
안에 갇힐 수 있는 훨씬 더 즐거운 방법이 있으니, 바로 20세기 불가
사의 가운데 하나인 저주받은 호박의 방 안으로 들어가는 것이다.

1701년 프로이센에 세워진 호박의 방은 조각가 안드레아스 슐뤼
테르(Andreas Schlüter)와 호박 공예장인 고트프리드 볼프람(Gottfried
Wolfram)이 설계하고 세웠다. 호박의 방은 궁전에 어울리는 공간이

었고, 실제로 당시 프로이센 왕국의 수도였던 베를린의 샤를로텐부르크 궁전에 특히 어울렸다. 그러나 진행 과정에서 내려진 행정적 결정 때문에 결국 베를린 시립궁전에 만들어졌다.

이곳을 '방'이라고 부르는 것은 부르즈 칼리파를 사무용 빌딩이라고 부르는 것과 같다. 수 톤의 정교하게 작업한 호박이 벽을 덮었다. 금으로 된 이파리가 호박을 감쌌고, 무수히 많은 준보석과 반사거울이 함께 아로새겨졌다. 햇빛이 스밀 때, 호박을 덧댄 방 안에 서 있는 것은 마치 천국의 빛에 몸을 담그는 것과 같았다.

기본적으로 이 방은 자랑할 만한 가치가 있었고, 러시아의 표트르 대제가 베를린에 들러 "이봐, 별일 없지? 너희 전쟁이라도 좀 도와줄까?"라고 물을 때 프로이센은 그렇게 해 달라고 했다. 표트르 대제는 이 방을 마음에 들어 했고, 프로이센의 왕 프리드리히 2세는 표트르 대제가 스웨덴에 대항하는 동맹을 맺어준 데 너무나 감사한 나머지(결국은 포메라니아 전쟁이 되었다), 그에게 이 방을 내어 줄 정도였다. 1716년 호박 벽은 조심스레 해체되어 열여덟 개의 상자에 포장된 뒤, 상트페테르부르크의 겨울궁전 안에 다시 세워졌다.

1755년 방은 다시 한 번 옮겨졌다. 이번에는 엘리자베타 여제가 이 방을 푸시킨이라는 도시의 예카테리나 궁전으로 옮긴 후 더 많은 호박을 덧대었다. 이 방은 크기가 약 55제곱미터에 이를 때까지 확장되었고, 방을 덮은 호박의 양은 6톤을 넘어섰다.

약 200년 동안 호박의 방은 예카테리나 궁전의 황금 심장이었다.

그러다가 나치가 나타났다. 1941년 6월 22일 아돌프 히틀러는 바르바로사 작전의 일환으로 소련에 삼백만 명의 군사를 보냈다. 호박의 방은 이번 침략의 특별 목표였다. 독일군은 보물을 그 원산지로 돌려보내길 바랐다.

러시아군은 나치군으로부터 그 방을 감추려 했다. 우선 호박판을 떼어 내려고 했지만, 오래된 호박들은 쉽게 부서졌고, 러시아에는 이를 감당할 기술력이 없었다. 이내 러시아는 훌륭한 아이디어를 떠올렸다. 방을 벽지로 뒤덮은 것이다.

그러나 나치군은 조잡한 내부 디자인을 본 순간, 러시아군의 꼼수를 알아차렸고, 재빨리 호박판을 찾았다. 또한 독일의 호박 전문가들을 데려온 덕에 호박의 방을 철거하는 데 이틀도 걸리지 않았다. 호박의 방은 스물일곱 개 상자에 포장되어 쾨니히스베르크 궁전 안에 새로 세워졌다. 이 방은 전쟁이 끝날 때까지 유지되었으나, 이 방을 비롯해 독일이 약탈한 보물들이 공황 상태에서 반출되었다.

그러다가 1944년 호박의 방이 사라졌다. 그 누구도 그 방이 어디로 갔는지 모르지만, 이를 둘러싼 여러 가지 설이 있다. 누군가는 호박의 방이 수송성 '빌헬름 구스틀로프(Wilhelm Gustloff)' 호에 실렸다고 했다. 그때가 러시아 잠수함이 발트해에서 이 배를 어뢰로 격침시켜 9,400명의 사상자를 내기 직전이었다고 한다. 이 설이 사실이라면, 그 눈부신 판들은 끝끝내 그 어떤 빛에서 멀어져 어둠 속에 잠겨 버렸으리라.

또는 호박의 방이 기차에 실려 드레스덴 교외에 있는 어느 지하 비밀 벙커로 보내졌다는 설도 있다. 리투아니아의 작은 호수라든가, 독일과 체코의 국경지대에 있는 은광이 목적지였다는 설도 있다.

누군가는 호박의 방이 쾨니히스베르크 궁전 밖으로 반출된 적이 없고, 소련의 폭격을 받고 폐허가 되었다고 한다. 그 잔해는 1968년 완전히 무너졌고, 칼리닌그라드 중앙광장이 그 위에 세워졌다.

1944년 이후에 호박의 방과 관련된 작은 조각들이 발견되었고, 그 방이 성공적으로 포장되어 철수되었다는 생각에 신빙성을 안겨 주었다. 그러나 그 누구도 이 견고한 햇살로 가득 찬 스물일곱 상자에 무슨 일이 벌어졌는지 알지 못한다. 단, 그 방이 저주받았다고 생각하는 사람들이 많을 뿐이다.

저주는 알프레트 로데(Alfred Rohde)라는 이름의 남자에게서 시작되었는데, 그는 첫 희생자로 지목되었다. 그는 쾨니히스베르크 궁전 박물관의 책임자이자 호박의 방을 박물관 바깥으로 반출하는 책임자이기도 했다. 그는 독일군이 철수하고 소련이 궁전을 차지한 뒤에도 계속 머물렀고, 많은 사람이 호박의 방을 어디에 숨겼는지 알고 있는 유일한 사람이 그라고 생각했다. 그는 여러 차례 KGB의 심문을 받았지만, 후속 심문 시간에 나타나지 않았다. KGB는 그와 그의 아내가 발진티푸스로 갑작스레 사망했다는 정보를 접했다. KGB가 조사에 나섰지만, 이 부부의 시체도, 사망선고를 했다는 의사도 찾지 못했다.

저주의 다음 희생자는 러시아의 정보장교 유리 구세프(Yuri Gusev)였다. 지역 언론은 호박의 방과 그 방을 찾기 위한 노력을 크게 다루었고, 구세프가 그 정보를 언론에 흘렸다고 밝혀졌다. 얼마 지나지 않아 그는 차 사고로 죽었다.

저주의 또 다른 희생자는 게오르그 슈타인(Georg Stein)이었다. 그는 독일 군인이자 바이에른주의 숲에서 호박의 방을 추적하던 보물 사냥꾼이었다. 1987년 그는 숲에서 죽은 채로 발견되었는데, 그의 벌거벗은 시신은 메스로 난도질당해 있었다.

이 모든 죽음은 의문스러우면서도 반드시 초자연적이지는 않다.

그렇다고 해서 호박의 방에 저주가 붙어 있지 않다는 의미는 아니다. 아마도 여기에서의 '저주'는 은유일 수도 있다. 2004년 《포브스》는 당시 예카테리나 궁전 박물관 관장인 이반 사우토프(Ivan Sautov) 박사가 호박의 방과 관련된 죽음에 의문을 품으며, 이렇게 말했다고 보도했다. "호박의 방을 감췄던 사람들은 아마도 폐쇄적인 모임의 일원이었을 겁니다. 이 모임에 지나치게 가까이 접근하는 사람은 누구나 죽게 될 겁니다."

아마도 호박의 방은 발견되고 싶지 않을 수도 있다. 어쩌면 이리저리 끌려다니는 데 진절머리가 났을 수도 있다. 아니면 얼빠진 사람들의 눈길을 받는 것에, 혹은 천국에 비교되는 것에 질렸을 수도 있다. 이 방은 선사시대 나무의 피로 만들어졌고, 아마도 이제는 사라질 준비가 되었을지도 모른다.

러시아는 호박의 방을 찾는 것을 포기하고, 새로운 방 만들기에 전념하는 것으로 보아 이에 동의하는 것 같다. 새로운 호박의 방 프로젝트는 1979년 시작되었고, 완성되기까지 1,100만 달러와 25년의 세월이 걸렸다. 2004년 예카테리나 궁전은 마침내 그 금빛 심장을 되찾았다. 저주가 그 복사판에도 적용되는지 지켜보자.

카후엔가 패스의
보물

원산지
멕시코

조립연도
1864년

추정되는 희생자 수
아홉 명

현 위치
모름

원 가치
20만 달러

신약성서는 우리에게 돈을 사랑하는 것이 모든 악의 근원이라고 말한다. 래퍼 노토리어스 비아이지(Notorious B.I.G.)는 이를 "더 많은 돈은 더 많은 문제를 부르지"라고 표현했다. 그렇다면 모바일 페이에 충전된 1,000원도 저주받은 물건이라 부를 수 있고, 그렇게 해도 거짓은 아닐 터다. 그러나 카후엔가 패스(Cahuenga Pass)의 보물은 실제로 죽음을 불러왔다.

전체 이야기의 기원은 호레이스 벨(Horace Bell)이라는 어느 유명한 로스앤젤레스 시민의 사후 출간된 회고록으로 보인다. 벨은 금 채굴, 목장 운영, 변호사 일과 서부 개척 시대에 관한 책을 집필하다가 1918년 세상을 떠났다. 그는 다음의 세 가지 출처를 바탕으로 자신이 직접 카후엔가 패스의 보물에 관한 이야기를 엮었다고 주장했다. 즉, 헨리 말콤(Henry Malcolm) 대위라는 군인과 에체페어(Etchepare)라는 여관 관리인, 그리고 호세 코레아(Jose Correa)라는 경찰관이었다.

이야기는 내전으로 사포텍 혈통의 멕시코인인 베니토 후아레스(Benito Juárez)가 마지막 대통령 자리를 지키게 된 1864년의 멕시코에서 시작된다. 프랑스의 나폴레옹 3세는 아메리카 대륙에서 발판을 확보하길 바랐고, 멕시코가 신정국가가 되길 바라던 가톨릭교회의 지지를 등에 업고, 황제로서 멕시코를 차지하기 위해 오스트리아 대공 막시밀리안을 보냈다. 후아레스는 막시밀리안이 끌고 온 유럽 군대를 피해 도망쳤지만, 금세 침략자들로부터 정부를 되찾기 위한 계획에 착수했다.

> **"그는 로스앤젤레스로 보물을 가져갔다가는
> 죽을 것이라는 악몽을 꾸었다."**

후아레스는 이러한 명분에 자금을 대기 위해 멕시코의 애국자들에게 성금을 거뒀고, 오늘날의 달러로 따졌을 때, 천문학적 액수인 20만 달러 이상의 군자금을 모았다. 네 명의 남자가 금과 다이아몬드, 진주와 현금이 가득 든 상자를 들고 총을 사기 위해 샌프란시스코로 향했다. 한 남자는 가는 도중에 사망했다. 그는 아직 이름이 없었던 카후엔가 패스의 보물이 낳은 첫 번째 희생자였다.

나머지 세 명은 샌프란시스코에 도착했지만, 프랑스인들이 우글우글 버티고 있는 그 아찔한 언덕에 맞닥뜨렸다. 이들은 도시 바깥쪽의 황야로 우회했고, 보물을 여섯 꾸러미로 나눠 하나하나를 사슴 가죽으로 싼 뒤 별개의 구멍 속에 묻었다. 상황이 나아졌을 때 세 남자는 그 보물을 되찾아서 임무를 완수하려고 돌아왔지만, 사슴 가죽으로 싼 꾸러미 여섯 개가 모두 사라졌음을 알게 되었다. 이내 자기네들끼리 싸움이 났고, 둘은 목숨을 잃었다. 그렇게 시신은 세 구가 되었다. 네 번째 남자는 감옥에 갇혔지만, 결국 살인죄를 벗었다. 그러나 그후 애리조나 툼스톤에서 총에 맞아 숨졌다. 이제는 시신이 네 구가 되었다.

훗날 디에고 모레노(Diego Moreno)라는 양치기가 세 남자가 보물을 묻는 모습을 목격하고, 이들이 떠난 뒤 스스로 보물을 차지했던 것으로 밝혀졌다. 이쯤에서 우리는 카후엔가 패스를 만나게 된다. 갑자기 부자가 된 모레노는 외로운 양 지킴이의 삶을 버리고, 로스앤젤레스로 가기 위해 남쪽으로 향했고, 가는 도중에 카후엔가 패스를 지나게 되었다. 카후엔가 패스는 산타모니카산의 낮은 부분을 통과해 지나가는 바위투성이의 마차길이었다. 카후엔가는 북미 원주민의 말로 '작은 언덕들이 있는 곳'이라는 의미다.

모레노는 밤을 지내기 위해 작은 여관에 들렀다. 그곳에 머무는 동안 그는 로스앤젤레스로 보물을 가져가면 죽을 것이라는 악몽을 꾸었다. 그는 로스앤젤레스로 가지 않았다. 나중에 이 보물들을 가지고 무엇을 할지 알아내기 위해 카후엔가 패스의 남쪽 끝에 꾸러미들을 묻었고, 보물 없이 천사의 도시로 향했다. 그는 그곳에서 이름을 알 수 없는 병에 걸려 친구인 헤수스 마르티네스(Jesus Martinez)의 품에서 죽고 말았다. 모레노는 다섯 번째 시신이 되기 전 마르티네스에게 보물이 어디에 묻혀 있는지를 알려 주었다.

마르티네스와 그의 의붓아들 호세 코레아는 보물을 파내기 위해 트럭을 몰고 갔다. 그런데 손에 삽을 든 채 마르티네스가 갑자기 발작을 일으켜 사망하고 말았다. 여섯 번째 시신이었다. 코레아는 공포에 질려 분명 저주받은 보물이 틀림없는 것들을 두고 도망쳐서 일곱 번째 시신이 되지 않았다.

보물은 또 다른 양치기가 보물 꾸러미 중 하나를 우연히 발견하는 1885년까지 20년 동안 그 누구의 손길에도 닿지 않은 채 남아 있었다. 모레노가 그랬듯, 주어진 행운에 지나치게 신이 나면서도 양 치는 일이 지긋지긋했던 그는 보물 꾸러미를 들고 스페인에 가서 새로운 삶을 시작하기 위해 배에 올랐다. 스페인에 도착한 그는 발을 헛디디는 바람에 바다로 떨어졌고, 옷 안감에 보물을 넣고 꿰매어둔 탓에 바다 밑바닥까지 내려가고 말았다. 그는 물에 빠져 죽었고, 그렇게 일곱 번째 시신이 되었다.

코레아는 약 10년 뒤 의붓아버지의 죽음이라는 어둡고 혼란스러운 기억을 안고 보물이 묻힌 곳으로 돌아가서, 아주 오래전 자신과 마르티네스가 함께 시작했던 일을 끝마칠 계획을 세웠다. 그러나 길을 떠나기 전에 일곱 번째 시신이 되는 일을 피했던 그는 처남이 쏜 총에 맞아 여덟 번째 시신이 되었다.

그러다가 20세기가 찾아왔다. 카후엔가 패스는 포장되어 로스앤젤레스와 샌 페르난도 밸리를 잇는 주요 고속도로가 되었다. 이쯤에서 카후엔가 패스의 보물은 전설이 되었고, CBS 라디오 드라마로도 제작되었다. 1939년 11월 채굴전문가 헨리 존스(Henry Jones)와 정비공 월터 콤스(Walter Combes), 그리고 월터의 삼촌이자 발명가인 에니스 콤스(Ennis Combes)로 구성된 팀이 묻어 놓은 보물을 찾기 위해 에니스가 만든 최신식 금속 탐지기를 가져왔는데, 이들은 보물이 할리우드 볼 주차장 아래에 묻혀 있을 거라 믿었다. 엄청난 사건이었다. 언론은 보물 사냥꾼들의 일거수일투족을 추적했고, 대중은 그 광경을 구경하러 나왔다. 지역 감사회는 자기들 몫이 떨어지는 한 발굴을 계속할 수 있도록 허가했다.

이 팀은 보물이 묻혀 있을 가능성이 매우 크다고 생각한 지점을 정확히 짚었다. 아스팔트 밑으로 4미터 30센티미터가량 내려간 곳이었다. 모두가 신이 났지만, 콤스들만큼은 아니었다. 그러나 모종의 이유로, 어쩌면 저주 때문에, 아니면 장비와 조사 결과에 관한 너무 철저한 검증 때문에 삼촌과 조카는 뜨거운 캘리포니아의 포장도로 위에서 덜컥 용기를 잃었고, 금속 탐지기를 가지고 떠나 버렸다.

헨리 존스는 의연하게 또 다른 팀을 결성했고, 할리우드 스턴트맨인 레이 존슨(Ray Johnson)과 금속 탐지기를 가진 또 다른 발명가인 프랭크 훅스트라(Frank Hoekstra)가 참여했다. 그들은 땅을 팠다. 녹초가 될 만큼 뜨겁지는 않아도 꽤나 이글이글한 11월의 태양 아래, 구경꾼과 인터뷰어와 사진작가와 아마추어 보물 사냥꾼이 모두 모였다. 존스 팀은 24일간 수백여 톤의 흙을 옮겨가며 구멍을 팠다. 카후엔가 패스에 뚫린 너비 2미터 74센티미터, 깊이 12미터 80센티미터인 구덩이가 그들의 작품이었다. 텅 빈 2미터 74센티미터 너비와 12미터 80센티미터 깊이의 구덩이였다. 계속 파고들 수도 있었지만 거대한 바위에 부딪혔고, 마침내 이 작전이 실패했음을 깨달았다.

한 달 후 존스는 자동차 배기가스를 사용해 자살했다. 그의 유서에는 최근에 이혼한 탓이라고 적혀 있었다. 그런데도 떠도는 세간에서는 존스가 저주받은 아홉 번째 시신이 되었다고 했다. 존스는 현재 카후엔가 패스의 저주받은 보물의 마지막 희생자다.

희생자가 더 이상 발생하지 않는 것은 존스 이후로 모든 보물 사냥 요청을 거절한 이사회 덕일지도 모른다. 단, 수맥 지팡이를 들고 보물을 찾으려 한 윌리엄 W. 보일(William W. Boyle)이라는 남자의 일회성 사냥은 예외다. 다행히 보일은 빈손으로 돌아왔다. 오늘날 저주받은 카후엔가 패스의 보석은 여전히 사라진 상태로, 아마도 아스팔트 아래 묻혀 로스앤젤레스의 교통체증을 유발하고 있는 것 같다.

사람들은 그 보물이 아홉 명의 생명을 앗아갔고, 대규모의 현대적 보물 사냥을 좌절시켰다고 한다. 아, 막시밀리안을 기억하도록 하자. 멕시코 황제인 그의 침탈은 이 모든 저주를 발동시키지 않았던가? 그는 왕위에 오른 후 얼마 지나지 않아 처형당했고, 아내는 결과적으로 미쳐 버렸다. 저주든 아니든, 더 많은 돈에 엮일수록 더 많은 문제를 보게 되기 마련이다.

5장

저주받은 물건의 비즈니스 세계

저주받은 물건을 접한 사람의 자연스러운 반응은 그 물건을 완전히 피하는 것이다. 그러나 어떤 사람들은 저주받은 물건들을 수집할 뿐 아니라 그것을 가지고 꽤나 훌륭한 밥벌이를 한다. 5장에는 저주받고 귀신에 홀린 물건들을 모으는 네 곳의 박물관을 거닐어 보려 한다. 그 박물관들은 저주에 면역이라도 가진 듯한 사람들이 운영하는 곳이다. 이 수집가들은 세계에서 가장 악명 높은 물건들을 전시하는데, 여기에는 악령의 인형, 사악한 와인 보관함, 연쇄살인마의 가마솥, 귀신 들린 그림 등이 포함된다. 그후 저주받은 물건들이 놀라운 속도로 교환되는 온라인 경매의 세계를 탐험한다.

인형 애나벨과
워런 컬렉션

원산지	유명한 소유주
코네티컷	**에드와 로렌 워런**
습득연도	현 위치
1968년	**코네티컷 워런 오컬트 박물관**

래기디 앤(Raggedy Ann)은 20세기 대중문화 현상이었다. 앤은 빨간 털실로 된 머리카락과 세모난 코를 가진 소박한 인형으로, 래기디 앤디(Raggedy Andy)라는 남동생도 있었다. 동화책 작가 조니 그루엘(Johnny Gruelle)이 만들어 낸 래기디 앤은 수백만 부의 책과 장난감, 상품, 애니메이션 영화, 티브이 시리즈를 탄생시켰다. 그러다가 앤은 역사상 가장 악명 높은 귀신 들린 인형이 되어 버렸는데, 유령과 악령 좇는 법을 대중문화에 전파한, 부부로 구성된 초자연현상 조사팀 탓이었다.

우선 에드워드 워런(Edward Warren, 이하 에드)과 로레인 워런(Lorraine

Warren)의 이야기에서 시작해 보자. 너무나 많은 으스스한 것들이 에드, 로레인과 함께 나타났다. 에드 워런의 전기에 따르면, 그는 '독학한 악마 연구자'이자, 그 아내 로레인은 자칭 천리안을 가진 영매였다고 한다. 둘은 십 대 청소년이던 시절인 1940년대 초반에 코네티컷 주 브리지포트에서 만났고, 1년 후에 결혼했다. 그후 대중의 상상력 속에 현대과학으로는 설명할 수 없는 세상을 만들어 내는 모험에 착수했고, 소설과 영화, 토크쇼 출연 등을 통해 퇴마가 주를 이루는 미디어 왕국을 건설했다. 이 거대한 왕국은 대부분 이들이 만든 영화의 제목으로 잘 알려져 있다. 예를 들어 〈아미티빌 호러〉(1979년), 〈데몬 머더 케이스〉(1983년), 〈더 헌티드〉(1991년), 〈더 헌팅 인 코네티컷〉(2009년), 〈컨저링〉(2013년) 등이다. 이 잉꼬부부는 유령, 악령, 늑대인간, 빅풋 등 모든 공포스러운 캐릭터를 소유했는데, 특히 저작권 수익이 좋아 보일 때 더욱 열을 올렸다. 이들은 직업상 1만 사례 이상의 초자연적인 활동을 조사했다고 한다.

1952년 부부는 코네티컷 주 먼로에 있는 자택에서 뉴잉글랜드 심령 연구회(New England Society for Psychic Research)를 시작했다. 부부는 몇 년 동안 모험을 무릅쓰고 모은 물건들, 즉 저주받거나 귀신 들렸거나 홀린 물건들을 모아 자기 집에 워런 오컬트 박물관(Warren's Occult Museum)을 세웠다. 이 박물관에는 행사가 열리거나 초대를 받아야만 들어갈 수 있었다. 1970년대 초에 부부는 애나벨을 컬렉션에 추가했다.

애나벨은 생일이나 크리스마스 선물로 아이들이 받는 수천수만 개의 래기디 앤 가운데 하나였다. 그러나 이 인형은 저주받았다. 아니, 엄밀히 따지면 홀렸다. 더 엄밀히 따지면 잔혹한 악령과 결합된 것이었다. 그러나 애나벨의 이야기는 너무나 유명한 나머지, 저주받은 물건이든 아니든 이 책에 들어가야만 했다.

워런 부부에 따르면, 이 인형은 1970년 '도나'라는 간호학과 학생에게 엄마가 선물한 것이라고 한다. 도나가 선물받은 직후부터 이 인형은 혼자 힘으로 온 아파트를 돌아다니기 시작했다. 도나가 집에 돌아오면 이 인형은 원래 놓아둔 곳과는 다른 위치에 있었다. 때로는 방 안에서 완전히 다른 곳에 있기도 했다. 도나에게는 앤지라는 룸메이트가 있었고, 당시 루라는 친구도 함께 머물렀지만 이들은 인형의 이 터무니없는 행동을 모른 척했다.

곧 '래기디 앤은 지금 어디 있니?'라는 간단한 게임은 어린아이가 손으로 쓴 것처럼 보이는 글씨로 아파트 이곳저곳에 남겨진 쪽지로 발전되었다. 메시지는 간단하지만 소스라치게 놀랄 만한 내용이었다. "우리를 도와줘." "루를 도와줘." 루는 왜 자기가 선택되었는지 의아해했다.

도나는 움직이는 인형과 이상한 메시지는 무시할 수 있었지만, 이 인형이 피를 흘리기 시작하자 영매를 불렀다. 영매는 이 인형에 애나벨 히긴스(Annabelle Higgins)라는 소녀의 영이 서렸다고 했다. 지금 살고 있는 도나의 아파트 자리에서 살해되고 남겨진 아이라고 했다.

메시지는 간단하지만 소스라치게 놀랄 만한 내용이었다.
"우리를 도와줘." "루를 도와줘."

도나는 인형 안에 사는 아이의 영혼을 불쌍히 여겨 인형을 계속 간직했다. 그러나 그 후 래기디 앤 또는 애나벨은 포악해졌다. 어느 날 밤 루는 문득 잠에서 깨어나 인형이 몸을 타고 올라와 자신의 목을 조르려 한다는 것을 깨달았다. 짧고 폭신한 인형 팔이 철근처럼 느껴졌고, 몸을 꼼짝도 할 수가 없었다. 루는 정신을 잃었지만, 다행히 다음 날 아침에 깨어났다.

그다음으로 루가 인형의 공격을 받았을 때, 보이지 않는 발톱이 그의 가슴을 세차게 할퀴어 상처를 입고 말았다. 이 사건으로 이 집에 사는 친구들은 인형 안에 있는 것이 단순히 어린이 희생자가 아니라고 확신했고, 곧 헤건이라는 사제를 불렀다. 헤건은 쿠크라는 사제를 불렀고, 쿠크는 워런 부부를 불렀다.

에드와 로렌은 인형에 악령이 들렸다고 진단하고 인형을 집으로 가져왔는데, 그 과정에서 이들도 몇 가지 어려움에 봉착했다. 집으로 가는 길 내내 이들이 운전하던 자동차의 시동이 갑자기 꺼지거나 방향이 틀어졌고, 집에 도착한 인형은 공중에 떴다가 사제들을 공격했다.

결국 부부는 애나벨을 박물관의 유리 진열장에 집어넣고, 다음과 같은 경고문을 부착했다. "경고: 절대로 열지 마시오." 그러나 적어도 워런 부부의 웹사이트에 따르면, 가장 위험한 공격은 아직 찾아오지 않았다. 웹사이트에서 애나벨을 조롱한 뒤, 집으로 돌아오는 길에 오토바이 사고를 당해 죽은 박물관 관람객의 미확인된 이야기를 볼 수 있다.

다른 워런의 사례들과 마찬가지로 애나벨 역시 영화화되었다. 이 글을 쓰는 이 시점에서는 세 편의 시리즈가 제작되었는데. 2014년 〈애나벨〉, 2017년 〈애나벨: 인형의 주인〉, 2019년 〈애나벨: 집으로〉다. 애나벨은 〈컨저링〉에 카메오로 출연하기도 했다. 이 영화들에서 애나벨은 얼빠진 얼굴로 사랑받는 래기디 앤 대신, 커다란 구식 빅토리아시대 인형이 애나벨을 연기했다. 이 인형의 얼굴이 애나벨의 소름 끼치는 명성에 더욱 어울리면서도 공포물 시리즈에 더 알맞아 보인다.

애나벨이 워런 오컬트 박물관에서 가장 유명한 물건이지만, 유일하게 저주받은 물건은 아니다. 이 박물관에는 적에게 저주를 걸기 위해 깃털, 뼈다귀, 천으로 만든 150센티미터의 '그림자의 인형'도 있다. 이 인형의 사진을 찍어 그 뒷장에 당신이 싫어하는 사람의 이름을 써 보자. 그러면 이 인형이 그 사람의 꿈에 나타나서 심장을 멈추게 만든다. 이 인형이 등장하는 영화는 없다. 어쨌든 아직은 없다.

애나벨과 워런 오컬트 박물관의 물건에 대한 모든 기록과 증언은 워런 부부가 한 것이다. 부부의 이야기가 가진 또 다른 면은, 〈컨저링〉 영화 시리즈에서 묘사된 것처럼 이들이 악에 대항하는 세심하고 사려 깊은 예상 밖의 능력자가 아니라, 직업적으로 '관종 끼' 다분한 사기꾼과 거짓말쟁이, 협잡꾼으로 감정적으로 불안한 사람들을 먹잇감으로 삼는다고 종종 비난받는 점이다. 그러나 불가사의의 세계에서 이런 이야기는 정치인의 성 추문만큼이나 사소하다.

  에드는 2006년 80세 생일이 되기 며칠 전에 죽었고, 로레인은 2019년 내가 이 항목에 관한 글을 쓰기 며칠 전 93세의 나이에 사망했다. 워런 오컬트 박물관, 특히나 애나벨의 마지막 운명이 어떻게 될지 현재 당혹스럽게도 알 수 없다.

존 재피스
초자연박물관

존 재피스(John Zaffis)는 1970년대 초 십 대 시절, 침대 발치에 서 있는 할아버지의 유령을 본 이후 초자연적인 현상을 좇아왔다. 그로부터 재피스는 이 분야와 상당히 직접적인 연결고리를 갖게 되었다. 그의 이모와 이모부는 아미티빌 마을의 저주, 스네테커의 유령 저택, 엔필드 폴터가이스트 사건을 포함해 수만 건의 초자연적인 사건들을 조사하는 유명 팀인 에드와 로렌이었다. 재피스는 이모, 이모부와 함께 일하며 그 사건들을 조사했다.

몇십 년간 재피스는 해당 분야에서 자기만의 브랜드를 쌓았고, 책을 썼으며, 강연하고, 언론에 등장했다. 그는 저주받은 물건과 귀신 들린 물건을 전문적으로 다루기 시작했고, 2011년부터 2013년까지 더욱 파고들면서 SyFy 채널의 초자연 리얼리티 쇼 〈헌티드 컬렉터(Haunted Collector)〉를 진행했다. 이 프로그램에서 그는 저주받고 귀신 들린 총과 보석, 의료도구, (당연히) 이러한 물건들 때문에 불운과 소름 끼치는

현상을 경험한 사람들의 집에서 나온 인형들을 가져오는 일종의 초자
연적 폐기물 제거 서비스를 제공했다.

그렇지만 TV 프로그램에 만들어지기 훨씬 전부터, 저주받고 귀
신 들린 물건에 대한 재피스의 애착은 컬렉션의 형태로 구체화되었

다. 재피스가 조사하면서 손에 넣게 된 것과 그 소문을 들은 사람들이 언제나 "옜다, 가져라"라는 식의 편지를 동봉해 직접 보내오는 이상한 물건들의 컬렉션이었다. 컬렉션의 규모는 코네티컷 스트랫퍼드에 있는 그의 집 뒤편으로 별도의 건물을 차지할 수 있을 만큼 커졌다. 존 재피스 초자연 박물관(John Zaffis Museum of the Paranormal)은 2000년대 초 공식적으로 문을 열었다. 초대받은 사람만 방문할 수 있는 비공개 박물관이지만 말이다.

나도 이 박물관에 초대받은 적 있다. 물건들이 전시된 넓은 공간 안으로 걸어 들어가는 일은 벼룩시장이나 골동품 가게를 여기저기 들여다보는 것처럼 느껴진다. 즉각 알아차릴 수 있는 질서 따위 없이 물건들이 뒤섞여 있다. 그리고 오랜 고심 끝에 이 물건들은 파악하기 힘든 질서 그대로 남아 있다. 선반과 물건더미에는 가면과 장신구, 옷과 그림, 작은 조각상과 그릇, 인형들(너무나 많은 인형)이 가득하다. 인형은 골동품 마리오네트부터 어릿광대(정말로 많은 어릿광대), 산타클로스 옷을 입은 곰돌이 푸까지 다양하며, 그중 푸 인형은 유리 진열장 안에 갇혀 있는 몇 가지 물건 가운데 하나다. 내가 방문했을 때 공중을 떠다니거나, 말을 하거나, 빛나거나, 이 정신없는 진열이 유품 정리 세일을 준비하려고 모아둔 것이 아님을 알려주는 물건은 하나도 없었다. 그 어떤 전시품에도 정보를 제공하는 팻말은 붙어 있지 않았다. 재피스는 모든 이야기를 자기 머릿속에 간직하고 있었다.

재피스의 머릿속 이야기 가운데 하나에는 재피스가 '조커'라고 부르는 인형이 등장한다. 뾰족한 빨간 모자를 쓰고, 나풀나풀한 금색 셔츠를 입은 조커는 어린이용 장난감과는 달리 누군가가 수집할만한 종류의 어릿광대 모형이다. 조커는 어떤 여성이 친구에게 준 선물로, 사실은 크리스마스 선물이었다. 그러나 선물받은 친구가 포장을 풀어 보기도 전에 집에서 기괴한 일들이 벌어지면서 그녀를 미치게 만들었다. 그녀는 그 원인이 조커에게 있다고 생각하고, 선물을 준 친구에게 전화를 걸었다. 선물을 준 여성은 자기가 인형에 저주를 걸었다고 고백했다. 그녀는 친구의 남편과 사랑에 빠졌고, 저주에 걸린 인형이 자신이 빼앗고 싶은 이 관계에 쐐기를 박아주기 바랐다.

재피스의 컬렉션에 또 다른 저주받은 물건은 유행이 지난 것처럼 보이는 퍼런 밀리터리 재킷이다. 전해 들은 이야기에 따르면, 이 옷은 군복을 좋아하던 한 십 대 소녀가 유품 정리 세일에서 구입한 것이다. 소녀가 옷을 입어보자 오싹한 기운이 느껴졌고, 그 후 군인에 관한 이상한 악몽을 꾸기 시작했다. 악몽 때문에 불안에 떨던 소녀는 재피스에게 연락을 해 왔다. 재피스는 합리적이게도 그 옷을 그만 입으라는 의견을 주었다. 소녀는 그 말에 동의했지만, 마치 강제적으로 그 기이한 코트를 입어야 하는 것처럼 옷을 입는 일을 그만둘 수가 없었다. 재피스는 옷을 자기 집으로 가져와 벨벳 위에 그린 어릿광대 (광대가 정말이지 너무 많다) 그림 옆 구석에 서 있는 마네킹에게 입혔다.

또 다른 물건 중에는 어둠의 형체를 불러일으키는 오컬트 의식에 사용된 칼도 있고, 혼자서 움직이는 학교 책상, 흑마술 의식에 쓰인 빨간 눈의 까만 인형도 있다. 그중에서도 내가 가장 좋아하는 물건은, 이슬람교도 남자가 유대인 여자에게 준 저주가 쓰인 부활절 장식이다.

이 물건들이 엄밀히 말해서 저주받은 건지, 귀신에 홀린 건지에 대해 재피스는 선을 긋지 않는다. 다만 '귀신에 홀렸다'라는 표현을 더 선호하는 것 같다. 솔직히 이 표현이 마케팅에 훨씬 효과적이다. 재피스는 흔히 연결된 '에너지' 관점에서 보았을 때, 그 물건이 무엇인지를 설명한다. 가끔은 영혼의 지적인 에너지일 수도 있고, 어떨 때는 이유 없이 부정적인 에너지이기도 하다. 재피스는 웹사이트에서 소장품들을 이렇게 표현한다. "물건이 '홀리지' 않았더라도 그 물건을 향해 에너지를 보낼 수 있다. 물건들은 내부 또는 그 주변에 에너지를 간직할 수 있다. 보통 그런 상태는 한 개인이 물건에 보내는 에너지가 만들어 낸 결과다."

당신의 집에 저주받은 물건 하나를 들이는 것을 잘못된 판단이라고 한다면, 수백 개를 들이는 일은 분명 초자연적인 마조히즘이 될 것이다. 그러나 재피스에 따르면, 소장품들은 컬렉션에 추가되기 전에 '결속'의 의식을 거친다고 한다. 2014년 그는 로즈메리 엘렌 길리(Rosemary Ellen Guiley)와 함께 쓴 《당신이 사랑하는 것들에 홀려라(Haunted by the Thing you Love)》라는 명랑한 제목의 책에서 결속 의식에 관해 설명했다. 여기에 필요한 핵심 요소는 태양, 소금, 성수, 기도, 수정으로, 물건을 정화하고 긍정적인 에너지를 불어넣기 위해 이 모든 것을 조합한다.

그러나 도대체 왜 저주받은 물건들을 계속 보관하는 걸까? 정화하고 살균하고 건전하게 만드는 그 모든 과정을 거치면서까지? 재피스에 따르면, 저주받고 귀신 들린 물건을 파괴하거나 갖다 버리는 일은 훨씬 더 큰 문제를 불러일으킬 수 있으므로, 다루기 어려운 저주받은 물건들을 자기 집에 모아 놓은 것이 실제로 가장 안전한 처리 방법이라고 한다. 다만 진짜 다루기 어려운 물건은 땅에 묻거나 물속 깊은 곳에 빠뜨린다고 한다.

게다가 재피스가 물건들을 파괴했다가는 '홀린 물건 수집가'가 되지 못했을 것이다.

축복받은 물건

우주는 균형을 좋아한다. 따라서 물건이 저주에 걸릴 수 있다면 축복도 받을 수 있어야 말이 되는 법이다.

축복받은 물건에는 두 가지가 있다. 하나는 말 그대로 축복을 받은 물건으로, 성직자가 기도해 준 물건이다. 이러한 물건은 종종 가톨릭교에서 볼 수 있고 십자가상과 성 메달, 성찬식의 성배, 성 유물 등이 포함되지만, 다른 모든 종교나 영적인 신념 체계에서도 이런 개념을 지닌 다양한 변형이 존재한다. 그 출처가 무엇이든 이 축복 받은 물건은 그 주인을 악에서 보호한다. 심지어 저주받은 물건의 해악도 막아 준다.

축복받은 물건의 또 다른 유형은 행운의 부적 또는 마스코트다. 앞 문단의 축복받은 물건과는 달리, 행운의 부적이나 마스코트를 만들기 위해 이루어지는 행위는 없다. 그 물건 자체로(예를 들어, 토끼 발, 말 편자, 네 잎 클로버, 모조 백, 신성 딱정벌레, 귀뚜라미 등 실제로 꽤나 많다), 또는 그 물건과 얽힌 개인적인 경험을 통해 타고난 행운의 부적이 되는 것이다. 아마도 당신이 직장에서 승진하던 날 길가에서 주웠기 때문에 행운의 동전이 될 수도 있고, 당신이 인생의 짝을 만났을 때 입고 있었기 때문에 행운의 재킷이 될 수도 있다.

축복받은 물건이나 행운의 부적을 논할 때 가장 큰 문제점은, 재미가 없다는 것이다. 적어도 저주받은 물건만큼 흥미롭지 않다. 호프 다이아몬드 괴담은 교황의 왕관에 담긴 이야기보다 훨씬 더 매혹적이다.

잭 바갠스의
공포 박물관

이 건물에는 유령과 영혼,
그리고 저주받은 물건이 존재하는 것으로 알려져 있습니다.
일단 입장하면, 박물관 측에서는
보이지 않는 힘이 저지르는 어떤 행동에
아무런 책임을 지지 않음에
동의한 것으로 간주합니다.

인형과 전기 촛대와 핼러윈 장식 골동품으로 가득 찬 공포 박물관의 로비에 들어서자 표지판이 나를 반겼다. 향 냄새가 풍겼고, 표지판에 쓰인 문장은 내가 입장하기 전에 서명한 포기 각서에 쓰인 내용과 비슷했다. 또한 투어 가이드가 우리를 잭 바갠스(Zak Bagans)가 소유한 오래된 맨션 안으로 데려가기 전에 손을 들고 선서하게 한 내용과도 유사했다.

잭 바갠스는 초자연 리얼리티 쇼 〈고스트 어드벤처〉가 만든 스타다. 2008년 트래블 채널에서 처음 방송된 이 쇼는 지금 이 책을 쓰는 순간까지 열아홉 시즌을 화려하게 이어왔고, 바갠스를 갑부로 만들었다. 바갠스는 그 돈으로 무엇을 했을까? 그는 라스베이거스에 유서 깊은 주택을 한 채 사서 박물관으로 바꾼 뒤 돈으로 사들일 수 있는 가장 소름 끼치는 물건들로 꽉꽉 채웠다.

공포 박물관은 2017년 10월 문을 열었다. 방문객들은 오직 가이드 투어를 통해서만 어두컴컴하고 으스스한 분위기로 꾸며진 박물관을 돌아볼 수 있다. 이 투어는 박물관이 초자연적이라기보다는 섬뜩한 것들을 모아 놓은 곳에 가깝다. 특히 이곳에서 볼 수 있는 입이 떡 벌어지는 (그리고 뱃속이 뒤틀리는) 물건에는 찰스 맨슨(Charles Manson)*의 유골, 테드 번디(Ted Bundy)**의 안경, 소설가 트루먼 카포트(Truman Capote)의 약통, 마이클 잭슨이 죽은 침실에서 가져온 의자, 샤론 테이트(Sharon Tate)의 웨딩드레스 등이 있다. U자로 생긴 전시실에는 잘린 머리 하나가 전시되어 투어 그룹의 모든 사람이 그 머리와 일대일의 시간을 보낼 수 있다. 잭 케보키언(Jack Kevorkian)의 밴, 즉 이동식 자살 클리닉도 커다란 공간을 차지하고 있다. 바갠스는 연쇄살인범 로버트 버델라(Robert Berdella)의 혈액도 진열했는데, 버델라가 찍은 희생자들의 사진 옆에는 배설물의 흔적이 남은 고문 침대가 있

---

* 여배우 샤론 테이트와 친구 여섯 명을 살해하고 사이비종교 집단인 맨슨 패밀리를 이끈 희대의 살인마.

** 1970년대 수십 명의 여성을 납치해 잔혹하게 살해한 연쇄살인범.

다. 그 외에도 수많은 저주받은 물건들이 있지만, 상대적으로 보잘 것없어 보일 때도 있다.

오래된 헛간처럼 꾸며진 (삐걱거리는 마루판자로 마무리된) 전시실 하나는 악명 높은 성도착자이자 살인자인 에드 게인(Ed Gein)이 소유했던 검은 가마솥에 있다. 아마도 이 커다란 냄비는 소름 끼치는 목적으로 사용되었을 것으로 추정되는데, 왜냐하면 에드 게인의 것이니까. 그는 사람의 피부와 뼈를 사용해 가면, 옷, 가구를 만들었다. 가마솥에 걸린 팻말에는 이렇게 쓰여 있다. "에드 게인의 저주받은 가마솥." 투어가이드는 우리에게 가마솥과 연관되어 죽은 여섯 명의 이야기를 들려주며 우리를 즐겁게 해 주었다.

저주받은 사람의 두개골(우리가 다른 방에서 봤던 열세 개의 두개골 모음과는 별개의 것이었다)은 〈오드 커플(The Odd Couple)〉*의 무생물 버전처럼 저주받은 인형과 서재를 나눠 쓰고 있었다. 두개골은 오래된 광산 호텔을 조사하는 동안 발견되었다. 바갠스는 이 두개골을 집으로 가져왔다. 그가 말하길 두개골은 그 정체를 드러내며 집 안에서 자기를 쫓아다녔다고 한다. 얼룩진 길고 치렁치렁한 하얀 드레스를 입고 '살인 인형'이라는 팻말을 단 인형은 표면적으로는 어느 가족에게서 기증받은 것이다. 이 가족의 고조할아버지가 엽총으로 가족을 죽이려 하자, 그 아들이 고조할아버지를 살해했다. 이 사건은 인형

---

* 서로 어울리지 않는 친구들이 룸메이트가 되면서 생기는 소동을 다룬 미국 드라마.

을 안고 있던 남자의 딸이 보는 앞에서 벌어졌는데, 뿜어져 나온 핏줄기가 딸과 인형 모두에게 튈 만큼 가까운 거리였다.

이 박물관에서는 내가 이 책 초반부(128쪽을 참고하시라)에서 한 장 전체를 할애했을 정도로 악명 높은 디벅 상자도 볼 수 있지만, 으스스한 것들이 넘쳐나다 보니, 모든 전시품이 똑같이 높은 순위를 부여받지는 못한다. 예를 들어, 다른 수많은 골동품처럼 선반에 아무렇게나 널브러진 저주받은 나치 철모도 있는데, 이 철모 안쪽에 철모 주인의 끔찍한 죽음으로 남은 두개골과 머리카락 파편이 남아 있다.

또 다른 전시실에는 투트 왕의 무덤 이전에 존재하던 저주받은 물건들이 가장 크게 집중적으로 전시되어 있다. 1931년 유니버설 스튜디오가 제작한 영화 〈드라큘라〉에서 드라큘라를 연기한 배우 벨라 루고시(Bela Lugosi)의 저주받은 거울이 벽에 걸려 있다. 이 거울은 오컬트적인 목적으로 사용되었으며, 훗날 폭도들에게 살해당한 한 남자의 죽음을 목격했을 것으로 추정된다. 한편, 방 한 구석이 어두운 커튼으로 가려져 있다가, 사람들에게 한 번에 한 명씩 자세히 구경할 수 있게 한 줄로 서라는 안내가 나온 뒤 커튼이 젖혀지는데, 그 안쪽에는 역시나 이 책에서 다루고 있는 (116쪽을 확인하자) 〈우는 소년〉의 원작이 (팩스 종이와 함께) 걸려 있고, 2006년도 영화 〈사일런트 힐〉에 등장한 커다란 그림도 있다. 그림의 옛 주인이 이 작품을 바갠스에게 보낸 뒤로 그 주인의 괴상한 소장품들은 불에 타서 완전히 사라져 버렸다고 한다.

이곳에는 1972년에 그 유명한 〈소년을 밀어내는 손〉이라는 그림을 그린 빌 스톤햄(Bill Stoneham)의 다른 작품도 있다. 〈소년을 밀어내는 손〉은 바갠스가 소장한 작품보다 먼저 그려진 소름 끼치는 그림으로, 그림에는 한 소년과 커다란 소녀 인형이 어두운 유리문 앞에 서 있고, 그 뒤로 수십 개의 손이 비치는 모습이 담겼다. 이 그림은 어느 전시회에서 판매되고 몇십 년 후에 폐허가 된 건물에서 발견되었으며, 2000년 2월 이베이에 등록되었다. 함께 등록된 오싹한 설명문에서 옛 주인은 그림 속 등장인물들이 움직이고, 심지어 현실 세계로 빠져나온다고 했다. 이 이야기는 인터넷에서 유명해졌고, '이베이의 귀신 들린 그림'이라는 별명이 붙었으며, 천 달러가 넘는 경매가에 팔렸다. 바갠스는 그 원작을 손에 넣을 수 없어서 스톤햄에게 그 그림의 프리퀄을 그려 달라고 요청하고, '소년을 밀어내는 손'이라는 제목을 붙였다.

공포 박물관에서의 경험은 상당히 강렬했다. 나와 함께 투어한 어떤 사람은 귀신 들린 인형과 깜빡이는 조명, 그리고 극도로 시끄러운 고스트박스(spirit box)[*]가 있는 전시실에서 시간을 보낸 뒤 두통과 식은땀에 시달리며 전시실에서 도망쳐 나왔다. 또 어떤 사람은 전시실에 들어가기를 거부하고 투어가 끝날 때까지 바깥에서 기다렸다. 그들을 보고 있자니 다음과 같은 질문이 떠올랐다. "왜 그토록

---

* 유령과 대화를 나눌 수 있다는 기계장치.

많은 충격적이고(만약 그 포기각서를 믿어야만 한다면), 위험한 물건들을 한곳에 모아두고 일반에 공개하는가?" 박물관 측의 대답은 평범했다. "초자연적인 세계에 대해 교육하고, 저주받은 물건들이 공개적인 상황에서 해악을 끼치는 것을 막기 위해서"라고 했다. 심지어 위험한 동물로 가득 차 있는데도 학생들에게 공개되는 동물원과 유사하다고 했다.

아마도 가장 진정한 대답은 투어 가이드가 문을 가리키며 한 말에서 찾아볼 수 있으리라. "마지막은 이 집에서 가장 무서운 곳이에요…. 기념품 가게랍니다."

이동식 초자연현상과
오컬트 박물관

펜실베이니아주에 사는 십 대 소년 그렉 뉴커크(Greg Newkirk)는 친구들과 함께 폐가에 침입해서 유령을 찾으려다 필로폰 공장을 발견했다. 데이나 매튜(Dana Matthew)는 2000년대 초 캐나다에서 〈소녀 유령사냥꾼(Girly Ghosthunters)〉이라는 초자연 리얼리티 쇼에 출연했다. 그들은 유령사냥을 다루는 경쟁 웹사이트를 통해 만났고, 결국은 결혼해서 '이동식 초자연현상과 오컬트 박물관(The Traveling Museum of the Paranormal and Occult)'을 열었다. 뭐, 너무 뻔한 '소년이 소녀를 만났다' 식의 이야기다.

그러나 박물관을 열기까지 과정은 순탄치 않았다. 우선 그들은 본업에서 해고당했다. 뉴커크 부부는 웹 콘텐츠를 만드는 신시내티의 여행 스타트업에서 일했다. 부서에서 감원을 시작하자 이 부부는 나름의 수익 흐름을 (또 한 번 자신들이 공유하는 초자연적인 현상에 대한 열정과 일맥상통하는 선에서) 만들기로 결심했다. 그들은 유령이 밥벌이를 해 주길 바라며, 귀신에게 홀리고 저주받은 물건들을 모아 작은 컬렉션을 만들고, 그 컬렉션을 가지고 초자연 순회 전시회를 다녔다. 부부는 이 전시회를 '이동식 초자연현상과 오컬트 박물관'이라고 불렀다. 사람들이 자기 집과 삶에서 사라지길 바라는, 혹은 그래야만 하는 물건들을 보내면서 박물관은 점차 커졌다. 뉴커크 부부는 박물관에 돈을 대기 위해 후원계좌를 열었고, 소위 '전문 괴짜'로 시간을 보낼 수 있을 만큼 모금에 성공했다.

뉴커크 부부는 이미 괴짜 같은 초자연 공동체 내에서도 가장 괴짜 같았다. 예를 들어, 이들은 빅풋의 물리적인 증거가 아직 발견되지 않은 이유는 이 생명체가 물리적인 존재가 아니기 때문이라고 주장하면서, "빅풋은 유령이다"라고 반농담식으로 언급한다. 부부는 자신들이 제작하고 등장하는 다큐멘터리 시리즈 〈헬리어(Hellier)〉에서 익명의 제보에 따라 켄터키주의 동굴 마귀를 추적했지만, 아무것도 발견하지 못했다. 그러나 숲속에서 소음이 들리고, 동굴 속에 빈 깡통이 굴러다니며, 불가사의한 옛 서적에 관련한 내용이 등장하는 등 사소한 일들이 동시에 벌어지면서 하나의 계시가 되었고, 모든 일이 저 세상에서 오는 어떤 메시지로 조합되었다. 이는 '오컴의 면도날'*과는 정반대다. 이상한 일이 펼쳐지지 않을 때, 더 이상한 일

---

* 14세기 철학자 오컴이 "불필요한 가정은 면도날로 잘라 내라"라고 말한 것에서 유래한 비유로, 어떤 사실이나 현상에 대한 설명에서 논리적으로 가장 단순한 주장이 진실일 가능성이 크다는 의미.

을 찾아본다는 것이니까.

뉴커크 부부는 박물관의 저주받고 귀신 들린 물건들에 대해서도 독특한 생각을 가지고 있다. 이 부부는 물건들을 룸메이트처럼 취급하고, 때론 친구처럼도 대한다. 이들은 켄터키주 커빙턴 집의 생활 공간에 물건들을 전시해 놓는다. 물건들에게 음식을 대접하고, 말을 걸고, 초자연 전시회를 위해 여행을 하면서 불편한 점은 없는지 확인한다. 전시회에서도 뉴커크 부부는 사람들에게 강연하면서, 이 저주받은 물건들과 상호작용하게 한다. 이들은 인간이 초자연적인 현상과 싸우거나, 초자연적인 물건들을 유리 진열장 안에 가두거나, 또는 공포영화의 소도구로 취급하지 말아야 한다고 믿는다. 인간은 저주받은 물건들에 더욱 열린 마음을 가지고, 나름의 방식으로 관계를 맺으며 호기심을 가져야 한다고 생각한다.

아마도 그러한 희망 섞이고 감상적인 태도가, 뉴커크 부부가 모은 물건들 가운데 그 어느 것도 워런의 애나벨 인형(212쪽)이나 잭 바갠스의 디벅 상자(128쪽)처럼 지독한 악명을 떨치지 않게 된 이유일 것이다. 그러나 여기에도 몇 가지 흥미로운 물건이 포함되어 있다.

박물관의 마스코트가 된 물건은 '악몽의 우상'이라고 불리는 60센티미터 높이의 어두운 나무조각상으로, 별명은 빌리다. 우상 빌리. 뉴커크 부부에 따르면, 빌리는 오하이오 데이튼에 있는 어느 집 지하의 포댓자루 속에서 발견되었고, 그 집에 사는 사람들이 악몽을 꾸다 지쳐서 이 우상을 기증했다고 한다. 듣자 하니 우상 빌리가 계속 악몽을 꾸게 만든 모양이다. 박물관에 온 우상 빌리는 특징적인 영향력을 자기와 접촉한 사람 누구에게나 뻗쳤고, 그중에는 그렉도 있었다. 그렉은 죽은 사람에게 말을 걸 수 있는 건물 설비를 갖춰야 한다고 지시하는 악몽을 꿨다고 주장한다. 뉴커크 부부는 이 우상이 콩고에서 왔으며, 어느 성직자가 이것을 어떤 신비한 존재와 소통하기 위한 '초자연적 전화기'로 사용했다고 믿는다.

또한 우상 빌리가 자기 목숨을 구해 주었다고 주장한다. 2016년 초자연 전시회를 마치고 집으로 돌아오는 도중, 부부는 메릴랜드 프렌즈빌 교외에 있는 어느 공동묘지에 출몰하는 빨간 눈 괴물에 관한 첩보를 받았다. 밤늦은 시간이었지만, 이들은 한번 확인해 보기로 마음먹었다. 그런데 공동묘지를 둘러보는 동안 사람들이 빽빽이 탄 자동차 한 대가 와서 부딪혔다. 차에 탄 사람들 중에서 한쪽 눈이 충혈되고, 얼굴 한쪽이 거무스름한 반점으로 덮인 얇은 넥타이의 한 남자가 차에서 내리더니 보험 정보를 교환하자고 우겼다. 그렉이 보기에 크게 걱정할 만한 손상이 아님에도 그랬다. 그렉이 차로 돌아와 보험 카드를 들고 나가려는 순간, 뒷자리에 실린 상자(이들은 그 상자에 빌리가 담겨 있었다고 생각한다) 하나가 너무 시끄럽게 덜컹거리고, 이리저리 돌아다니는 바람에 무슨 일이 벌어진 건지 뒤돌아볼 수밖에 없게 만들었다. 뒤를 돌아보자 그렉의 눈에 들어온 광경은 얼굴에 반점이 있는 남자가 자기 차 트렁크를 열었고, 두 명의 남자가 또 다른 차 뒷좌석에서 내리는 모습이었다. 그렉은 '걸음아 나 살려라' 하고 가속 페달을 힘껏 밟았다. 뉴커크 부부는 이 우상이 반응하지 않았더라면 강도를 당하고 목숨을 잃었을 것이라 믿고 있다.

그다지 우호적이지 않은 것으로 밝혀진 물건으로는 어둠의 거울이 있다. 이 거울은 가로세로가 각각 20센티미터와 25센티미터인 작고 검은 유리 한 장으로, 한때 수정점을 치는 데 쓰였다. 수정 구슬을 가만히 들여다보는 것과 비슷한 방식이었다. 부부는 이 거울을 한 여성에게서 받았다. 이 여성의 말에 따르면, 자기 어머니가 점을 치기 위해 이 거울을 샀는데, 성격이 변하기 시작할 만큼 거울에 집착하게 되자, 결국 어머니는 그 거울이 악귀임을 인정하고 옷장 속 검은 장막 안에 숨겨 두었다고 한다. 어머니는 딸을 시켜 그 거울을 뉴커크 박물관에 기증하게 했다.

처음 뉴커크 부부가 거울을 공개적으로 전시했을 때, 한 여성이 그 안을 들여다보다가 자기 자신의 시체가 사그라지는 모습을 보았다고 주장했다. 또 다른 누군가가 같은 말을 했다. 어떤 사람은 그 반짝이는 검은 표면을 들여다보다가 기분 나쁜 기운을 느꼈다. 또 다른 사람들은 자기 얼굴이 뒤틀린다든지, 거울에 비친 모습이 움직이고, 검은색 점이 근처를 맴도는 것을 경험했다.

집으로 돌아온 뉴커크 부부는 어둠의 거울 위로 검은 장막을 덮어 벽난로 위에 걸어두었다. 그러자 검은 거울은 매일 밤 스스로 장막을 거둬 내기 시작했다. 부부는 움직임 감지 추적 카메라(보통은 빅풋의 유령을 쫓기 위해 사용된다)를 설치했지만, 매일 아침 확인하는 메모리카드에는 아무런 영상도 담겨 있지 않았다. 다른 물건도 애를 먹이고 움직이기 시작했다. 뉴커크 부부는 그 유리판이 마치 배터리처럼 에너지를 빨아들이고 저장 했다가 결과적으로 다른 물건들에 영향을 미치는 것이라 믿게 되었다. 이들은 저 멀리 떨어진 곳에 거울을 보관하기로 했다. 더 이상 부부의 결혼사진 옆 벽난로 위에 둘 수 없었다.

이동식 초자연현상과 오컬트 박물관은 기묘한 이야기를 지닌 기묘한 물건을 더 많이 가지고 있다. 뉴커크 부부에게 물건을 보내는 사람 수는 절대 줄지 않을 것처럼 보이는데, 물건 대부분은 살해 현장의 마루 판자로 만든 점괘판, 벽에서 혼자 들썩이는 그림, 그리고 수많은 인형들이다. 악몽을 꾸게 만드는 우상을 만져보거나 사악한 검은 거울 속에 비친 자신의 모습을 자세히 들여다보고 싶다면, 뉴커크 부부를 찾자. 아마도 차 트렁크에 저주받고 귀신 들린 물건을 가득 채우고, 당신 마을 근처로 찾아와 줄 테니까.

이베이의
저주받은 물건들

　혼자 힘으로 저주받은 물건을 찾고 싶다면, 어두침침한 성의 다락방이나 오래전 사라져 버린 문명의 불에 탄 흙을 뒤질 필요는 없다. 그냥 핸드폰을 손에 들고 이베이에 접속해 보자. 언제든 수많은 저주받은 물건이 온라인 경매 사이트에 올라와 있을 테니까. 인형이든, 돌이든, 보석이나 작은 조각상이든, 악마의 재든 뭐든지 다 있다.

　나도 잘 안다. 이 책을 쓰기 시작할 무렵 이베이에서 저주받은 물건을 하나 샀으니까. 실제로 꽤나 악명 높은 현대의 저주받은 물건들은 어느 순간 이베이에 올라온다. 디벅 상자(128쪽 참고)라든지, 빌 스톤햄의 1972년 작 '소년을 밀어내는 손'(230쪽 참고) 등이 그 사례다.

　내가 산 저주받은 물건은 인터넷에서 유명하거나 비싸지는 않았다. 나는 일 년에 걸쳐 저주받은 물건의 세계에 담금질 당한 후 뭐라도 하나 사야겠다고 결심했다. 이베이는 호프 다이아몬드를 훔쳐 오거나 투탕카멘의 무덤을 다시 더럽히는 것보다는 훨씬 더 안전한 선택처럼 보였다. 검색창에 '저주받은 물건'이라고 입력했고, 셀 수도 없이 많은 불가사의한 물건을 만났다.

나는 저주받은 아프리카 나무 가면(대략 1988년경)을 찾았다. '옛 사탄주의자이자 카오스 마법사'의 집에서 왔고, 다양한 암흑 의식과 폭력 행위에 사용된 물건이었다. 또한 사탄주의자가 쫓겨난 아파트에서 나온 나무 그릇 받침도 발견했는데, 이는 사람들이 그림자 유령을 보거나 혼령의 손길을 느끼거나 목소리를 듣게 만드는 물건이자 훌륭한 그릇 받침이었을 것이다. 저주받은 회중시계는 (원문에 따르면) "몰다비아의 사악한 간호사의 악귀가 들었다"라고 했고, 저주받은 불두(佛頭)는 물건들을 사라지게 만들고 고양이도 넘어뜨린다고 했다. 자살해서 돌아가신 판매자의 할아버지가 지녔던 작고 저주받은 나무상자도 있었다. 그 안에는 두 개의 체스 말이 있는데, 보지 않는 사이 상자 안에서 자리를 바꾼다고 했다(경매 시작가는 1,000달러인데, 매달 49달러씩 24개월 할부로 지불할 수도 있다). 저주받은 디벅 반지라든지, 저주받은 디벅 브로치도 있었다. 물론 인형들, 정말 많은 인형도 있었다.

나는 내 저주받은 물건을 신중하게 골랐다. 대부분의 최저 경매가격이 몇백 달러부터였지만, 나는 기본적으로 책을 홍보하기 위한 물건에 그렇게 많은 돈을 투자하려는 게 아니었다. 실제로 나는 저주받은 완벽한 물건을 찾기 위해 정말 많은 시간을 보냈고, 그러다 보니 이베이는 내가 인터넷을 하는 내내 저주받은 물건 광고를 보여 주기 시작했다. 광고 문구 가운데 하나는 "이베이의 저주받은 물건들: 정말로, 우리는 저주받은 물건들을 보유하고 있습니다"였다.

결국 완벽한 물건을 발견했다. 딱 맞는 크기에, 딱 맞는 유형이었고, 딱 맞는 가격이기도 했다. 약 9센티미터의 너비에 5센티미터의 높이를 한 청동 불도그로 그 시작가는 고작 11달러(와 배송비 3.78달러)였다. 판매자는 노스캐롤라이나 출신으로 답변 평점도 매우 높았지만, 무엇보다 나를 사로잡은 것은 그녀가 쓴 이베이 상품 소개였다.

"저주받은 물건"
사탄 주의. 놋쇠 또는 청동 불도그

강아지 모형을 수집하던 아버지는 이 불도그를 어린 소년 시절이던 1930년대에 한 중국인 가게에서 구입했습니다···. 가게 주인은 불도그를 팔기 싫어했지만, 아버지는 계속 우겼고, 가게주인은 이 물건에 저주를 걸 것이라는 경고와 함께 팔았다고 합니다. 그 주인은 불도그를 데리고 가는 아버지 뒤로 저주의 말을 웅얼거렸습니다···. 제 평생 우리 가족은 괴롭게 살았고, 크게 돈을 벌지도 못했으며, 아프고, 가족 간에 불화도 생겼습니다. 저는 인생에서 이 지긋지긋한 저주를 없애 버리고 싶습니다···. 제발 이 저주를 끝내게 해 주세요. 이 물건을 사서 당신이 가장 싫어하는 적이나 전남편, 아니면 불운과 슬픔을 안겨주고 싶은 사람에게 줘 버리세요. 이 물건은 절대로 환불이나 반품이 불가능합니다. 더 이상 제 삶에서 이 물건을 원치 않습니다.

이 물건의 경매가는 11달러에서 시작하려 합니다. 11은 제 행운의 숫자이니까요. 제 가족의 삶에 새로운 장을 열리기 바랍니다.

나는 유일한 입찰자였다. 낙찰되자 이 저주받은 물건이 판매자가 자기 집을 청소하고, 공식적으로 저주를 내게 넘기자마자 발송될 것임을 알려 주는 이메일을 받았다. 나는 배송조회 번호가 나오길 기다렸다.

불도그의 주인은 내가 무슨 이야기를 듣고 싶어 하는지 정확히 파악하고 있었다. 나는 아마도 이 주인이 실질적으로 판매한 대상이 '경험'일 거라고 생각했다. 이러한 생각은 나흘 뒤에 상자 하나를 받았을 때 더욱 확고해졌다(그녀가 이베이에서 왜 그리 평점이 높은지 알 수 있었다). 우체국의 평범하고 자그마한 빠른우편용 단일요금 택배 상자였고, 하얀색 옆면에는 분홍글씨로 더 많은 경고가 쓰여 있었다. "흥미로운 시간을 보내길 바랍니다. 권력을 쥔 사람들의 관심을 끌길 바랍니다. 당신이 원하는 것을 얻길 바랍니다." 마지막 문장에는 밑줄이 쳐져 있었다.

간절히 기다려 왔던 물건을 상자에서 꺼냈다. 크기에 비해 묵직해서, 아마도 문진으로 쓰였을 것이라고 생각했다. 그 둔탁한 금속제품을 자세히 살펴 보았지만, 멍멍이에게서 식별 표시를 찾아볼 수 없었고, 이 점은 이야기에 상당한 도움이 되었다. 내가 가장 보고 싶지 않은 것은 불도그 배에 새겨진 '메이드 인 차이나'라든지 '2019년 생산 제품' 같은 표시였으니까.

3월 초에 물건을 받았고, 불도그를 사무실 선반 위에 올려두었다. 그 후 두 달 간 내가 이 책을 작업하는 동안, 이 저주받은 강아지는 높은 곳에서 나를 뚫어지라 내려다보고 있었다. 이따금 나는 저주받은 물건의 희생자에 관한 글을 한 줄 쓰고, 불도그를 쳐다보기도 했다. 그러나 4월 말이 되도록 나쁜 일은 벌어지지 않았다.

판을 키워 보기로 했다. 나는 휴가에 이 물건을 같이 가져갔다. 우리 가족은 비행기를 타고 플로리다주의 세인트 어거스틴으로 갔다(어쩌면 그 비행기에 탄 남은 사람들을 살짝 배려하지 못한 셈이었다). 나는 며칠 동안 휴가를 즐기고, 햇볕에 까맣게 그을린 후에 아내에게 이 아슬아슬한 곡예에 대해 털어놓았다. "휴가 내내 모르고 있을 뻔 했네." 아내는 이렇게 말했다. 하지만 훌륭한 휴가였다.

그 해는 대체로, 어쩐지 실망스럽게도 여러 가지 의미에서 정말 훌륭했다. 그리고 저주받은 물건을 찾고 조사하는 데 쓴 내 시간을 기념할 물건을 손에 넣기 위해 11달러에 배송비까지 지불할 가치가 있었음에도, 마음 한구석에서는 내가 그 불도그를 존 재피스나 잭 바갠스, 아니면 뉴커크 부부에게 보내야 할 만큼 내 인생에 기이한 혼란을 가져다 주었으면 좋을 것 같다는 생각도 했다. 하지만 누가 알까? 모든 개가 그러하듯, 아마 이 개도 진짜 성격을 드러내기 전까지 새 집에 적응 중일 수도 있다.

6장

왜
이 물건은
저주받지
않았는가

어떤 사람들은 저주가 미라, 묘석, 인형처럼 소름 끼치는 물건들을 비방하려는 인간의 자연적인 성향에서 생겨난 루머라고 주장한다. 그러나 이 세상에서 가장 소름 끼치는 존재는 전혀 저주받지 않았다. 이를테면 연쇄살인마 페터 퀴르텐(Peter Kürten)의 머리, 아서즈 시트(Arthur's Seat, 스코틀랜드 에든버러에 있는 화산지형 - 옮긴이)에서 발견된 미니어처 관, 인간의 피부로 제본한 책, 파멸의 수정 해골, 신비한 안티키테라 기계 등이다. 이 유물들에 저주 괴담이 없다는 사실은 저주가 진짜라고 주장하는 사람들에게 제공할 수 있는 가장 좋은 논거다. 그러나 이 물건들이 저주에 걸리지 않았다고 해서 우리의 등골을 덜 오싹하게 만든다는 의미는 아니다.

미라가 된 뒤셀도르프 뱀파이어의 머리

탄생지	연도
독일의 뮐하임 암 라인	**1883~1931년**
퀴르텐의 희생자 수	현재 위치
알려지지 않음	**위스콘신주, 위스콘신 델즈,**
(살인 아홉 명, 살인미수 일곱 명으로 추정)	**리플리의 믿거나 말거나 박물관**

이 물건은 뒤셀도르프의 뱀파이어라고 알려진 연쇄살인마를 참수한 머리가 미라화된 것이다. 뭔가 저주를 받아야 한다면 이 물건이야말로 그 대상이 되어야 할 터. 그러나 이 물건과 관련된 단 하나의 전설도, 일화도, 저주받았다는 주장도 존재하지 않는다. 마치 저주조차 이 물건과는 엮이고 싶지 않다는 듯하다. 이 물건은 저주받지 않았기에, 당신이 자유롭게 접근해 볼 수도 있다.

페터 퀴르텐은 1883년 독일의 뮐하임 암 라인에서 태어났다. 그는 최악의 양육 환경에서 자랐는데, 비좁은 방 하나짜리 집에 열두 명의 형제와 함께 알코올 중독에 학대, 근친상간과 강간을 일삼는 아버지가 끼여 살았다. 불행히도 퀴르텐은 아버지의 발자취를 그대로 따랐다. 인류가 일괄적으로 혐오스럽다고 느끼는 뭔가가 있다면, 퀴르텐은 그런 것을 기꺼이 받아들였다. 방화, 강간, 소아성애, 수간, 살인 같은 것을 말이다.

퀴르텐의 난폭한 행위는 1929년 뒤셀도르프에서 본격적으로 시작되었다. 그의 희생자 가운데 일부만 남성일 뿐 대부분은 여성과 소녀였다. 마침내 퀴르텐과의 조우에서 살아남은 희생자 가운데 한 명이 그의 주소를 알아 내어 경찰에 신고했다. 퀴르텐은 한동안 잘 빠져나가는 듯했지만, 자유로운 괴물로 살 수 있는 시간이 임박한 듯 보이자, 아내에게 자기를 신고하고 포상금을 받으라고 조언했다. 모든 어두운 마음에도 한 줄기 빛이 스며들기 마련이니까.

퀴르텐은 공식적으로 아홉 번의 살인과 일곱 번의 살인미수에 대한 재판을 받았다. 그는 재판받지 않은 살인과 폭행을 포함해 79건의 범죄를 저질렀다고 고백했다. 사람들은 퀴르텐과의 조우에서 4분의 1 확률로 살아남을 수 있지만, 법률에 위배되지 않거나 사지 멀쩡한 채로 벗어날 확률은 없었다.

퀴르텐이 선택한 무기는 망치지만, 스토커*적인 별명은 그의 피에 대한 집착에서 나온 것이다. 그는 희생자가 흘린 빨간 액체가 에로틱하다고 느꼈고, 그 피를 마시고 싶어 했다. 단두대 앞에 고개를 숙이기 전에 그가 교도소 의사에게 했던 마지막 말은 "머리가 잘린 다음, 단 1분이라도 잘려 나간 목에서 제 피가 콸콸 쏟아지는 소리를 들을 수 있을까요? 그렇다면 모든 즐거움을 마무리 짓는 즐거움이 될 텐데요"라는 소문도 있다.

그는 1930년에 체포되어 재판을 받고, 당신이 손을 더럽힌 뭔가를 닦아내는 것보다 더 빠른 속도로 유죄를 선고받았으며, 1931년 뒤셀도르프에서 사형당했다. 그는 의사들이 그의 두개골을 열어 그 안을 들여다볼 정도로 괴물이었다. 페터 퀴르텐이 정상적인 뇌를 가지고 있을 리가 없었기 때문이다. 어쩌면 그의 뇌는 뾰족한 이와 눈알을 가지고 있을 수도, 초록색 키틴질로 되어 있을지 몰랐다. 그러나 포렌식 분석은 그가 정상적인 인간의 뇌를 가졌음을 밝혀냈다. 당신

---

* 소설 《드라큘라》의 작가 브램 스토커(Bram Stoker)를 빗댄 표현.

과 나의 뇌처럼.

그 뇌와 머리는 여전히 보존되어 오늘날 일반인들에게 공개되고 있었다. 이 인공의 유물을 보기 위해 뒤셀도르프 경찰서의 포렌식 자료실을 깊이 파헤친다거나, 교도소 공동묘지를 몰래 파볼 필요도 없다. 그저 위스콘신 델즈로 가족여행을 떠나면 된다.

위스콘신 델즈는 대부분 티셔츠 가게, 기념품 가게, 퍼지 사탕 가게로 구성되어 있는데, 그런 관광도시에 가면 으레 '리플리의 믿거나 말거나 박물관'이 있기 마련이다. 그곳에는 차가운 칼날이 머리와 목을 갈라놓은 지 90년이 지난 뒤셀도르프 뱀파이어의 머리가 전시되어 있다.

그 머리가 보고 싶다면 가시 공작 블라드**와 뱀파이어 사냥 세트, 그 외에 송곳니와 관련된 온갖 재미있는 것들이 등장하는 뱀파이어 전시실로 향하자. 전시실 뒷벽에는 '리플리의 더 어두운 면'이라는 글이 스프레이 페인트로 쓰인 비밀의 통로가 있다. 비밀의 통로 안쪽으로 나선계단을 타고 올라가면 작은 방이 나온다. 그 안에는 바토리 에르제베트(Báthory Erzsébet)***를 나타내는 마네킹이 피로 가득 찬 욕조 안에 있고, 얇고 긴 스파게티 면으로 만든 장작더미 위에서 화형당하는 마녀를 묘사하는 조각상, 영국의 어느 남자

** 《드라큘라》의 모델이 된 실제 인물.
*** '피의 백작 부인'이라는 별명을 가진 헝가리 귀족으로 젊음을 유지하기 위해 소녀 수백 명을 납치해 살해하고, 그 피로 목욕을 즐겼다고 한다.

마법사의 궤짝이 있는가 하면, 나무 단두대 안에 놓인 유리 상자에
는 페테르 퀴르텐의 머리가 있다. 그의 머리는 고리에 고정되어 천
천히 회전하고 있다.

머리는 마치 바나나 껍질처럼 반으로 갈라져 있고, 갈라진 머리
안쪽은 아주 평범한 (적어도 생물학적으로) 뇌가 있던 우묵하고 텅 빈
공간이며, 척수와 부비강, 치아 역시 반으로 갈라졌다. 얼굴을 감싼
피부는 코털과 속눈썹까지 훌륭하게 보존되어 있다. 눈구멍은 푹 파
인 검은 색으로, 당신은 그 곁에 놓인 퀴르텐의 사진과 그 두개골을
비교해 볼 수도 있다.

그렇다면 어째서 미라가 된 이 혐오스러운 살덩어리가 오대호의
가족 휴양지에서 발견된 것일까? 이 머리는 제2차 세계대전 이후 아
르네 코워드(Arne Coward)의 개인 소장품이 되었다. 코워드는 하와이
에 사는 골동품 중개인으로, 엄지손가락을 죄는 도구, 혀를 찢는 도
구, 망나니의 칼 등 고문 도구를 모았고, 고통을 안겨 주는 물건이라
면 무엇이든 거실에 놓고 싶어 했다. 그리고 퀴르텐의 텅 빈 머리는
그 주제에 딱 맞았다. 1979년 코워드는 세상을 떠났고, 그의 소장품
은 경매에 부쳐졌다. 리플리가 사들인 머리는 1990년 위스콘신 델즈
박물관에 설치되었다. 오늘날 빙빙 돌아가는 퀴르텐의 머리를 볼 수
있는 바로 그곳이다.

당신이 가까운 거리까지 접근해도 저주에는 걸리지는 않겠지만,
남은 삶 동안 유령에 시달릴지는 모를 일이다.

미첼 헤지스의 수정 해골

출신지	**현 소유주**
19세기 유럽	빌 호만
출신지라고 주장되는 곳	**유명한 소유주**
콜럼버스가 발견하기 전의 벨리즈	F. A. 미첼-헤지스, 애나 미첼-헤지스
다른 이름	**크기**
파멸의 해골, 사랑의 해골	15cm×15cm×20cm, 5.2kg

 이것은 아마도 폐허가 된 마야의 신전에서 발굴된 실물 크기의 수정 해골로, 희생자에게 죽음의 광선을 쏜다는 소문이 있다. 영화 〈인디애나 존스〉 시리즈에서 처음으로 흥행하지 못한 속편*에 영감을 주기도 했는데, 어쩌면 이 저주받은 해골 때문에 흥행에 참패했는지도 모른다. 하지만 이 해골이 저주받은 것은 아니다. 요즘에는 '사랑의 해골'이라고도 불린다.

---

* 2008년 개봉작 〈인디애나 존스: 크리스털 해골의 왕국〉.

프레데릭 아서 미첼 헤지스(Frederick Arthur Mitchell-Hedges)는 20세기 초 영국의 탐험가였다. 그는 잃어버린 도시와 잊힌 문명에 집착했고, 주로 중앙아메리카로 모험을 떠났다. 그는 자기의 업적을 꽤나 과장해서 떠벌리는 사람이었고, 자기가 아틀란티스 대륙과 세계 4대 문명, 지금까지 알려지지 않은 민족들을 발견했다고 주장했다. 그러나 미첼 헤지스와 관련한 가장 유명하고 끈질긴 주장은 그가 직접 떠벌린 이야기들이 아니라 그의 딸 애나에게서 나온 것이다.

애나의 말에 따르면, 1920년대 자신이 십 대 소녀였던 시절에 아버지를 따라 영국령 온두라스(오늘날의 벨리즈)에서 콜럼버스시대 이전의 도시인 루반툰의 폐허를 탐험했다고 한다. 또한 고대 도시에서 애나 자신이 제단의 잔해 밑에서 수정 해골을 발견했다고 한다. 해골의 크기는 대략 길이 15센티, 높이 15센티, 폭 20센티미터에 무게는 5.2킬로그램 정도였다. 붙였다 뗄 수 있는 턱을 가졌지만, 그 외 다른 부분은 단 하나의 아름다운 수정 조각으로 되어 있었다.

애나의 아버지는 그 해골에 대해 많은 이야기를 하지 않았다. 프레데릭은 이 해골에 '파멸의 해골'이라는 이름을 붙였고, 수천 년 전에 만들어진 이 해골은 적의 죽음을 기원하는 마야의 사제들이 사용한 것이라고 주장했다. 대충 그랬다. 심지어 회고록의 최신판에서는 그에 대한 언급조차 모두 지워 버렸다. 그러나 1959년 그가 사망한 뒤, 애나는 평생을 그 수수께끼 같은 수정 두개골을 초자연적 셀럽으로 만드는 데 쏟아부었다. 그리고 그녀는 성공했다. 스톤헨지와 함께 이 수정 해골은 기이함의 아이콘으로 등극했으니까.

해골의 출신과 목적, 능력에 관한 신빙성을 두고 여러 가설이 점점 더 크게 궤도를 그리며 둘러싸고 있다. 성직자들이 휘두르는 초자연적인 무기라는 미첼 헤지스의 이야기 외에도, 태생적으로 외계인의 것이라는 주장도 있다. 전설의 대륙 아틀란티스에서 왔다는 말도, 사실은 컴퓨터라는 이야기도, 성전기사단이 의식에서 쓰던 물건이라는 주장도 있다. 환영을 보게 만든다는 가설도, 존 F. 케네디의 암살을 예언했다는 가설도, 사탄이 만들었다는 이야기도 있다(이는 사탄의 교회 창설자인 안톤 라베이Anton Lavey가 이 수정 해골을 보고 나서 만든 이론이다). 그러나 이 모든 가설과 미첼 헤지스가 붙인 그 찰떡처럼 어울리는 이름에도 불구하고, 이 으스스한 유물은 저주받았다고 알려지지 않았다. 어느 한 매체에서 그런 누명을 씌우려고 시도했지만, 소용이 없었다.

1962년 《페이트》 3월호에는 존 싱클레어(John Sinclair)가 쓴 〈파멸의 수정 해골〉이라는 기사가 실렸다. 그 기사에서 싱클레어는 해골의 희생자라고 알려진 이들의 여러 소문을 언급했다. 예를 들어, 수정 해골을 비웃은 줄루족 주술사는 구름 한 점 없는 하늘에서 떨어진 벼락에 맞아 죽었다고 한다. 수정 해골의 사진을 찍으면서 해골을 조롱한 사진사는 그후 차 사고로 사망했다고 한다. 또한 해골이 있는 장소에서 해골을 폄하한 사람이 심장마비로 죽은 별개의 두 사례도 있었다. 싱클레어는 심지어 미첼 헤지스의 죽음 역시 해골 탓

이라고 암시했다. 보아하니 파멸의 해골은 쉽게 상처받는 마음의 소유자인 모양이다. 기사에 따르면, 미첼 헤지스는 자기가 죽으면 수정 해골과 같이 묻어서 그 악귀도 함께 죽을 수 있게 해 달라고 딸에게 부탁했다고 한다.

그러나 기사에 언급된 사건들은 진실도 아니고 입증도 불가능하다. 애나는 백 살까지 살았다. 한 세기에 가까운 삶 동안 파멸의 해골을 룸메이트 삼아 살았는데도 그렇다. 심지어 애나는 이 해골이 저주받지 않았음은 물론, 치유의 기능까지 지녔으며, 그의 아버지가 들려준 모든 파멸의 해골 이야기는 농담이었다고 노골적으로 말했다. 훗날 대중에 공개된 후, 이 수정 해골은 '사랑의 해골'이라고 새로운 이미지를 가지게 되었다. 저주받은 물건이 '사랑의 해골'이라는 이름을 가지고 있을 리 없다. 유감스럽다.

이후 다양한 과학적 실험이 있었고, 전문가들은 다양한 결론들을 분석했다. 마침내 이 해골이 초자연적인 힘을 가진 콜럼버스시대 이전의 유물이라는 명성을 망쳐 놓은 것은 바로 문서 기록이었다. 기록에 따르면, 미첼 헤지스는 이를 1943년 9월 런던의 한 경매에서 시드니 버니(Sydney Burney)라는 미술상에게 400파운드를 주고 사들였고, 우리는 이 해골이 19세기 유럽에서 만들어졌다고 믿게 되었다.

2007년 애나가 죽은 뒤, 사랑의 해골은 남편 빌 호만(Bill Homann)이 간직했다. 그들은 애나가 죽기 5년 전에 결혼했다. 빌은 루바툰의 폐허에서 해골을 발견했다는 애나의 주장을 고수하며, 가끔 전시회나 TV프로에서 그 이야기를 꺼내곤 한다.

이 해골은 개인 소장품이기 때문에 일반인이 보기 쉽지 않지만, 비슷한 연배에 비슷하게 떳떳하지 못한 기원을 지닌 해골을 런던 대영박물관의 미국 전시실에서 만나볼 수 있다. 미첼 헤지스의 해골처럼 이 해골 역시 경매에서 사들인 것으로, 1897년 대영박물관 컬렉션에 들어온 이래, 그 인기 덕에 끊임없이 전시 중이다. 전문가들은 이 해골이 미첼 헤지스의 것보다 오래되었을 뿐 아니라, 후자가 전자를 본보기로 삼아 만들어진 것이라고 믿고 있다. 두 해골 간의 주요한 차이는 대영박물관의 해골이 덜 정교하고, 턱이 분리되지 않는다는 점이다.

흥미롭게도 대영박물관의 수정 해골은 정통적인 유물들과는 꽤나 떨어져 있지만, 여전히 미국 유물관에서 전시되고 있다. 이 해골은 화장실 근처 모퉁이에 숨어 있는 것처럼 전시되어 있고, 팻말에는 변명하듯 다음과 같이 쓰여 있다.

백수정 해골

기원후 19세기 말

———

본래는 아즈텍족의 유물로 여겨졌지만,
최근의 연구를 통해 유럽산으로 밝혀졌다.

아서즈 시트의 미니어처 관

원산지	발견연도
스코틀랜드 에든버러의 아서즈 시트	**1838년**
현 위치	또 다른 이름
스코틀랜드 국립박물관	**살인 인형**

　나무로 만든 작은 관 열일곱 개 안에 나무로 만든 작은 시신 열일곱 구가 있다. 부두 인형이라거나 꼭두각시를 이야기하는 것처럼 들릴 수 있다. 이는 어쩌면 저주의식에서 중요한 요소로, 그 주술사에게 해를 끼친 어떤 순진한 사람을 저주하기 위해 불 속으로 던지거나, 땅속에 묻거나, 동굴 속에 숨겨 두기 위해 준비한 소도구일 수도 있다. 관에 든 열일곱 구의 카데바(cadaver)는 분명히 소름 끼치는 물건이지만, 그렇다고 저주받은 물건은 아니다. 어찌 된 일인지는 몰라도 그러하다.

　관에 든 카데바들은 초소형 관, 요정의 관, 관 인형이라고 불리는

데, 모두 괜찮게 느껴지는 이름이다. 대충 잘라서 만든 각 나무관은 약 7.6센티미터고, 관 뚜껑은 약간의 주석으로 장식되어 있다. 뚜껑은 열릴 수도 있다. 작은 핀과 다른 쇳조각으로 박았기 때문에 비틀어야 열리긴 하지만. 각 관에는 아주 작은 나무 인형이 들어 있다. 일부는 벌거벗었고, 일부는 무늬 있는 무명 조각을 바느질해서 만든 옷을 입고 있다. 일부는 팔이 없지만 이들의 눈… 눈은 모두… 뜨고 있다. 다시 한 번 말하지만, 소름 끼치긴 해도 저주받지는 않았다. 그리고 확실히 초자연적이다.

1836년 몇몇 소년들이 스코틀랜드 에든버러에 있는 아서즈 시트의 비탈에서 놀고 있었다. 아서즈 시트는 사화산이다. 신화에 따르면, 지리학적으로 아서즈 시트는 아서왕의 카멜롯이 자리했을 가능성이 큰 장소로 꼽힌다. 문학적으로는 메리 셸리(Mary Shelley)의 《프랑켄슈타인》과 쥘 베른(Jules Verne)의 《지하도시(The Underground City)》에도 언급되어 있다. 실질적으로 이곳은 탐험하고 등산하고 풍경을 감상하기에 상쾌한 장소다.

스코틀랜드 사내아이들은 놀다가 아마도 토끼 몇 마리를 찾고 싶었을 것이다. 아이들은 앞으로 이백 년 동안 학자와 역사학자들을 당혹스럽게 만들 발견을 하리라고는 전혀 생각하지 못했을 것이다. 어느 순간 한 소년이 바위 속 우묵한 공간을 찾아보려고 돌로 막혀 있는 곳을 치웠다. 그렇게 찾은 작은 동굴 안으로 열일곱 개의 작은 관이 여덟 개씩 두 줄로 세워져 있었고, 나머지 열일곱 번째 관은 두 줄

사이에 균형 맞춰 놓여 있었다.

그리고 그 사실이… 우리가 아는 거의 전부다. 오늘날까지 그 누구도 이 미니어처 관이 무엇을 의미하는지, 왜 아서즈 시트에 놓여 있었는지, 또는 누가 이것들을 만들었는지 모른다. 그러나 여기에는 여러 가설이 있다. 언제나 가설은 존재하니까.

예를 들어, 어떤 이들은 이 관들이 외국이나 바다에서 죽은 사람들을 상징적으로 땅에 묻은 것으로, 고대 색슨족이나 선원의 전통에서 나왔을 거라고 생각했다. 혹자는 이 관들이 저주받은 물건의 정반대인 행운의 부적이었고, 이 관들이 발견된 우묵한 공간은 나중에 팔기 위해 물건들을 보관해 두는 작은 창고라고 했다. 더 최근에 나온 이론에 따르면, 이들은 19세기 초반 노동 저항의 상징이란다.

이 물건들이 주술이나 악마 연구의 도구라서 산에 뿌려진 것이라는 의견이 발견 직후 널리 퍼졌다. 하마터면 이 관에 저주받은 물건이라는 별명이 붙을 뻔했으나 불행히도 그 의견은 결코 인기를 얻지 못했다. 게다가 스코틀랜드는 이미 자체적으로 부두 인형을 가지고 있었는데, 바로 진흙 인형(또는 진흙 시체)이다. 진흙 인형은 진흙으로 모양을 잡아 만든 모형으로, 점차 깎여 나가 없어지도록 흐르는 물 속에 둔다. 그리고 인형이 사그라지면서 희생자들이 해를 입게 된다.

결국 훨씬 더 흥미로운 이론이 제기되었다. 소년들은 처음 관을 발견했을 때 자연스럽게 그것을 가지고 놀았고, 작은 장난감을 공중으로 던져도 보고, 공처럼 주고받기도 했다. 아이들이 야생에서 할 것

이라고 기대하는 모습 그대로였다. 그 난리법석에서 살아남은 미니어처 관은 개인 수집가들에게 팔렸고, 1901년까지 대중의 눈앞에서 사라졌다. 1901년 원래의 열일곱 개 관 가운데 여덟 개가 스코틀랜드 국립 고대박물관에 기증되었고, 이후 스코틀랜드 국립박물관까지 진출했다. 백여 년의 시간이 흐른 오늘날 당신은 스코틀랜드 국립박물관에서 이 관을 만나 볼 수 있다.

1990년대 박물관 측은 미니어처 관에 대해 세부적인 조사를 시행했고, 연구자들은 아마도 한 사람이 조각했으며(그렇다고 두 명이 아닐 가능성을 배제하지 못했다), 구두수선 도구로 깎아 냈을 가능성이 매우 크다는 사실을 밝혔다. 또한 인형들이 관 크기에 맞지 않는다는 (따라서 팔을 잘라 내야 했다는) 점에서 원래의 용도와는 다르게 바뀐 것처럼 보였다. 또한 인형들이 눈을 뜨고 있는 것은 시체로 조각된 것이 아님을 나타냈다. 아마도 이 인형들은 군인으로 만들어졌을 것이다. 무엇보다도 가장 흥미로운 부분은 무명천이 1830년대 초에 만들어진 것으로 연구자들이 추정했다는 점이다. 이는 부패하고 있던 인형들이 발견될 당시 거의 새것에 가까웠다는 의미다.

이러한 연대 결정은 미니어처 관이 스코틀랜드 역사상 가장 악명 높은 사건 가운데 하나와 관련 있다는 생각을 촉발했다. 바로 버크와 헤어 살인 사건이다. 1828년, 열 달의 시간 동안 윌리엄 버크(William Burke)와 윌리엄 헤어(William Hare)라는 두 남자가 살인 축제를 벌였다. 에든버러 왕립의과대학교의 로버트 녹스(Robert Knox) 박사에게 신선한 카데바를 팔기 위해 남자, 여자, 아이 가릴 것 없이 죽였던 것이다. 녹스 박사는 합법적인 의학용 카데바를 구하기 어려운 시절, 버크와 헤어에게서 사들인 카데바로 해부 실습을 했다.

"윌리엄 버크와 윌리엄 헤어라는
두 남자가 살인 축제를 벌였다.
에든버러의 왕립의과대학교 로버트 녹스 박사에게
신선한 카데바를 팔기 위해
남자, 여자, 아이 가릴 것 없이 죽였던 것이다."

결국 살인이 발각되었고, 헤어는 버크에게서 등을 돌렸다. 버크는 죄의 대가로 교수형을 당했고, 얄궂게도 의학용 카데바로 해부대에 올랐다. 오늘날 그의 해골과 피부로 만든 공책은 에든버러 대학교의 해부학 박물관에 전시되어 있다. 또한 그의 피부로 만든 명함 상자 역시 '캐디스와 마법 여행'이라는 지역 유령 투어 진행 회사의 상점에서 전시 중이다. 저주를 받아야만 할 것 같은데 그렇지 않은 물건 세 개가 더 있는 것이다.

두 윌리엄이 녹스 박사에게 제공한 시체의 수는 (누가 숫자를 셌는지에 따라 다르지만) 열일곱 구였다. 최초의 시체는 자연사한 것이었지만, 버크와 헤어에게 시체를 팔면 되겠다는 아이디어를 안겨 주었고, 열여섯 구의 시체는 모두 살인의 희생자였다. 열일곱 개의 미니어처 관이 만들어지기 고작 몇 년 전에 열일곱 구의 시신이 등장하는 사건이 벌어졌던 것이다.

아마도 아서즈 시트의 비탈에 있는 동굴은 버크와 헤어가 파멸시키고 훼손시킨 열일곱 명을 위한 개인적인 추모 공간이었는지도 모른다. 그리고 아마도, 윌리엄 헤어는 동료를 배반함으로써 자기가 일조한 범죄에서 처벌을 면했기 때문에, 살인범 가운데 한 명이 죄책감에 시달리며 이 관을 만들었을 수도 있다.

어쨌든 이러한 가설이 저주보다는 훨씬 더 흥미롭다.

할리우드, 저주에 걸리다

　실생활에서는 저주받은 물건이 비교적 드물지만, 많은 영화에서 저주받은 물건은 플롯에 영향력을 행사한다. 이 저주받은 물건들은 평범한 소도구가 아니라 영화의 주인공으로 자주 등장한다.

　공포영화의 제목을 아무거나 떠올려 보면, 아마도 저주받은 물건이 있을 것이다. 〈링〉(1998년)의 비디오테이프와 〈오큘러스〉(2013년)의 거울 등이 그 예다. 1987년 〈헬레이저〉는 우리에게 〈비탄의 배열〉 퍼즐 상자를 소개해 주었고, 〈드래그 미 투 헬〉(2009년)에서는 코트 단추가 저주를 받는다. 〈브레인스캔〉(1994년)에서는 비디오게임이, 〈이블 데드〉 3부작(1981~1992년)에서는 《네크로노미콘》이 문제였다. 〈스케어리 스토리: 어둠의 속삭임〉(2019년)에서는 또 다른 저주받은 책이 등장한다. 〈캐빈 인 더 우즈〉(2011년)에서는 오두막 지하실에 있는 모든 물건이 다 저주에 걸려 있었다. 지금까지 제작된 모든 미라 영화의 미라도 그렇다. 〈안개〉(1980년)에서의 금 십자가, 〈크리스틴〉(1983년)에서의 1958년형 플리머스 퓨리 자동차, 〈데스가즘〉(2015년)에서의 악보, 〈아미티빌 호러4: 악마의 탈출〉(1989년)에서의 램프도 있다.

　공포영화가 저주받은 물건에 적합한 유일한 장르는 아니다. 저주받은 물건은 판타지 모험물에서도 필요하다. 2003년 〈캐러비안의 해적: 블랙 펄의 저주〉는 저주받은 배와 저주받은 보물로 가득 한 시리즈물의 출발점이 되었다. 2001년에 시작한 《해리 포터》의 영화 버전에는 저주받은 물건들이 잔뜩 등장하는데, 가장 눈에 띄는 것은 시리즈의 마지막 두 편인 〈해리 포터와 죽음의 성물〉 1부와 2부에 나오는 '호크룩스'다(물론 당신은 사실 호크룩스는 홀린 물건이라고 주장할 수도 있다). 짐 캐리는 1994년 〈마스크〉에서 저주받은 로키의 가면을 찾고, 인디애나 존스는 〈레이더스〉에서 언약의 궤를 추격했다. 〈주만지〉에서는 보드게임(나중에는 비디오게임)이 문제였다. 그리고 당연하게도 〈반지의 제왕〉 3부작(2001~2003년)에서는 모두를 지배하는 단 하나의 저주받은 물건인 '절대 반지'가 존재한다.

제임스 앨런의
살가죽으로 만든 책

원산지
매사추세츠주 보스턴

생산연도
1837년

제임스 앨런의 직업
노상강도

현 위치
**매사추세츠 주 보스턴의
보스턴 애서니움 도서관**

작가의 예명
**조지 월튼, 조나스 피어스, 제임스 H.
요크, 벌리 그로브**

나는 '인피제본술(anthropodermic bibliopegy)'이라는 용어가 사람들이 '사람의 피부로 제본한 책'이라는 개념에 대해 노골적으로 이야기할 필요가 없게 하려고 탄생했다고 확신한다. 우웩, 그 용어는 사람들이 그 말을 입에 올리지 못하게 하려고 만들어졌을 것이다(꽤나 발음하기 어려운 단어니까). 그러나 사람의 피부로 제본한 책은 허구가 아니고, 괴담을 위해 만들어지지도 않았다. 미치광이 연쇄살인범이 만든 것도 아니다. 그렇게 만들어진 책들은 모두 저주받지도 않았다.

인간의 피부로 제본된 책은 전 세계 도서관과 박물관에서 찾아볼 수 있다. 과거에 의사들은 살가죽으로 책을 묶곤 했다. 예를 들어, 필라델피아의 무터 박물관은 1800년대 후반 선모충증으로 죽은 메리 린치(Mery Lynch)라는 여성의 피부로 제본한 책 세 권을 보유하고 있다. 매사추세츠 케임브리지에 있는 하버드 대학교의 휴튼 도서관에는 또 다른 인피제본 책이 있는데, 이 역시 1800년대 말에 만들어졌다. 《영혼의 운명(Destinies of the Soul)》이라는 제목의 책은 죽음 뒤의 삶을 다루는 프랑스식 명상을 다루었으며, 뇌졸중으로 죽어서 무연고 시체가 된 한 여성의 피부로 제본되었다. 영혼에 관한 책을 인간의 거죽으로 감싼다는 것은 분명 시를 연상시킨다. 런던의 웰컴 도서관 역시 19세기에 인피제본술로 만들어진 또 다른 책을 보유하고 있는데, 여성의 처녀성에 관한 이 책도 무연고 시체가 된 한 여성의 피부로 제본되었다. 인간의 살가죽으로 책을 제본하는 것에 대한 관심은 19세기에 최고조에 달했는데, 빅토리아시대의 죽음과 으스스함에 대한 집착을 고려해 본다면 그럴 만하다.

의학용 카데바의 피부로 엮은 책보다 더 흔한 것은 범죄자의 피부로 제본한 책이다. 사형당한 살인범이나 감옥에서 죽은 죄수들의 피부를 사용했는데, 책을 감싸기 위해 살갗을 잡아 늘였다. 우리는 앞장에서(257쪽 확인)에서 살인자 윌리엄 버크의 살가죽에 무슨 일이 벌어졌는지 이야기했다. 런던에서 더 남쪽으로 내려가면, 브리스톨 교도소에서 처음으로 교수형에 처해진 존 허우드(John HorWood)의 피부로 제본한 장부가 있다. 그 책은 오늘날 브리스톨 박물관에 소장되어 있다. 17세기 제임스 1세를 암살하려던 계획, 소위 화약음모 사건에 가담해서 교수형을 선고받은 예수회 사제 헨리 가넷(Henry Garnet)의 책 역시 가넷의 피부로 감싸진 것으로 알려져 있다. 그 책은 현재 개인이 소장하고 있다(그 집에서 세수를 자주 시켜 주길 바랄 뿐이다).

아마도 가장 유명한 인피제본술의 표본은 노상강도 제임스 앨런(James Allen)의 전기일 것이다. 1809년에 태어난 제임스 앨런은 보스턴 길거리에서 자라난 고아였고, 15세에 옷감 한 필을 훔쳐서 처음으로 감옥에 갔다. 그후로 그는 도둑이자 강도가 되었다. 당시 대부분의 노상강도처럼 그가 입에 달고 다니는 대사는 "돈을 내놓을래, 목숨을 내놓을래?"였다. 1833년에서 1834년 사이의 어느 겨울날, 앨런은 표적을 잘못 골랐다. 앨런은 세일럼 고속도로에서 유명한 기자 존 페노(John Fenno)를 싣고 달리던 마차를 털었다. 앨런이 두 자루의 권총을 겨눴는데도 페노는 싸움을 걸어왔고, 앨런은 총을 발사했다. 다행히 총알은 페노에게 찰과상만 남기고 지나갔고, 앨런은 말을 타고 계속 강도질을 하며 살아갔다.

보스턴의 집으로 돌아온 앨런은 자신이 강도미수의 혐의를 받고 있다고는 전혀 생각지 못했다. 예전에도 수없이 많은 여행자를 약탈했지만 한 번도 잡히지 않았기 때문이다. 그러나 시간이 지날수록 경찰들이 앨런을 주목했고, 앨런은 도망가기로 계획을 세웠다. 다만 그가 서인도제도로 향하는 배에 오르는 순간 경찰에 잡혔을 뿐이다.

1843년 2월 앨런은 유죄 판결을 받았고, 매사추세츠 주립교도소에서 20년간의 중노동형을 선고받았다. 자살 시도에 실패한 뒤(목에 감은 멜빵이 끊어지는 바람에 감방 바닥에 의식을 잃고 쓰러졌다), 마침내 탈옥해 범죄 인생으로 다시 돌아왔지만, 얼마 지나지 않아 머리에 7.6센티미터 깊이로 칼날이 박히고 말았다. 그의 살가죽으로 만들어진 책에 따르면, 앨런은 강도를 당하려는 한 여성을 보호해 주려다 부상을 입었다고 한다. 그는 다시 감옥으로 잡혀 들어왔다.

그즈음 앨런은 교도소 안에 유행하던 폐결핵에 걸렸고, 그가 누운 얇디얇은 감방 침대에서 임종을 맞이했다. 언젠가 페노가 감옥에 있는 앨런을 방문했고, 혹자는 페노가 앨런에게 미래의 범죄자들을 교화하는 의미에서 그의 삶에 대해 글을 써보라고 권했다고 한다. 이유가 무엇이든 앨런은 그 말에 따르기로 했고, 교도소장에게 자기 이야기를 대신 써 달라고 부탁했다. 앨런은 죽어가면서 두 가지 소원을 빌었는데, 우선은 교도소장이 글을 써서 두 부의 사본을 만들고, 앨런이 죽은 뒤에 그 피부로 제본을 해 주길 바랐다. 두 번째 소원은 두 사본 중 하나를 존 페노에게 전해 달라는 것이었다. 교도소장은 이에 동의했다.

앨런은 30세 생일 직전인 7월 17일 미처 구술 작업을 마치지 못한 채 세상을 떠났지만, 살아온 인생의 대부분을 필사로 남겨 놓을 수 있었다. 교도소장은 진심으로 약속을 지키는 사람으로 앨런의 피부로 적어도 한 부의 책을 제본했다. 당신은 그 증거를 오늘날 보스턴 애서니움 박물관에서 찾아볼 수 있다.

이 도서관은 페노가 소유했던 사본을 가지고 있다고 믿는다. 다른 한 부가 만일 존재하더라도, 누구의 수중으로 들어갔는지 모른다. 현존하는 제임스 앨런의 살가죽으로 만든 책은 바랜 회색이고 탄력 있다. 앞표지에는 "Hic liber Waltonis cute compactus est"라는 문장이 검은 띠 위에 금박으로 박혀 있다. 이 말은 '이 책은 월턴의 피부로 엮였다(조지 월턴은 앨런의 여러 예명 가운데 하나다)'라는 의미다. 그 라틴어 문장 외에는 이 책에 인간의 가죽을 씌웠다는 그 어떤 단서도 보이지 않는다.

그 점이 아마도 이 책의 가장 충격적인 특징인데, 이 책이 너무나 평범하다는 점이다. 실제로 세월이 흐른 뒤 인간의 가죽과 동물의 가죽을 구분하는 것은 상당히 어렵고, 인피제본술의 여러 견본을 살펴보아도 그게 사실이다. 또한 인피제본술로 만든 책 가운데 일부는 아마도 가짜일 것이고, 일부는 아직 그 진위가 밝혀지지 않았을 것이다. 이 세상에는 소나 염소 가죽으로 만들어진 척하는 책도 많을 수 있다.

아마도 언젠가 저주받은 책도 한 권 발견할 수 있을지 모른다.

안티키테라 기계

원산지
모름

나이
2,000세

발견연도
1900년

발견된 곳
안티키테라 부근, 에게해

현 위치
**그리스 아테네의
국립 고고학 박물관**

당신이 고대의 난파선에서 이상한 물건을 끌어냈다면, 그 물건이 저주받았을지도 모른다고 믿을 만한 훌륭한 이유가 될 수 있다. 적어도 비극으로 흠뻑 젖은 곳에서 되찾은 것이라면 그렇다. 그러나 앞서 말한 물건의 수준이 시대보다 천 년 정도 앞서 있다면 너무나 의심스러울 수 있다. 내가 말하고자 하는 것은 안티키테라 기계(Antikythera Mechanism)인데, 그러나 그 기계는 전혀 저주받지 않았다. 역사학자들과 과학자들은 안티키테라 기계가 무엇인지 안다고 생각하지만, 그들의 지식은 그 존재를 더욱 황당하게 만들 뿐이다. 안티키테라 기계는 이천 년 된 컴퓨터니까.

1900년, 그리스 안티키테라섬 앞바다에서 해면을 채취하는 잠수부가 고대 로마의 난파선을 발견했다. 난파선은 동상이나 대리석상, 보석, 동전 등 보물로 가득 차 있었다. 전문가들은 그 난파선이 기원전 80년에서 50년까지 거슬러 올라간다고 믿고 있다. 놀라운 발견이었고, 몇 달 안에 바닷속 물고기로 가득한 해초 숲에서 그 보물선을 끌어 올리기 위해 노력했다. 몇 년에 걸쳐 건져 올린 물건들은 아테네에 있는 국립 고고학 박물관으로 옮겨졌으며, 그곳에서 보물의 세척, 보존, 연구가 이루어졌다. 나머지 보물들은 1951년까지 그다지 흥미를 끌지 못했다. 처음 보물을 발견하고 51년이 지난 뒤에야 누

군가가 상대적으로 평범해 보이던 부식된 쇳덩어리에 진정한 흥미를 느끼게 되었다.

면밀한 조사 끝에, 수천 년 동안 소금물에 담겨 완전히 부식된 겉껍질 안에 금속장비가 숨겨져 있음이 드러났다. 섬세한 기술로 만들어진 장비에는 그리스어가 새겨져 있고 정확한 계산이 가능해서, 이전까지 그 시대에 가능하다고 생각했던 것보다 더 뛰어난 기계적인 정교화를 갖춘 물건임이 밝혀졌다. 사실 이러한 기술은 이 배가 침몰하고 나서 천 년 이상 흐른 뒤, 14세기에 이르러서야 발명되었다. 적어도 당시 존재하던 역사적 기록에 따르면 그랬다.

이 기기의 원래 모습은 구두 상자 크기로, 나무틀 안에 청동 톱니바퀴와 금속판이 함께 들어 있어 마치 스팀펑크(steampunk)*적이었을 것이다. 이 기계는 발견 당시 파손되어 세 조각으로 갈라져 있었다. 그리고 세척 과정에서 더 파손되었는데, 놀랍게도 여든두 개의 조각으로 분류되었다.

안티키테라 기계는 극도로 복잡한 시계와 매우 흡사하고, 또 그렇게 작동한다. 단, 이 기계는 지상의 시간 대신 천체의 시간을 알려준다. 기계가 만들어진 당시에 알려진 다섯 개의 행성인 수성, 금성, 화성, 목성, 토성을 각각 가리키는 시곗바늘이 특징이다. 또한 회전하는 검은색과 은색 구는 달의 변화를 보여 주고, 화성과 태양을 상

---

* 19세기를 배경으로 공상과학이나 판타지 요소를 적용해 전자제품 대신 증기로 작동하는 기계가 등장하는 문학 장르.

징하는 빨간 구와 금색 구도 포함했을 것이다. 기계에 새겨진 글씨와 작은 다이얼은 별이 뜨는 시간, 일식과 월식, 책력 등을 표시한다. 심지어 기계를 사용하는 방법에 대한 설명서까지 표시되어 있다. 기본적으로 안티키테라 기계는 수백만 킬로미터 떨어진 우주에서 천체가 움직이는 과정을 추적할 수 있는 아날로그 컴퓨터였다. 그로부터 이천 년이 지나고 나서야 인간은 지구에서 가장 가까운 별에 발을 내디뎠다.

이 장비는 발견만으로도 매우 희한한 가설이 생길 정도로 기이했지만, 그 어느 가설도 저주를 포함하지 않는다. 예를 들어, 누군가는 안티키테라 기계가 시간여행의 증거라고 믿는다. 지구의 미래에서 온 엉성한 시간 여행자가 이 기계를 시간의 길에 떨어뜨렸고, 에게해 바닥으로 침몰한 로마의 배에 실렸다는 것이다. 또는 그 기계가 외계인의 유물로, 더 뛰어난 지능을 가진 자애로운 존재가 어느 젊은 인간에게 맡겼다는 이야기도 있다. 이 후자의 이야기는 에리히 폰 데니켄(Erich von Daniken)이 1968년 인기 저서 《신들의 전차》에서 전파한 내용으로, 그는 다른 세계에서 온 고대의 우주비행사가 선물로 기술을 선사해 지구의 초기문의 발전을 촉진시켰다고 주장한다.

더 평범한 이론으로는 그 시대 가장 뛰어난 수학적 사고방식을 가진 자 가운데 한 명인 히파르코스(Hipparchus)가 발명하고 조립한 기계일 뿐이라는 것이다. 히파르코스는 아마도 고대 세계에서 가장 성공한 천문학자이며, 달과 태양의 움직임을 설명하는 정확한 모델을 만들어 낸 첫 그리스인이다. 그는 하늘을 관찰하기 위한 다양한 기계들을 발명했고, 삼각법의 아버지로 알려져 있다. 그가 이 기계와 비슷한 연대에 살았다는 사실 역시 이 이론에서 중요하다.

안티키테라 기계를 발견한 지 120년이 지난 오늘날에도 우리는 여전히 기계에 관한 가장 최소한의 정보만 알 뿐이다. 우리는 결정적으로 누가 이 기계를 만들었는지, 어디서 왔는지, 또는 왜 그 배에 실렸는지 알지 못하며, 그 시대의 비슷한 장비를 발견하지도 못했다. 심지어 모든 부품을 가지고 있지도 않으며, 일부는 의심할 여지도 없이 여전히 에게해 바닥의 침적토 속에 묻혀 있을 것이다. 흥미롭게도 안티키테라 기계는 그 어떤 저주 섞인 괴담을 불러일으키지 않았고, 다만 경외와 호기심, 시간 여행자와 외계생명체에 관한 대략적인 가설만을 양산했다.

오늘날 '#우와 #저 #옛날기계 #대박이다'로 표현할 수 있는 여든두 조각의 부품은 아테네의 국립 고고학 박물관에서 전시 중이며, 그곳에서 정말 그 기계가 저주에 걸리지 않았는지 살펴보며 당신의 운을 시험해 볼 수도 있다.

7장

기계의
저주

우리는 가끔 저주받은 물건이 어두컴컴하고 칙칙한 과거의 유물이라고 생각한다. 문화적 골동품이라든지, 인류학적 유적이라든지, 아니면 더 미신을 믿는 시대에서 온 고색창연한 잔해라든지. 오늘날 인간은 고도로 계몽되고, 진화했으며, 기술에 집착하며 디지털화되고 있다. 현대세계에서는 저주받은 물건이 끼어들 틈이 없다. 그렇지 않을까? 7장에서 우리는 시계와 자동차, 전화번호, 녹음기, 비디오게임, 심지어 행운의 이메일도 살펴보려고 한다. 기술도 신비에 쌓인 룬스톤이나 고대의 인형처럼 저주받을 수 있다. 가상적인 미래에 훨씬 더 가까이 접근할수록 무엇이든 디지털화될 수 있다. 저주받은 물건마저도!

프라하 오를로이

원산지	생산연도
체코공화국 프라하	**1410년**
현 위치	만든 사람
체코공화국 프라하의 구(舊)시청사	**카단의 미쿨라스, 얀 신델**

저주받은 기술의 선례가 어쩌면 현재 프라하라고 알려진 곳에서, 무려 600년 전에 공들여 만들어졌을 수도 있다. 프라하 오를로이 (Prague Orloj) 또는 프라하의 천문시계는 체코공화국 수도의 구(舊)시 가지 광장의 석탑에 걸린, 화려하게 장식된 거대한 중세의 기계다.

이 시계는 종교적 · 과학적 · 예술적으로 인간의 성취를 보여 주는 영광스러운 기념물로, 그 빛나는 문자판은 옛 보헤미아의 시간과 바빌로니아의 시간, 중부 유럽 표준시, 별의 시간을 말해 준다. 또한 별자리와 달력, 태양과 달, 별의 위치를 추적하고 있다. 매시간 시계가 울릴 때 나무로 된 열두 사도가 차례로 등장하는데, 사도들은 저마다 자신을 순교하게 만든 도구를 들고 있다. 이를테면 참수형을 당한 성 마티아스(Saint Matthias)는 도끼를, 몸이 둘로 나뉜 성 시몬(Saint

Simon)은 톱을, 가죽이 벗겨진 성 바르톨로메오(Saint Bartholomew)는 칼과 생가죽을 들고 있다. 그러는 동안 오를로이의 외벽에 붙은 다른 모형들은 살아 움직인다. 금색 수탉이 울고, 선과 악을 상징하는 인형들은 고개를 끄덕인다. 그 가운데는 천사와 천문학자, 철학자, 허영꾼과 수전노도 있다. 시계에서 가장 오래된 모형은 해골로, 생산연도는 15세기 후반까지 거슬러 올라가며 딸랑이나 딸깍이, 또는 체코어로 '코스틀리베츠(kostlivec)'*로 불린다. 이 해골은 죽음을 상징하며, 한 손에 든 종을 흔들고 다른 손에 든 모래시계를 돌려가며 점 잖은 척 고개를 끄덕인다.

누텔라 초콜릿 크림을 잔뜩 바른 굴뚝 빵 '뜨르델닉(trdelník)'을 손에 쥐고 구시가지 광장으로 걸어가면, 당신은 천문시계의 모습을 얼빠진 듯 바라볼 수밖에 없을 것이다. 또한 시계가 정시를 알릴 때면 당신은 구시가지 광장을 절대 빠져나갈 수 없을 것이다. 틀림없이 경외심에 가득 찬 얼굴로 올려다보는 사람들 사이에 어깨를 나란히 하고 서 있어야 할 테니까. 어쩌면 당신은 시계공이 환희에 차서 지르는 소리나 여행 가이드가 시계의 다양한 특징들을 설명하는 소리를 들을 수도 있다. 그러나 가이드가 관광객들에게 오를로히의 설계자가 자기 눈을 뽑았다거나, 시계가 나치군의 도시 파괴를 도왔다고 이야기하는 모습은 보지 못할 것이다.

---

* '해골'이라는 의미.

시계는 약 1410년경 만들어졌고, 처음에는 현재의 상태보다 훨씬 평범했다. 몇 세기에 걸쳐 조각상과 장식이 덧붙여진 것이다. 몹시 놀랍게도 시계의 일부는 여전히 원형을 유지하고 있고, 장식 중 대부분은 몇백 년 동안 그 자리에 있었다. 본래 위대한 시계 장인인 카단의 미쿨라스(Mikuláš)와 사제이자 천문학자인 얀 신델(Jan Šindel, 관심사는 천국과 천체)이 천문시계를 만들었다. 그러다가 시계가 공개되는 순간, 그 저주받은 괴담이 시작되었다.

괴담에 따르면, 시장은 이 예술과 과학의 위업에 너무나 감명받은 나머지 뜨거운 부지깽이로 시계공의 눈을 뽑아서, 다시는 다른 도시에 똑같은 시계를 만들지 못하게 했다고 한다. 그에 대한 복수로 시계공은 누군가에게 자신을 금속 부품들이 있는 곳으로 데려가 달라고 한 뒤 그 장치를 파괴했고(장치 속으로 몸을 던졌다는 이야기도 있다), 시계를 저주하고 더 나아가 도시에도 저주를 내렸다고 한다. 그러나 이러한 유래담이 언급될 때마다 시계를 만든 미쿨라스와 신델은 거론되지 않는다. 그 대신 (그다지 반갑지 않은) 시계공인 하누스 카롤리눔(Hanus Carolinum)이 언급된다. 카롤리눔은 실제로 시계 작업을 했지만, 이는 시계가 설치된 후 몇 세대나 흐른 1490년의 이야기다. 그러나 오류가 확인되었을 무렵, 저주 이야기가 이미 떠돌고 있었다.

저주의 특성상 그 내용은 말하는 사람에 따라 달라진다. 가끔은 시계를 만들거나 망가뜨리는 사람이 미치거나 죽게 된다고 한다. 또 다른 경우에 시계가 멈췄을 때 비극이 도시를 덮친다고도 한다. 그러나 다른 버전에서는 시계가 오랫동안 멈췄을 때만 도시가 고통을 받게 된다며 약간의 순한 맛을 더한다.

시계공이 미쳐 버렸는지는 모르겠지만, 오를로이는 몇 세기 동안 여기저기서 멈췄다. 시계는 복잡한 기계기 때문에 섬세하게 수리하거나 복원해야 했는데, 한 번은 폭탄이 떨어졌다(우리는 곧 이 부분을 살펴볼 예정이다). 그러나 프라하의 사람들은 계속 시계를 고치고 개선해 더욱 아름답게 만들었고, 그 덕에 오늘날 가장 오래 잔존하고 여전히 작동하는 중세시대 시계로 남아 있다.

그러나 이 시계에 관한 다른 미신도 존재한다. 예를 들어, 하루 중 가장 처음 울리는 종소리는 밤새 흥청망청 즐긴 마귀와 유령들을 쫓아낸다고 한다. 또 다른 미신은 만약 저주가 작동하기 시작하면, 그 저주를 피하는 유일한 방법은 시계에 달린 딸깍이 해골이 자기 해골을 딸깍거리길 멈추기 전에, 새해 첫날 태어난 소년이 교회에서 시계까지 달려가는 것이라고 한다.

그렇다면 저주받은 시계 덕에 프라하 사람들에게 뭔가 나쁜 일이 벌어졌는가? 아마도 그렇다. 그것은 나치인가? 혹자는 나치의 프라하 점령이 1939년 시작되었는데, 시계가 한동안 작동을 멈췄기 때문이라고 했다. 아돌프 히틀러도 (당시 체코슬로바키아로 알려졌던) 이 나라를 점령한 뒤 프라하에서 하루를 보냈는데, 자신이 훔친 이 보석 같은 도시에 감탄하며 분명 오를로이를 탐냈을 것이다.

1945년 5월 프라하 봉기가 일어나면서 마침내 저주가 위협을 가했다고 말하는 사람들도 있다. 제2차 세계대전에서 독일이 마지막 숨을 내쉬는 동안, 소련군의 지원을 받은 체코슬로바키아의 저항군은 독일로부터의 해방을 시도했다. 사흘간 이어진 전투에서 구시청사는 앞서 언급한 폭탄으로 심하게 파괴되었고, 오를로이도 그랬다. 시계가 훼손되는 순간, 러시아의 증강 병력이 도착해서 독일군을 완전히 몰아냈음에도 대세는 체코슬로바키아군을 등지고 흘렀다. 결국 그 전투에서 1,700명의 체코슬로바키아인이 죽었다.

오늘날, 2018년 9개월에 걸친 수리 끝에 오를로이는 원상태로 복원되었다. 그 정통한 색감을 되찾았고, 금속 장치들은 목제 장치로 교체되었다. 이제 오를로이는 구시가지 광장 위로 훨씬 더 중세풍으로 우뚝 서 있고, 새들을 내쫓기 위한 현대적인 철망과 뾰족한 창살을 자랑하고 있다. 당신은 거대한 저주받은 시계를 늘 조심해야 한다.

헝가리의 자살 노래

작곡가
레조 세레스

작사가
라슬로 야보르

발표연도
1933년

노래를 부른 유명인
폴 로브슨, 빌리 홀리데이,
리키 넬슨, 사라 맥라클란,
시네이드 오코너,
사라 브라이트만

노래는 기술의 일종이 아니고, 우리가 물건이라 생각할 수 있는 대상도 아니다. 노래는 예술이자 표현이고, 공기를 흔드는 계속되는 진동이기도 하다. 그러나 노래를 전달하는 방식은 마이크의 철망을 통해서든, 오디오 파일을 통해서든 간에 기술을 요구한다. 그 노래가 대량생산되어 라디오, 인터넷, 텔레비전, 물리적 매체를 통해 대량으로 전달될 때는 복잡한 기술의 연결망 전체가 필요하다. 이러한 기술의 긍정적인 측면은 음악가의 노래가 그렇지 않은 경우보다 더 많은 청중에게 닿을 수 있다는 것이다. 그러나 노래를 듣는 사람이 자살하게 만드는 노래에까지 그 영향력이 미치는 것은 기술의 부정적인 측면이다. 대량생산되고 대량소비되는 저주받은 물건은 두려운 존재가 된다.

레조 세레스(Rezsö Seress)는 너무나 재능 넘치는 청년으로, 한 손으로도 연주할 수 있는 부다페스트 출신 헝가리 피아니스트였다. 또한 오대양을 넘나드는 노래의 작곡가이자 공중곡예사였다. 게다가 상당히 거친 인생을 살았다. 삶의 대부분을 빈곤 속에서 보냈고, 제2차 세계대전 중에는 가족들과 함께 나치의 강제노동수용소에서 살아야 했다. 그의 어머니는 수용소에서 세상을 떠났지만, 세레스의 음울함은 히틀러가 세계를 더럽히기 오래전부터 시작되었다.

세레스에게는 진짜 히트곡이 하나 있었다. 1932년 파리에서 작곡한 C단조의 피아노곡으로, 노래의 이름은 'Vége a világnak(삐게 어 삐라그나크, '이 세상은 끝나 버렸어요'라는 의미)'였다. 전쟁의 공포와 인류의 불확실한 미래에 관한 애절하고 짤막한 소품곡이었다. 그는 약 일 년 후 이 노래를 발표했다. 대공황 때문인지, 아니면 불길하게 다가오는 세계대전의 여운 때문인지 몰라도 사람들은 그 노래에 파고드는 것처럼 보였다. 그리고 세레스의 친구가 그 노래를 히트곡으로 바꿔 버린 후 사람들은 더욱더 집착했다.

시인이자 헝가리인 친구 라슬로 야보르(Laszlo Javor)는 세레스의 가사를 더 개인적인 감정을 담아 다시 썼고, 노래는 새로운 차원의 관심을 받았다. 최근의 이별에서 영감을 받은 야보르는 이 노래를 한 연인의 죽음, 그리고 그로 인해 함께 죽고 싶어 하는 화자의 소망에 관한 노래로 바꾸었고, 비통하면서 옛 기억을 떠올리게 만드는 구절들이 가사에 포함되었다. 적어도 '내가 함께 살아가야만 하는 어둠은 끝이 없지'라든가 '슬픔의 검은 마차가 당신을 데려 갔어' 그리고 '죽음으로 나는 당신을 어루만질 수 있어'라고 번역해 본다면 그랬다. 새로운 버전의 노래에는 '소모루 바사르납(Szomorú vasárnap)', 즉 '슬픈 일요일'이라는 제목이 붙었다.

미국에서 '슬픈 일요일(Sad Sunday)'은 작곡가 샘 M. 루이스(Sam M. Lewis)의 재능 넘치는 손을 거쳐 '우울한 일요일(Gloomy Sunday)'이 되었고, 1936년 폴 로브슨(Paul Robeson)에서 1941년 빌리 홀리데이(Billie Holiday)까지 여러 가수가 리메이크했다. 이 노래는 '우울한 일요일'이라는 제목으로 발표되었지만, 세레스의 대표적인 작품은 '헝가리의 자살 노래'로 알려지기 시작했다. 너무나 많은 사람의 죽음을 가져와 클럽과 라디오 방송에서 금지되었기 때문이다. 적어도 표면상으로는 그랬다.

1930년대 말 스물 몇 건의 자살이 헝가리와 미국 모두에서 이 노래와 미약하게나마 연결되었다. 이 노래가 유서에서 언급되었고, 이 노래가 구슬프게 흘러나오는 축음기 옆에서 시신들이 발견되었으며, 희생자들이 그 차가운 죽은 손에 구겨진 악보를 쥔 채로 발견되었다는 이야기가 돌았다.

그러나 이 노래가 저주받았다는 아이디어는 BBC가 제2차 세계대전 동안 라디오에서 빌리 홀리데이가 부른 버전을 금지하면서 급격히 퍼져나갔다. 금지곡이 된 공식적인 원인은 이 노래가 자살을 필연적으로 초래해서가 아니라, 선전해야 할 싸움이 있는 와중에 지나치게 우울하고, 사기 저하를 유발한다는 것이었다.

한편으로, 이 슬프고 짤막한 곡의 인기는 세레스의 심리 상태나 은행 잔고에는 거의 도움이 되지 않았다. 전자의 경우, 세레스는 '우울한 일요일'의 성공이 실제로는 자신을 불행하게 만든다고 믿었다. 이 노래만큼 히트 칠 만한 또 다른 노래를 쓸 능력이 없다고 생각했기 때문이다. 후자의 경우, 그는 이 노래의 저작권 사용료로 돈을 벌어들이기 위해 미국으로 건너가는 것을 거부했다. 그는 가난한 몸으로 부다페스트에 남아 키스피파라는 식당에서 피아노를 연주했다. 키스피파는 사회 부적응자들과 탄압받는 자들, 바람직하지 않은 자들이 애용하는 식당으로, 빌리 조엘(Billy Joel)이 연주하는 척할 법한 그런 장소였다.

이 이야기에 종결부를 찍은 것은 레조 세레스의 최후의 운명이었다. 세레스 역시 자신이 살던 아파트 창문 밖으로 뛰어내려 자살했다. 1968년 1월 11일, 예순아홉 번째 생일을 얼마 지나지 않아서였다. 그날은 일요일이었다.

오늘날 '우울한 일요일'은 여전히 대중문화에 등장한다. 이 노래의 연주 버전은 스티븐 스필버그의 〈쉰들러 리스트〉(1993년)에 삽입되었고, 2006년 공상과학 영화 〈코박박스〉에서는 플롯 장치로 쓰였다. 2017년 넷플릭스 드라마 〈루머의 루머의 루머〉에서도 언급되었다.

스포티파이의 알고리즘이 이 노래를 제안하지 않는다고 해도, 우리는 여전히 이 노래를 들을 수 있으며, 선택할 수 있는 버전에는 여러 가지가 있다. 1958년 리키 넬슨(Ricky Nelson)의 버전이라든가, 사라 맥라클란(Sarah Mclachlan)과 시네이드 오코너(Sinead O'Connor)가 부른 곡도 있으며, 두 곡 모두 1992년에 발표되었다. 사라 브라이트만은 2000년에 이 노래를 불렀다.

그러나 노래를 듣기 전에 당신의 심리치료사에게 먼저 상담해 보는 것이 좋겠다.

제임스 딘의 포르쉐 550 스파이더

원산지	사고장소
독일 슈투트가르트	**캘리포니아주 촐라메**
별명	마지막으로 알려진 소유주
리틀 배스터드	**조지 배리스**
사고 날짜	현 위치
1955년 9월 30일	**알려지지 않았음**

제임스 딘(James Dean)이 만약 〈스타워즈〉 세대에 속했더라면, 오비완 캐노비의 말을 들어야 한다는 것쯤은 알고 있었을 것이다. 그러나 제임스 딘이 세상을 떠난 것은 〈스타워즈〉가 나오기 22년 전이었다. 따라서 그가 할리우드에서, 1955년의 어느 가을 저녁에 미래의 제다이 기사이자 대영제국의 기사인 알렉 기네스(Alec Guinness)를 만났던 시점은, 이 배우가 턱수염을 기른 현명한 포스의 대가로 분하기 몇십 년 전이었다.

그런데도 딘이 기네스를 만났을 때, 이 나이 지긋한 배우는 분명 신비한 포스를 내뿜었을 것이다. 딘이 저주받은 물건의 바퀴에 치여 요절하기 일주일 전, 〈콰이 강의 다리〉로 훗날 오스카상을 수상하게 되는 이 배우는 〈이유 없는 반항〉으로 훗날 오스카상을 수상하게 되는 배우에게 그 차를 탔다가는 일주일 안에 죽을 것이라고 말했다. 기네스는 아주 정확했다. "정말, 정말로 기묘하고 소름 끼치는 경험이었어요." 기네스는 20년 이상이 지난 후인 1977년 BBC 토크쇼 〈파킨슨〉에서 마이클 파킨슨(Michael Parkinson)과 인터뷰하며 그 순간을 떠올렸다.

제임스 딘은 1931년 인디애나에서 태어났고, 1951년 연기를 계속하기 위해 UCLA를 중퇴했다. 몇 편의 상업광고와 영화 속 단역들, TV 출연을 거쳐 딘은 세 편의 영화에 출연해 이름을 알렸다. 〈에덴의 동쪽〉(1955년), 〈이유 없는 반항〉(1955년), 〈자이언트〉(1956년)였다. 그는 후자의 두 편이 히트 치기 전에 세상을 떠났다. 그는 〈이유 없는 반항〉으로 아카데미상을 사후 수상했고, 〈자이언트〉로 사후에 아카데미상 후보가 되었다.

제임스 딘은 영화배우 커리어가 하늘 높이 치솟는 때에 맞춰 치솟는 속도로 차를 모는 것에 매료되었고, 경쟁적으로 경주용 자동차를 몰기 시작했다. 외견상 그는 카레이싱에도 소질이 있었고, 경주에도 자주 참여해 이겼다. 그러다가 포르쉐 550 스파이더를 샀다. 자동차 뒤꽁무니에는 필기체로 '리틀 배스터드(Little Bastard)'라는 글자를 넣었고, 문과 보닛에는 130이라는 등 번호를 집어넣었다. 1955년의 그날 밤 제임스 딘이 그 차를 자랑스레 알렉 기네스에게 보여 주었을 때는 아직 운전하기 전이었다.

9월 30일 딘은 로스앤젤레스에서 살리나스까지 그 작은 차를 처음으로 몰았다. 10월 1일 열리는 살리나스 로드 레이스에 참가하기 위해서였다. 조수석에는 정비사 롤프 뷔테리히(Rolf Wuetherich)가 타고 있었고, 그 뒤로는 할리우드의 스턴트 운전사인 빌 히크먼(Bill Hickman)이 딘의 포드 스테이션 왜건을 몰고 따라가고 있었다. 이 스테이션 왜건은 원래 리틀 배스터드가 실리기로 예정된 트레일러를 끌고 있었다. 그러나 딘은 경주에 나가기 전에 운전대를 잡는 것에 익숙해지려면 좀 더 시간을 들여야 한다고 판단했다.

오후 3시 30분 딘과 딘의 수행원은 속도위반으로 딱지를 뗐다. 시속 90킬로미터 구간에서 105킬로미터로 달렸기 때문이다. 2시간 15분 후 466번 국도를 따라 서쪽으로 달리던 중, 반대편에서 오던 1950년형 포드 튜더가 41번 국도를 타기 위해 좌회전했다. 딘은 더 크고 훨씬 무거운 차를 정면에서 들이박았고, 리틀 배스터드는 공중에서 돌아 도랑으로 처박혔다.

뷔테리히는 차에서 튕겨 나온 덕에 중상을 입었어도 살아남았고, 튜더를 몰았던 스물세 살의 운전자 도널드 턴업시드(Donald Turnupseed)는 얼굴에 작은 상처만 입은 채 차에서 빠져나왔다. 스물네 살의 딘은 자동차가 공중으로 날아가는 동안 차에 갇혀 있었고, 목의 골절을 포함해 동시적으로 여러 치명적인 부상을 입고 말았다.

스파이더는 바퀴 위로 완전히 구겨진 알루미늄 포일처럼 보였고, 그 잔해는 사고 판정을 받았다.

오늘날 466번 국도는 46번 국도가 되었고, 41번 국도와의 교차로에는 '제임스 딘 추모 교차로(James Dean Memorial Junction)'라는 이름이 붙었다. 딘은 시대의 아이콘이 되었고, 스파이더는 저주받은 물건이 되었다. 왜냐하면 우리는 딘처럼 재능 있는 이가 불멸의 삶을 사는 재능은 갖추지 못했다는 사실을 받아들일 수 없기 때문이다.

자동차의 잔해는 나뉘었다. 엔진과 여러 재활용할 수 있는 부품들은 또 다른 레이싱카 운전사이자 의사인 윌리엄 F. 에쉬리히(William

F. Eschrich)에게 팔렸다. 그는 엔진을 자신의 로터스 IX에 장착했고 트랜스 액슬의 부품은 동료 의사이자 친구인 트로이 맥헨리의 레이싱카로 들어갔다. 딘이 사망한 지 약 1년 후 두 남자 모두 똑같은 경주에서 추돌사고를 냈다. 맥헨리는 나무를 들이박고 죽었고, 에쉬리히의 차는 코너를 돌던 중 핸들이 잠겼다가 뒤집혔다. 그는 살아남았다.

리틀 배스터드의 나머지 잔해는 조지 배리스(George Barris)라는 남자에게로 넘겨졌다. 그는 딘을 위해 차를 맞춤 제작해 준 사람으로, 1960년대 애덤 웨스트가 등장했던 배트모빌, 먼스터 코치(Munster Koach), 비버리 힐빌리즈의 잘로피, 그리고 전격 Z작전의 키트를 제작하기도 했다. 배리스는 스파이더를 다시 제작하길 바랐지만, 불가능한 작업이었고, 이를 미국 국립안전위원회에 대여해서 그 잔해가 무시무시한 안전 운전 홍보 수단으로 전국을 순회할 수 있게 했다. 배리스에 따르면, 그 자동차로 인해 순회 내내 여러 작은 사고에 맞닥뜨렸다고 한다. 그는 어떻게 불이 났고, 정비공의 다리에 부딪혔으며, 바퀴를 훔치려던 도둑의 팔을 절단시키고 수송운전사를 죽였는지를 묘사했다.

그러다가 딘의 스파이더는 사라져 버렸다. 배리스가 설명하길, 이 자동차는 밀봉된 컨테이너에 담겨 마이애미에서 로스앤젤레스까지 미대륙을 가로질러 수송되던 중이었고, 도착지에서 컨테이너가 열리자 자동차는 사라지고 없었다고 한다. 그후로는 누구도 이 차를 볼 수 없었다. 자동차의 작은 부품들은 여러 개인 컬렉션과 박물관 컬렉션에서 보관하고 있지만, 유럽 내 모든 성인의 유골들이 그렇듯 그 출처는 입증할 수 없다.

2005년 일리노이주 볼로의 볼로 자동차 박물관에서 리틀 배스터드를 찾는 사람에게 백만 달러의 현상금을 주겠다고 제안했다. 이 제안은 10년 후이자, 제임스 딘이 세상을 떠난 지 60년 후에야 겨우 받아들여졌다. 한 남자가 나타나서 자신이 여섯 살 때 그 죽음의 철덩어리를 봤던 기억이 난다고 진술했다. 듣자 하니 그의 아버지와 한 무리의 남자들이 그 자동차를 워싱턴주 왓컴 카운티에 있는 어느 빌딩의 가짜 벽 뒤로 숨겼다고 했다. 그러나 그 정보는 전혀 입증되지 않았고, 리틀 배스터드의 행방은 오늘날까지 영영 알 수 없게 되었다.

물론 한 명의 희생자를 더 내놓기는 했다. 1981년 제임스 딘의 사망사고에서 살아남았던 정비공인 롤프 뷔테리히가 음주운전을 하다 집을 들이박고 죽었다.

1955년으로 돌아가서, 제임스 딘은 자신이 죽은 바로 그 해에 우연히 도로 안전에 관한 짧은 공공서비스 광고를 찍었고, 오늘날 누구나 유튜브에서 이 영상을 볼 수 있다. 딘은 경기용 트랙보다 고속도로가 얼마나 더 무서운 곳인지에 대해 짤막하게 언급하면서 다음과 같이 대사를 마무리한다. "침착하게 운전하세요. 당신이 구하는 생명이 바로 제 생명일 수도 있습니다."

0888-888-888

통신사
A1 불가리아

유명한 소유주
**블라디미르 그라쉬노프,
콘스탄틴 디미트로프,
콘스탄틴 디쉬리브**

현 위치
알려지지 않았음

추정되는 희생자 수
세 명

오늘날 전화번호는 인생에서 그 어떤 번호보다 더 중요하다. 주민 등록번호라든지 운전면허번호, 아니면 우편번호보다 훨씬 더 중요하다. 우리 모두 주머니 속에 넣고 돌아다니는 검은색 판 유리가 물리적으로 상징하는 저 일련의 번호는 우리가 무제한의 정보에 접근할 수 있도록 해 주고, 또 알고 사랑하고 경멸하는 모든 사람과 우리를 연결해 준다. 당신의 전화번호가 저주받았다면, 저주받은 물건을 소유하고 있음을 알게 되는 평범한 나쁜 소식을 뛰어넘어 인생을 바꿔놓는 나쁜 소식이 될 것이다.

이 이야기는 21세기 저주받은 물건, 즉 핸드폰 번호에 관한 이야기다. 어쩌면 저주받은 가구와 인형을 다루는 책에 들어가기에는 다소 이상해 보일지도 모른다. 그러나 우리가 더욱 디지털화될수록, 기술의 발전이 '사물'의 개념을 재정립한다. 예를 들어, 디지털로 상영되는 영화는 한때 블루레이로 보던 영화와 다를 바 없다. 저주받은 물건이 나무, 쇠, 천으로 만들어질 수 있다면, 왜 코딩으로는 만들어질 수 없겠는가? 그러나 여기에서 중요한 질문은 철학적인 질문이 아니라 결과에 대한 질문이다. 디지털 가공물은 여러 사람을 다치게 하거나 죽일 수 있을까? 그 답은 불가리아의 전화번호 0888-888-888에 있는 것처럼 보인다.

이 저주받은 물건은 5년 동안 세 명의 희생자를 냈다. 첫 희생자는 불가리아의 통신회사 모비텔의 전 CEO인 블라디미르 그라쉬노프(Vladimir Grashnov)다. 2001년 그는 긴 투병 생활 끝에 마흔여덟의 나이로 사망했지만, 당시에 그 누구도 핸드폰 전화번호 때문이라고 비난하지 않았다. 왜 그랬겠는가? 물론 그라쉬노프의 번호가 희한하긴 했다. 기본적으로 모두 8로 이루어져 있었으니까. 0888-888-888. 핸드폰 통신회사 사장인 그는 자기가 원하는 핸드폰 번호라면 어떤 번호든 차지할 수 있었고, 어떤 이유에서인지 그 번호를 택했다. 어떤 사람은 숫자 8이 중국 수비학에서 행운의 숫자기 때문이라고 했다. 또는 숫자 8이 그라쉬노프만의 행운의 숫자기 때문이라고도 했다. 아니면 그는 그저 기억하기 쉬운 숫자를 바랐을 수도 있다. 어쨌든 그런 일이 벌어졌을 때, 그의 이른 죽음을 기묘한 전화번호와 연결시킨 소문은 없었다.

콘스탄틴 디미트로프(Konstantin Dimitrov)라는 남자가, 누가 봐도 자신의 의지로 이 번호를 물려받았다. 2003년 12월 6일 디미트로프는 암스테르담 담 광장에 있는 고급 레스토랑에서 모델 여자친구와 식사를 하다가 총에 맞아 숨졌다. 그의 나이 서른셋이었다. 그는 5억 달러 규모의 거대한 마약 밀매 왕국의 두목으로 스칸디나비아 지부를 둘러보던 상황이었기에, 그의 죽음은 전혀 놀랍지 않았다. 이 사건은 라이벌인 러시아 마피아의 탓으로 돌려졌다. 물론 디미트로프가 죽을 때 핸드폰을 가지고 있었다.

0888-888-888 번호를 받기 위해 그다음 차례에 줄을 선 이는 콘스탄틴 디쉬리브(Konstantin Dishliev)라는 부동산 중개인이었다. 부동산 중개인은 보통 폭력조직에 있는 것보다는 안전한 직업으로 여겨지지만, 디쉬리브에게도 신속하게 죽음이 찾아왔고, 무서울 정도로 디미트로프의 죽음과 흡사했다. 2005년 디쉬리브는 불가리아의 수도 소피아에 있는 한 인도 음식점에서 저녁을 먹다가 총알 세례를 받아 벌집처럼 되고 말았다. 나중에 밝혀지길 디쉬리브는 주택 방문과 가구 배치 외에도 두 번째 사업, 즉 코카인 불법 거래를 하고 있었다. 가설에 따르면, 정부 당국이 약 1억 3,000만 달러의 흰색 불법 약물이 콜롬비아로 건너가는 것을 중간에서 가로채 압수한 직후 디쉬리브가 살해당한 것이라고 한다. 그는 누군가에게 하나의 실패 요소이자 더 이상 쓸모없는 사람이 되어 버린 것이다.

이 무형의 저주받은 물건 연대기에서, 이때쯤 사람들이 그 동안의 급작스러운 죽음들을 연관지어 생각하기 시작했다. 이 세 명의 남자들은 휴대폰 번호 때문에 저주받은 것일까? 나는 당신이 무슨 생각을 할지 안다. 이 남자들 중에 둘은 폭력적이고 중대한 이권이 낀 범죄에 가담했고, 그 기대수명은 전화번호와는 상관없이 짧았을 것이다. 그럼에도 불구하고 기묘한 일이었다.

다행히도 떠도는 소문에 따르면, 그 숫자는 디쉬리브의 죽음을 조사하는 과정에서 경찰이 몇 년 동안 계류하고 있었고, 마침내 번호가 다시 풀려났을 때 모비텔이 이 번호를 서비스에서 제했다고 한다. 그러나 2010년 《데일리 메일》에 실린 기사에 따르면, 저주받은 핸드폰 번호 상태에 관한 질문을 받은 회사는 다음과 같이 응답했다고 한다. "말씀드릴 내용이 없습니다. 고객 개인의 번호에 대해서는 언급하지 않겠습니다."

모비텔은 A1 불가리아로 브랜드를 교체했고, 0888-888-888은 오늘날 저주받은 전화번호로 전화를 걸면 무슨 일이 벌어지는지 보여주는 유튜버들의 영상에 등장한다(가끔 이들은 국가번호 +359를 잊지 않고 붙이기도 하고, 때로는 붙이지 않기도 한다). 이들은 언제나 통화가 연결될 수 없다는 음성 메시지를 듣고, 과장된 몸짓으로 안심하는 척한다. 전설에 따르면, 전화번호를 소유하는 것이 아니라 그 번호로 전화를 걸어서 걸리는 저주에 대해서는 누구도 언급하지 않았지만 말이다. 떠도는 소문에 따르면, 불가리아 통신회사가 때 이른 죽음과 악성 여론을 막기 위해 이 전화번호를 결번으로 만들었다고 한다. 그러나 간단한 역방향 조회만으로 이 번호에 주인이 있다는 것을 알 수 있고, 나는 그 이름을 이번 장에서는 생략하려고 한다. 아마도 이 사람은 장난 전화를 받는 것에 질려 버렸을 테고, 따라서 어떤 면에서는 그것이 0888-888-888 번호의 진정한 저주가 될 수도 있다.

실제로 이 세상에는 저주받은 핸드폰 번호들이 상당하고, 유튜버들은 그 모든 번호로 전화를 걸곤 한다. 태국에서는 999-9999이고, 일본에서는 444-4444다. 다른 아시아 국가들은 000-0000에 전화 걸기를 두려워한다. 미국에는 고전적인 지옥의 순환 번호 666-666-6666이 있다. 인간이란 그저 부자연스럽게 반복되는 번호를 자연스레 의심하는 것 같다.

버저크 비디오 게임기

원산지
일리노이 주 시카고

개발연도
1980년

개발자
스턴 일렉트로닉스의 앨런 맥닐

마지막으로 알려진 위치
**일리노이 주 캘루밋 시티,
프라이어 턱스 식당의 오락실**

2019년 비디오게임은 전 세계적으로 1,800억 달러의 수익을 거두면서, 텔레비전에 이어 두 번째로 큰 엔터테인먼트 부문으로 자리매김했다. 전문가들은 비디오게임이 언제라도 2,000억 달러를 넘어설 것이며, 텔레비전을 누르고 제1위의 자리를 차지하게 될 것이라고 예측하고 있다. 특별한 의자와 헤드셋을 갖춘 게임 마니아에서 버스를 타고 캔디크러쉬를 하는 노인까지, 모두 비디오게임을 한다. 비디오게임은 돌풍을 일으키고 있고, 그렇기에 저주받은 비디오게임은 특히 잔혹하다고 할 수 있다.

옛날 옛적(1980년대)에는 비디오게임을 아득히 먼 곳에 있는 서버에서 당신의 기기로 다운로드하는 대신 게임을 하러 가야 했다. 비디오게임은 어둡고 침침한 오락실에서 네온 그래픽이 그려진 합판으로 만든 높은 오락기 안에 들어앉아서, 마치 자기네 기술적 후손들이 곧 전 세계를 지배할 것을 아는 양 청재킷과 야구 티셔츠를 입은 십 대 소년들 앞에 우뚝 서 있었다.

당시에는 게임을 하려면 일어서서 낮은 해상도의 화면을 들여다보며 버튼을 두드리고 조이스틱을 휙휙 잡아당겨야 했다. 겉보기에는 8비트 외계인을 무찌르거나 색색의 유령을 피하는 대신 오락기 자체와 결투하는 것처럼 보일 지경이었다. 그 시절에는 그게 '짱'이었다.

일리노이주 캘루밋 시티에 있는 프라이어 턱스 식당에는 평범한 오락실이 있었다. 중세풍으로 꾸며진 이 식당은 미시건 호 끝자락에서 인디애나주와 맞닿은 곳에 있었고, 오락실에는 1980년도에 발표된 게임인 버저크가 있었다…. 그 오락기는 저주받았다.

버저크는 측면에 밝은 파랑과 빨강으로 로봇이 그려진 검은색 오락기였다. 차양에는 빨간색과 금속 색깔 글자로 게임의 이름이 박혀 있었고, 그 배경으로 절반은 별이 빛나는 하늘이, 나머지 절반은 주황색 격자무늬와 빨간색 지평선이 그려져 있었다. 더할 나위 없이 80년대처럼 보이는 오락기였다.

이 게임을 만든 사람은 시카고 스턴 일렉트로닉스 사의 앨런 맥닐(Allen McNeill)이었다. 그는 한 무리의 로봇과 싸워야 했던 자신의 악몽을 바탕으로 이 게임을 만들었다. 악몽을 놀이 형태로 바꿔놓은 맥닐은 공상과학 소설가 프레드 세이버하겐(Fred Saberhagen)이 쓴 소설

《버저커(Berzerker)》에서 게임 명을 따 왔다.

게임 속에서 당신은 총을 가진 작은 초록색 남자가 되어 레이저를 쏘는 납작머리 로봇으로 가득 찬 미로에서 빠져나가야 한다. 버저크는 음성 합성장치를 포함한 최초의 비디오게임 가운데 하나로, 이 말인즉슨 납작머리 로봇이 말을 한다는 의미였고, 이는 획기적인 사건이었다. 로봇들은 삐걱거리는 목소리로 "휴머노이드는 탈출할 수 없어" 따위의 대사를 했고, 로봇이 당신을 죽이면 "휴머노이드를 잡았다. 침입자를 잡았다"라고 말했다. 로봇이 당신을 쏘면 당신은 죽었다. 당신은 로봇을 잡아도 죽었으며, 미로의 벽을 만져도 죽었다. 그리고 미로 화면에 너무 오래 머물러 있으면 동그란 얼굴에 소름 끼치는 미소를 띤 생명체가 튀어나왔는데, '이블 오토'라는 이 생명체에게 잡히면 당신은 죽었다. 이블 오토는 맥닐의 옛 직장에서 보안을 책임지던 데이비드 오토(David Otto)의 이름에서 따왔는데, 맥닐은 이 남자가 '사람들을 호되게 야단치는' 동안 미소를 지었다고 했다.

마침내 프라이어 턱스의 오락실에서 버저크 게임을 한 사람은 목숨을 잃게 되었다. 1980년대에 이 오락을 한 불행한 세 사람은 안타깝게도 목숨을 잃고 말았다. 첫 희생자는 제프 데일리(Jeff Daley)라는 십 대 소년이었다. 그는 최고 득점자 순위에서 두 자리를 차지할 정도로 열심히 게임을 하다가 바로 오락기의 번쩍이는 화면과 삑삑거리고 윙윙거리는 소리 사이에서 심장마비로 죽고 말았다. 그가 얻은 점수는? 1만 6,660점이었다. 그러나 많은 사람이 이 이야기는 꾸며

낸 도시 괴담이며, 제프 데일리와 사탄의 번호 같은 점수가 존재한다
는 증거도 없다고 믿는다. 하지만 어쩌면 사실일 수도 있다.

두 번째 희생자는 실제로 존재한다. 그의 이름은 피터 버코우스키
(Peter Burkowski)고, 나이는 열여덟 살이었다. 오락기와 피터의 운명
적인 만남은 1982년에 벌어졌다. 그해 프라이어 턱스 식당이 대대적
으로 문을 열고 얼마 지나지 않아서였다. 버코우스키의 이야기는 제
프 데일리의 이야기와 매우 흡사해서 같은 이야기임을 시사하는 것
같다. 버코우스키 역시 자기 이름을 최고 득점자 순위에 두 번이나

올렸고, 그러다가 심장마비로 죽었다. 이 상황은 버코우스키가 몇 발자국 떨어진 곳에 있는 또 다른 게임을 하려고 버저크를 그만두다가 벌어졌고, 새로운 게임을 하려고 25센트 동전을 오락기에 넣자마자 버코우스키는 쓰러져 죽었다. 1982년 《시카고 트리뷴》 기사에 따르면, 버코우스키를 부검하자 심장에서 결함이 발견되었다고 한다. 이 결함은 이전부터 존재하던 것으로, 격렬한 게임이 다른 혹독한 움직임이 그러하듯 약한 심장에 무리를 주었다는 결론이 도출되었다. 관계 부서에서 만약의 경우에 대비해 버저크 오락기를 조사했지만, 아무런 '기계적 결함'을 발견하지 못했다.

저주받은 비디오게임의 세 번째 희생자 역시 실존했으나, 그 죽음은 오락기의 심장마비 절차와는 달랐다(저주받은 물건들이 일관적인 절차를 가진 경우가 드물긴 하다). 1988년 페드로 로버츠(Pedro Roberts)와 에드워드 클라크 주니어(Edward Clark Junior)를 포함해 십 대 청소년 무리가 프라이어 턱스 식당에서 패싸움을 벌였고, 로버트가 클라크의 가슴팍을 칼로 찌르고 말았다. 클라크는 주 경계를 넘어 인디애나주에 있는 병원으로 옮겨졌지만 사망했다. 공식 발표에서는 무엇 때문에 싸움이 시작되었는지 자세한 설명이 빠졌지만, 아이들 중 하나가 자리를 맡으려고 버저크 오락기 위에 25센트 동전들을 올려두었고, 다른 아이가 혼자 게임을 하려고 동전 하나를 훔쳤다고 한다.

그 시기 동안 전국에 있는 수천 개의 오락기 가운데에 또 다른 버저크 게임으로 사망한 사람은 없었다. 일리노이주의 이 특정한 오락기에는 뭔가 문제가 있었다. 물론 오늘날에 사람들이 게임을 하다가 죽는다는 개념에 더 익숙한데, 보통은 사람들이 며칠 동안 마치 마라톤처럼 게임을 이어가다가 벌어지는 일이다. 심장마비가 올 수도 있고, 탈수증에 걸릴 수도 있다. 그러나 그 어떤 사례에서도 단 하나의 특정한 게임이 아닌 게임기를 둘러싸고 비디오게임과 관련한 죽음이 집중된 사례는 없었다.

마지막으로 기묘한 반전이 하나 더 있다. 일리노이주 캘루밋 시티는 독특한 지형 지물 두 개로 유명하다. 한 쌍의 둥근 급수탑으로, 각각에는 미소 띤 얼굴들이 그려져 있다. 이블 오토와 똑같은 얼굴이다.

프라이어 턱스의 오락실은 가정용 비디오게임 기술의 발전에 희생되어 2003년 문을 닫았다. 버저크 오락기의 운명은 지금까지 알려지지 않았다.

행운의 이메일

　메시지 전달 플랫폼과 SNS의 발전에 따라 이메일은 이제 구식처럼 느껴진다. 이메일은 사업을 위한 커뮤니케이션 매체가 되었고, 영수증과 쿠폰과 뉴스레터가 쌓이는 쓰레기 매립지처럼 되어 버렸다. 그러나 한때 이메일은 큰 기쁨을 안겨 주었다.

　인터넷이 막 보편화되던 시절, 묵직한 데스크톱 컴퓨터에 로그인한 뒤 받은 이메일함에 자리 잡은 '안 읽은 메시지'를 발견하는 일은 환상적인 경험이었고, 우리의 인생을 바꿔 놓았다. 누군가가 몇 시간 전, 몇 분 전, 몇 초 전 당신에게 이메일을 썼고, 당신이 읽어 주길 바라며 눈앞에 와 있는 것이다. 우표를 찾으려고 집을 뒤지거나 우편함을 찾아봐야 하는 대신, 즉각적으로 답장을 보낼 수도 있었다. 월드와이드웹의 마법을 통해 여름 캠프에서 펜팔 친구를 찾는 마법이 확장되는 셈이었다.

　그러다가 행운의 이메일이 등장했다. 나쁜 것은 사실 저주가 담긴 행운의 이메일이었다는 사실이다. 행운의 이메일은 그 이메일을 받는 사람에게 밝은 미래를 약속하거나 위협하면서 똑같은 메시지를 지정된 숫자의 친구와 지인들에게 전달해 달라고 설득하기 위해 쓰였다. 그다음 차례로 이 친구나 지인들은 정해진 갯수의 이메일을 보내도록 강력한 권고나 위협을 받았다. 이런 방식으로 한 통의 이메일이 기하급수적으로 확장되는 이메일 릴레이를 촉발할 수 있었다. 이러한 이메일의 내용은 행운을 약속하거나("마이크로소프트는 당신이 이메일을 전달하는 한 명당 245달러를 지불할 것입니다"), 자선활동의 기회를 제안하고("이 이메일을 전달받는 사람 한 명당 미국 암 학회는 암 연구에 3센트씩 기부할 예정입니다"), 중요한 정보를 안내하거나("핫메일은 사용자를 삭제할 필요가 있으며, 당신의 계정이 활성화되어 있는지 확인하고 싶습니다. 따라서 이 이메일을 당신이 아는 모든 핫메일 사용자에게 전달해 주십시오"), 철저히 초자연적인 저주 등을 포함한다.

행운의 이메일의 역사를 이해하기 위해 우리는 행운의 편지부터 시작해야만 한다. 공식적으로 행운의 편지가 등장한 첫 사례는 1888년으로, 우표와 편지지를 쓰고 나서 그냥 구겨서 버려도 될 만큼 가격이 내려갔을 무렵이었다. 행운의 편지의 창시자는 좋은 의도로 행운의 편지를 만들었다. 1만 6,000달러 정도의 빚을 지고 있는 시카고의 여성 선교사들을 위한 감리교 학교에 필요한 돈을 모금하려 했던 것이다. 이들은 이 편지를 '돌아다니는 기부함'이라고 불렀다. 실제로 다른 사람들도 이 방법을 시도해 볼 만큼 효과가 좋았다.

같은 해 영국의 화이트채플에서 베드포드의 주교가 살인마 잭을 무찌르기 위해 행운의 편지를 활용하려 했다. 그는 궁핍한 여성들을 사람을 죽이는 밤의 범죄자에게서 보호하기 위해 안식처를 세울 수 있길 바랐고, 소위 '눈덩이 굴리기식 모금'이 자금을 모을 수 있는 훌륭한 방법이라고 생각했다. 그러나 주교는 말 전달하기 게임의 문제에 봉착하고 말았다. 필요한 기증 주소와 금액이 복제 과정에서 변질되었고, 편지가 너무 방대해지고 오류로 가득 차면서 이들은 그 릴레이를 끊어 달라고 신문광고를 내야 할 정도였다.

행운의 편지는 1935년 우스꽝스러움의 정점에 도달했다. 대공항의 고통에 시달리던 사람들은 자포자기로 이 편지에 매달렸고, 행운의 편지를 보내는 것에만 전념하는 행운의 편지 중개업도 생겨났다. 오하이오주에 세워진 그런 유의 회사에 125명이 근무할 정도였다. 그러나 시장은 빠르게 바닥을 쳤고, 결국 사기꾼들의 영역이 되었다. 이 사기꾼들은 소소한 글재주와 몇 장의 씨앗 뿌리기 용 편지만 있으면 공짜로 돈을 긁어모을 수 있다는 것을 알고 있었다.

그러다가 이메일이 등장했고, 사기를 치는 일은 훨씬 더 쉬워졌다. 더는 행운의 편지를 잇는 릴레이에서 참가자들이 종이에 편지를 베끼고, 주소를 쓰고, 우편으로 부칠 필요가 없어졌다. 그저 해야 할 일은 전달 버튼을 클릭하는 것이었고, 이제는 장난꾸러기들이 충동적으로 행운의 편지를 보낼 수 있을 만큼 쉬워졌다. 그리고 한 번 시작된 행운의 편지를 막는 일은 더 어려워졌다.

저주가 담긴 행운의 이메일로 말할 것 같으면, 이는 서버를 넘나드는 단 몇 초 안에 적에게 디벅 상자 여러 개를 한 번에 보낼 수 있는 것과 같았다. 어떤 저주의 이메일은, 이 이메일을 전달하지 않으면 클라리사라는 아이의 사악한 유령이 당신이 잠든 사이에 과다출혈을 일으켜 목숨을 **빼앗아** 간다고 위협했다. 또 다른 이메일에서는 열 명의 사람에게 이메일을 보내지 않으면 피의 메리가 찾아와 당신의 몸을 불구로 만들어 버린다고 주장했다. 다른 사람 열두 명에게 메시지를 전달하지 않으면, 눈알이 없고 피 칠갑한 얼굴의 일곱 살 난 유령 테디가 이메일 수신자가 잠든 사이 목숨을 **빼앗아** 간다는 이메일도 등장했다. 어떤 이메일에는 카르멘 윈스티드의 유령이 등장하는데, 윈스티드는 학교 소방훈련 중에 누군가에게 등을 떠밀려 우물에 **빠져** 죽고 말았다. 다음은 Snopes.com에서 가져온 행운의 이메일로, 문법적 오류도 포함되어 있다.

약 6년 전 인디애나주에서 카르멘 윈스티드는 학교 소방훈련이 진행되는 동안, 전교생들 앞에서 그녀에게 망신을 주고 싶던 다섯 명의 여자아이들이 열어 놓은 하수구로 누군가가 밀쳐서 떨어지고 말았다. 카르멘이 물에 빠져 있는 동안 경찰이 신고를 받았고, 경찰은 밑으로 내려가 열일곱 살 카르멘 윈스티드의 시체를 건졌다. 목은 사다리에 부딪힌 다음, 바닥 측면 콘크리트 사이에 끼어 부러졌다. 여자아이들은 모두에게 카르멘이 뛰어내렸다고 말했고… 사람들은 그 말을 믿었다.

사실: 2개월 전 16세의 데이비드 그레고리는 이 글을 읽고 자신의 SNS에 올리지 않았다. 그는 샤워하러 갔다가 샤워기에서 흘러나오는 웃음소리를 들었고, 겁에 질려서 컴퓨터로 뛰어가 이 글을 올렸다. 그는 엄마에게 안녕히 주무시라고 인사한 뒤 자러 갔고, 다섯 시간 뒤 엄마가 한밤중 시끄러운 소리에 놀라 잠에서 깼을 때, 데이비드는 사라지고 없었다. 몇 시간 후 경찰이 그를 하수구에서 발견했는데, 목은 부러지고 얼굴 가죽은 벗겨져 있었다.

'누군가가 밀쳐서 떨어졌다'라는 문장과 그들이 그녀를 하수구로 밀었다'라는 문장이 들어간 글을 다시 SNS에 올리지 않으면 카르멘이 하수구나 화장실, 샤워기에서 당신을 찾아낼 겁니다. 아니면 방에서 잠이 들었다가 눈을 뜨니 어두운 하수구였고, 그다음 카르멘이 와서 당신을 죽일 것입니다.

이와 똑같은 유형으로 쓰여, 저주를 몰고 다니는 다양한 유령이 등장하는 글은 훨씬 더 많다. 이메일을 전달하지 않으면 살인 광대라든가 공포의 메리가 거울을 통해 당신을 찾아온다는 것이다. 심지어 당신의 멱을 따거나, 눈알을 뽑거나, 몸을 침대 안에 쑤셔 박아주겠다는 살인자 미키 마우스가 등장하는 이메일도 있다. 저주가 담긴 행운의 이메일는 다음과 같은 머리말을 달고 도착했다. "이 이메일은 저주받았고, 이메일을 열어 보았다면 당신은 이 내용을 전달해야만 합니다." 과거 희생자들에 대한 짧은 묘사가 보통은 메시지 마지막에 덧붙여진다.

오늘날 고도로 지능적인 스팸 필터가 우리의 생명과 영혼을 그 저주받은 디지털 물건들로부터 구해 주고 있다. 어쨌든 온라인 커뮤니케이션의 대부분이 앞서 언급한 메시지 전달 플랫폼과 SNS로 옮겨가고 있다.

그러나 역사에서 시사하는 바를 보면, 당신은 저주받은 물건을 영원히 묻어둘 수 없다. 저주가 담긴 행운의 편지는 저주가 담긴 행운의 이메일로 진화했고, 그 후 저주받은 문자 메시지나 저주받은 페이스북 포스팅으로 진화했다. 아니면 저주받은 트윗이 되었을 수도 있다('이 내용을 5초 안에 리트윗하지 않으면 당신의 엄마는 죽게 된다!'). 그리고 SNS는 의심스러운 정보를 이메일보다 훨씬 더 빨리, 더 큰 규모로 순환시킬 수 있다.

저주받은 연쇄 메시지를 리트윗하는 데는 몇 초면 충분하다…. 그런데 그 메시지가 사실이라면 어떻게 해야 할까?

저주받은 물건의 과학

책을 쓰기 전에 언급했어야 할 문장이 하나 있다. "저주받은 물건들이 진짜라는 과학적 증거가 존재합니다."

우리는 대부분 플라세보 효과와 친숙하다. 플라세보 효과는 환자들이 자기 병을 치료해 줄 약을 받았다고 굳게 믿으면서 기분이 좋아질 때 나타난다. 사실은 그런 약을 받은 것이 아닐 때도 마찬가지다. 노시보 효과는 플라세보 효과와 약간 반대된다. 플라세보 효과와 마찬가지로 노시보 효과는 의학용어고, 월터 케네디(Walter Kennedy)가 1961년 과학 논문에서 고안한 말이다(다만 그는 '노시보 반응'이라고 했다). 헨리 비처(Henry Beecher)가 플라세보 효과를 발표한 지 6년 후의 일이다.

기본적으로 노시보 효과는 환자들이 (실제 효과와는 상관없이) 나쁜 부작용을 가진 약을 받았다고 믿기 때문에, 그 부작용이 나타날 때 생기는 효과다. 예를 들어, 환자에게 어떤 약이 보라색 박쥐의 환각이 보이는 부작용이 있다고 이야기하면, 환자는 그러한 부작용이 없는 다른 알약을 처방받았음에도 보라색 박쥐가 날아다니는 환각을 본다.

긍정적인 생각의 힘 대신에 문제가 되는 것은 부정적인 생각의 위험성이다. 노시보 효과는 1942년 월터 캐넌(Walter Cannon)이라는 의사가 만든 용어인 '부두 죽음(Voodoo Death)'이라는 개념과 유사하다. 부두 죽음은 기본적으로 누군가가 자신이 저주받았다고 믿은 뒤 겁에 질려 죽는 것이다. 이 죽음은 노시보 효과가 그렇듯 심리적인 문제로 인한 것이다.

물론 나는 무식할 정도로 이 개념을 단순화했지만, 그래도 저주받은 물건과 비슷한 부분을 어렵지 않게 찾을 수 있다. 저주받은 물건 때문에 나쁜 일이 찾아온다고 생각하면, 당신(또는 당신의 몸)은 나쁜 일이 벌어질 수 있는 방법을 찾게 될 것이다.

분명 플라세보와 노시보 효과는 여전히 의학계에서 수수께끼 같은 개념으로 남아 있지만, 다양한 증거가 이를 뒷받침하고 있다. 과학과 미신은 가끔은 종이 한 장 차이일 뿐이다.

에필로그

두려운만큼 매혹적인
물건들의 이야기

　이 프로젝트를 시작할 때만 해도 약간 불안한 마음이 있었다. 흥미를 보이기만 해도 해악을 끼칠 수 있는 물건을 찾아가 조사하고, 그에 관한 글을 쓰는 것 때문이 아니다. 저주받은 물건이 내게 해악을 끼친다면, 그래도 상관없었다. 내 진정한 공포는 이 책을 쓰는 데 필요한 일 년 동안 뭔가 나쁜 일이 동시에 발생할 수 있고(어쨌든 주어진 기간 동안 한 사람에게 어떤 불운이 찾아올 가능성은 클 수밖에 없다), 그러면 이 책이 어떤 잘못된 저주의 괴담에 부채질을 할 수 있다는 점이었다. 특히나 다음과 같은 부고 기사라도 났다가는 더욱 그랬을 것이다. "작가 J. W. 오커는 끔찍한 프링글스 과자 통 사고로 사망했다. 그는 저주받은 물건에 대한 글을 집필하던 중이었다." 이 책에서 언급된 사람들 대부분에게 벌어진 일이 정확히 그랬으니까.

그러나 걱정은 잦아들었고, 나는 저주받은 물건과 사랑에 빠져 버렸다. 나는 언제나 저주받은 물건들에 관한 이야기를 즐겼고, 가끔은 기묘한 출장길에서 업무상 꼭 그럴 필요가 없어도 저주받은 물건을 찾아가 보았다. 그러나 내가 이 책을 쓰는 여정 동안에 그 진가를 알아보게 된 것은, 이 저주받은 물건들이 이야기의 출발점으로 얼마나 강력한 설득력이 있는가다. 민간신앙과 캠프파이어 앞에서 나누는 괴담과 전설은 수명이 짧고, 입술에서 흘러나온 소리는 허공으로 사라져 버린다. 그러나 저주받은 물건은 손에 쥐어 보고, 들어 보고, 조사해 볼 수 있다. 전시할 수도 있고, 사진을 찍을 수도 있고, 빌려주거나, 입어 보거나, 조작해 보고, 함께 자거나 타 볼 수도 있다. 공중에 달아놓거나, 그 위에 앉을 수도 있다. 저주받은 물건은 그 이야기에 비중을 실어 주는 추가 된다.

나는 유명한 (또는 악명 높은) 저주받은 물건이 그다지 많지 않다는 것을 깨닫고 놀랐다. 특히 당신이 이 물건들을, 가령 유명한 유령의 집과 비교할 때 더욱 그랬다. 사실 당신이 손에 쥐고 있는 바로 이 책이 현재까지 정리된 가장 완벽한 목록일 수 있다.

나는 왜 우리에게 더 유명한 저주받은 물건에 관한 괴담이 없는지 모르겠다. 아마도 물건은 쉽게 잃어 버릴 수 있고, 그러면 물건에 딸린 괴담도 함께 사라지기 때문일 것이다. 어쩌면 '저주받았다'는 개념은 21세기 초반에 유령 사냥이 하나의 사업 분야가 되면서 '귀신 들렸다'는 개념이 유행했던 것만큼 최신 유행이 아니기 때문일 수도 있다. 또는 물질주의, 자본주의 사회에서 소유물이 해롭다고 생각하는 일은 용납할 수 없기 때문일 수도 있다.

나는 여전히 저주받은 불도그를 간직하고 있다. 불도그는 사무실 선반 위로 댄 애크로이드의 해골 모양 '크리스털 스컬' 보드카와 아일랜드 유령 성에서 가져온 노란색 고무 오리 사이에 놓여 있다. 나는 불도그를 '저주받은 똥개'라고 부른다. 가장 잘나가는 저주받은 물건들은 모두 추리소설의 제목 뒷부분에 들어갈 것 같은 극적인 이름을 가지고 있기 때문이다.

한 가지 부탁이 있다. 내가 만약 희한한 상황에서 죽게 된다면, 제발 저 이야기만은 내 부고 기사에 쓰지 말아 주기 바란다.

감사의 말

　저주받은 물건을 다룬 책과 자신의 이름이 지나치게 밀접하게 엮이는 것을 사람들이 달가워할지 확신할 수 없다. 그러나 이 사람들은 내가 책을 쓰는 과정에서 큰 도움을 주었으므로, 이건 다 그들의 잘못이다.

　이 책에 등장하는 수많은 물건을 함께 보러 가고, 그 물건들을 우리 집(그리고 우리 휴가지)에 가져와도 다 참아 준 아내 린지에게 감사한다. 슬리피 할로우 공동묘지를 운영하면서 내가 그곳에서 즐거운 시간을 보내게 해 준, 특히 나를 '청동의 여인'에게로 데려가 준 짐 로건에게 감사한다. 꼬마 매니를 추적할 수 있게 해 준 크리스천 헌턴에게도 고마움을 전한다. 고마운 존 재피스는 내가 자기 집에서 가장 소름 끼치는 장소에 들어가게 해 주었다.

　리베카 질런홀은 이 모든 일을 시작할 수 있게 했고, 과정 내내 나와 함께 해 주었다. 또한 라이언 헤이스, 제인 몰리(그녀는 이 원고에서 기적을 행했다), 존 J. 맥거크, 니콜 드 잭모, 제니퍼 머피, 케이트 맥과

이어를 비롯해 퀴크 사의 우수한 팀 덕에 이 프로젝트는 그저 '.docx 파일'로 끝나지 않을 수 있었다.

존 맥네어의 그림 만으로도 나는 이 책을 쓸 가치가 있었다. 이 글을 읽고 있는 당신은 즉각 맥네어의 작품을 살펴봐야 한다.

이로써 나는 감사의 말에 등장한 모든 사람이 저지른 그 어떤 과오, 또는 이 프로젝트에 참여함으로써 받게 되는 불운에 대해 아무런 책임이 없음을 선포한다.

참고문헌

참고자료의 전체 목록은 다음의 웹사이트에서 제공한다.

quirkbooks.com/cursedobjects

옮긴이 김문주

연세대학교 정치외교학과 졸업 후 연세대학교 신문방송학과 석사를 수료하였다. 현재 전문 번역가로 활동하고 있다.

옮긴 책으로는 《민주주의의 정원》, 《디스럽터》, 《거울 앞에서 너무 많은 시간을 보냈다》, 《어떻게 이슬람은 서구의 적이 되었는가》, 《설득은 마술사처럼》, 《올 더 빌딩스 인 파리》, 《불안에 지지 않는 연습》, 《캣치》, 《삶의 진정성》, 《방탄소년단 BTS》, 《물어봐줘서 고마워요》, 《설득은 마술사처럼》, 《담대한 목소리》, 《나는 달리기로 마음의 병을 고쳤다》, 《셰이프 오브 워터》, 《나는 남자를 잠시 쉬기로 했다》, 《굿바이 불안장애》, 《인생이 빛나는 마법》, 《펭귄을 부탁해》, 《마음챙김과 비폭력대화》 등이 있다.

사물 괴담

초판 1쇄 발행 2023년 4월 30일
초판 1쇄 인쇄 2023년 4월 20일

지은이 J.W.오커 | 옮긴이 김문주 | 펴낸이 박경준 | 펴낸곳 미래타임즈
편집 박은영 | 본문디자인 김보영 | 홍보 김선영

주소 경기도 고양시 일산동구 장진천길 22-71
전화 031-975-4353
팩스 031-975-4354
이메일 thanks@miraetimes.com
출판등록 2001년 7월 2일 (제2020-000209호)

ISBN 978-89-6578-189-9(03940)